Julien Ries

Ursprung der Religionen

mit einem Vorwort von
Fiorenzo Facchini

Deutsche Übersetzung von
Dr. Marcus Würmli

Pattloch Verlag

Titel der italienischen Orginalausgabe:
Le origini le Religioni

Auswahl der schwarz/weiß-Bilder: CSC snc, Mailand
Auswahl der Farbbilder: Studio Color Page & Text srl, Mailand

Pattloch Verlag, Augsburg

Übersetzung: Dr. Marcus Würmli, Tutzing
Umschlaggestaltung: Christa Manner, München
Titelbild: Scholz, Bildagentur Bavaria, Gauting
Satz: 9 1/2/11 p leichte Versailles von Cicero Lasersatz, Augsburg
Gesamtherstellung: Grafiche Editoriali Padane spa, Cremona
Printed in Italy
ISBN 3-629-00078-9

Einführung

Den Tiefen der menschlichen Seele – auf diesem Niveau sind die religiösen Empfindungen angesiedelt – nachzuspüren, ist ohne Zweifel eine schwierige Aufgabe beim heutigen Menschen und noch viel mehr beim Menschen der Vorgeschichte. Ein Versuch ist aber erlaubt. Das Hauptproblem ist methodologischer Natur: Wonach muß der Forscher Ausschau halten und auf welche Weise kann er der Geschichte des religiösen Empfindens nachspüren?

Vor einem Jahrhundert besaß man noch kaum paläoanthropologische Funde, und die Forscher rekonstruierten die Ursprünge der Religionen – oder vielleicht besser gesagt: Der Religion der Menschheit an ihren Ursprüngen – mit Hilfe unterschiedlicher Verfahren, zum Beispiel auf evolutiver, ethnologischer, soziologischer oder phänomenologischer Grundlage. Am Ende herrschten dann bestimmte idiologische Ansätze vor, oder es wurden die religiösen Empfindungen heutiger Kultur oder Stammesvölker einfach auf die Menschheit in der Vergangenheit angewandt.

Das ist nicht die Methode von Julien Ries. Er hält sich an die historische, phänomenologische und hermeneutische Methode, die Mircea Eliade zufolge der Religionshistoriker anwenden darf, und verläßt sich im wesentlichen auf paläoanthropologische, vor- und frühgeschichtliche Dokumente und ihre entsprechenden Deutungen. Das Material, das herangezogen werden kann, ist im Verlauf des letzten Jahrhunderts ungeheuer angewachsen, besonders im Hinblick auf konzeptionelle Aktivitäten, die ihren Ausdruck in der Technologie, im Begräbnis, Riten, in den Piktogrammen der Felskunst und der mobilen Kunst sowie in jüngerer Zeit in der Verehrung der Muttergöttin und der Überlieferung religiöser Texte finden.

Aufgrund des Materials, über das wir verfügen, können wir die Geburt der Religionen – im Sinne eines Systems von Glaubensvorstellungen und Riten – auf das Neolithikum, also auf eine verhältnismäßig junge Zeit, festlegen. Auch wenn ein Zweifel bleibt, daß das Fehlen sicherer Dokumentationen über die Religionen in vorausgegangenen Epochen auf das Fehlen entsprechender Quellen zur Überlieferung von Riten und Gebräuchen beruht, wurzeln die Religionen doch auf einer festen Basis, dem religiösen Bewußtsein, daß man als dem Menschen angeboren betrachten kann. Mag es sich nun um einen modernen Menschen, der in der Stadt lebt oder immer noch als Jäger und Sammler unterwegs ist, oder um den prähistorischen Menschen handeln, der vor 15 000 bis 20 000 Jahren die Höhlenwände bemalte oder in noch viel früherer Zeit bestimmte Begräbnisriten befolgte, so kann man doch immer feststellen, daß das religiöse Bewußtsein so alt wie der Mensch ist. Das ist die These von Julien Ries, mit der ich voll und ganz übereinstimme.

Sicher sind die Inhalte der religiösen Erfahrung ziemlich reich und vielfältig während der Blütezeit der westlichen und östlichen Religionen. Man kann aber eine Kontinuität mit vorangegangenen Erfahrungen finden, und fast unmerklich geschieht der Übergang von den religiösen Heldenepen Sumers und Babyloniens zu den anbetenden Gestalten des Neolithikums, den Mythogrammen des oberen Paläolithikums, den Begräbnisriten des mittleren und unteren Paläolithikums.

Julien Ries zeigt nicht nur, daß der Homo religiosus schon bei den ältesten Menschenformen (Homo habilis und Homo erectus) existierte. Er liefert uns auch ein meisterliches Bild von den Konzepten und den Methoden der religionshistorischen Forschung und stellt die religiöse Erfahrung in den verschiedenen geschichtlichen Epochen mit großer Quellentreue und mit einer kohärenten Interpretation dar.

In diesem Werk zeigt der Autor seine unnachahmliche Fähigkeit, den Leser in die Atmosphäre der Vergangenheit zurückzuversetzen. Er bezieht ihn fast in die religiöse Erfahrung mit ein, mag es sich nun um die Betrachtung der Himmelskuppel, der Initiationsriten in den Höhlen des oberen Paläolithikums oder neolithischer Tempel handeln.

Die reiche Bebilderung unterstreicht die suggestive Kraft dieses Werkes und macht es besonders attraktiv.

So zeigt sich in diesem Werk, daß das religiöse Bewußtsein eine Konstante des Menschen ist, sofern er über abstrahierende und symbolische Fähigkeiten verfügt. Den Bezug auf das Transzendente, das der paläolithische Mensch nur schemenhaft erkannte, wurde in verschiedenen großen Religionen der letzten Jahrtausende vor Christus deutlich. In einzigartiger Form manifestierte es sich dann im Christentum, das den höchsten Ausdruck religiösen Bewußtseins bei der Begegnung zwischen dem Göttlichen und dem Menschlichen darstellt.

FIORENZO FACCHINI

Inhaltsverzeichnis

Erster Teil

Erklärungsversuche

1. Versuch einer Definition von Religion

Cicero bringt das Wort *religio* mit dem Verb *relegere* (»wiedererwägen«) in Verbindung. Die Religion ist ihm zufolge die sorgfältige Wiederaufnahme uralter Traditionen (mos majorum) im Hinblick auf den Götterkult. Sie stellt aber auch den Götterkult mit seinen durch die Tradition gebundenen und sorgfältig bewahrten Riten dar (*De natura deorum,* »Über die Natur der Götter«, II, 28, 72). Für die Christen Tertullian, Arnobius, Lactantius und Augustinus bezeichnet *religio,* vom Verbum *religare* (»rückbinden«), die Gesamtheit der Bindungen des Menschen an Gott. Auf die römische *pietas* mit ihrer Beachtung der Riten folgt somit die Vorstellung, der Mensch befinde sich in einem Abhängigkeitsverhältnis zu Gott.

Der Religionsbegriff blieb weiterhin vom abendländischen Gedankengut geprägt. Vom 19. Jahrhundert an eröffnete die Entdeckung und das Studium der Religionen Asiens und anderer Gebiete den Weg zu einem erweiterten Begriff und zu zahlreichen verschiedenen Definitionen, die an die kulturellen und religiösen Kontexte gebunden waren, gleichzeitig aber auch von der Ideologie der Autoren abhingen.

Die Soziologen erkennen in der Religion drei wesentliche Elemente: ein Glaubenssystem, das Heilige und die Gemeinschaft.

Die Psychologen unterstreichen drei weitere Aspekte: Das Streben nach Werten, die bewußte Abhängigkeit von einer Kraft, die diese Werte aufrechterhält, und das Verhalten des Menschen im Hinblick darauf, daß er sich dieser Werte versichern will, indem er Zuflucht nimmt zu dieser Kraft.

Die historisch und phänomenologisch ausgerichtete Forschung wandte sich den verschiedenen Religionen, der Untersuchung des religiösen Phänomens, der religiösen Erfahrung und der Erfahrung des Sakralen zu. Nach N. Söderblom, R. Otto und M. Eliade ist die Religion für den Menschen die Wahrnehmung des »ganz Anderen«. Es hat eine Erfahrung des Sakralen zur Folge, die zu einem Verhalten sui generis führt. Diese Erfahrung, die sich auf keine andere Erfahrung zurückführen läßt, charakterisiert den *Homo religiosus* der verschiedenen historischen Kulturen der Menschheit.

Von diesem Gesichtspunkt aus ist jede Religion untrennbar mit dem *Homo religiosus* verbunden, in dessen Weltanschauung (G. Dumézil) sie sich äußert. Sie arbeitet eine Erklärung des menschlichen Daseins aus (G. Widengren) und führt zu einem Verhalten, das dank der Mythen, Riten und Symbole die Erfahrung des Sakralen immer wieder gegenwärtig macht. Eine solche Perspektive hat den Vorteil, daß sie auch historische, theologische, soziologische und anthropologische Aspekte jeder Religion miteinbezieht.

1

1. Ausschnitt aus einer Szene des Sonnenkultes. Dargestellt ist eine betende Figur, ein Orant mit erhobenen Armen neben einer Scheibe. Die Zeichnung stellt die Reproduktion einer Felsritzzeichnung der neolithischen Zivilisation der Camuner dar. Valcamonica, Italien.

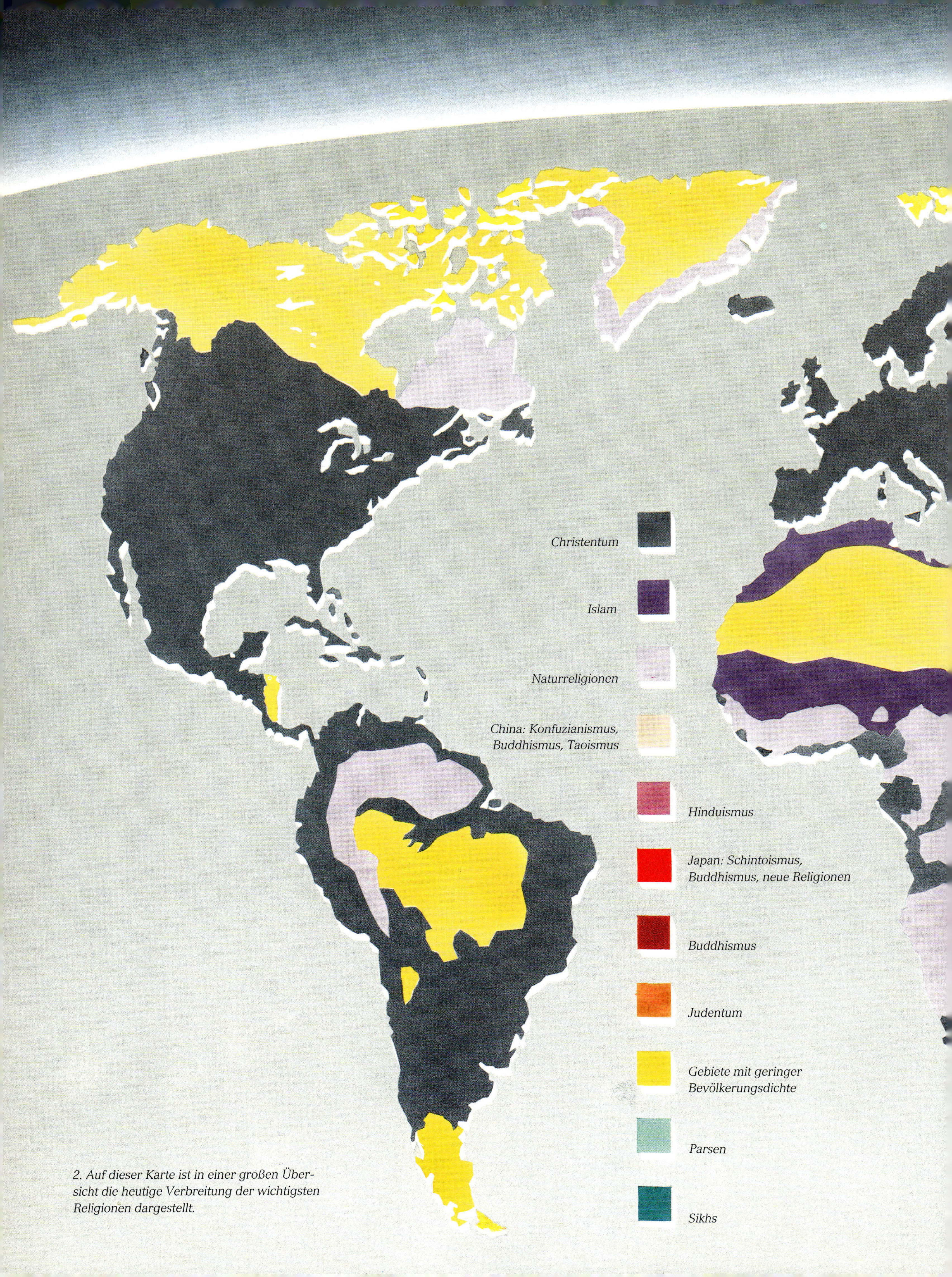

2. Auf dieser Karte ist in einer großen Übersicht die heutige Verbreitung der wichtigsten Religionen dargestellt.

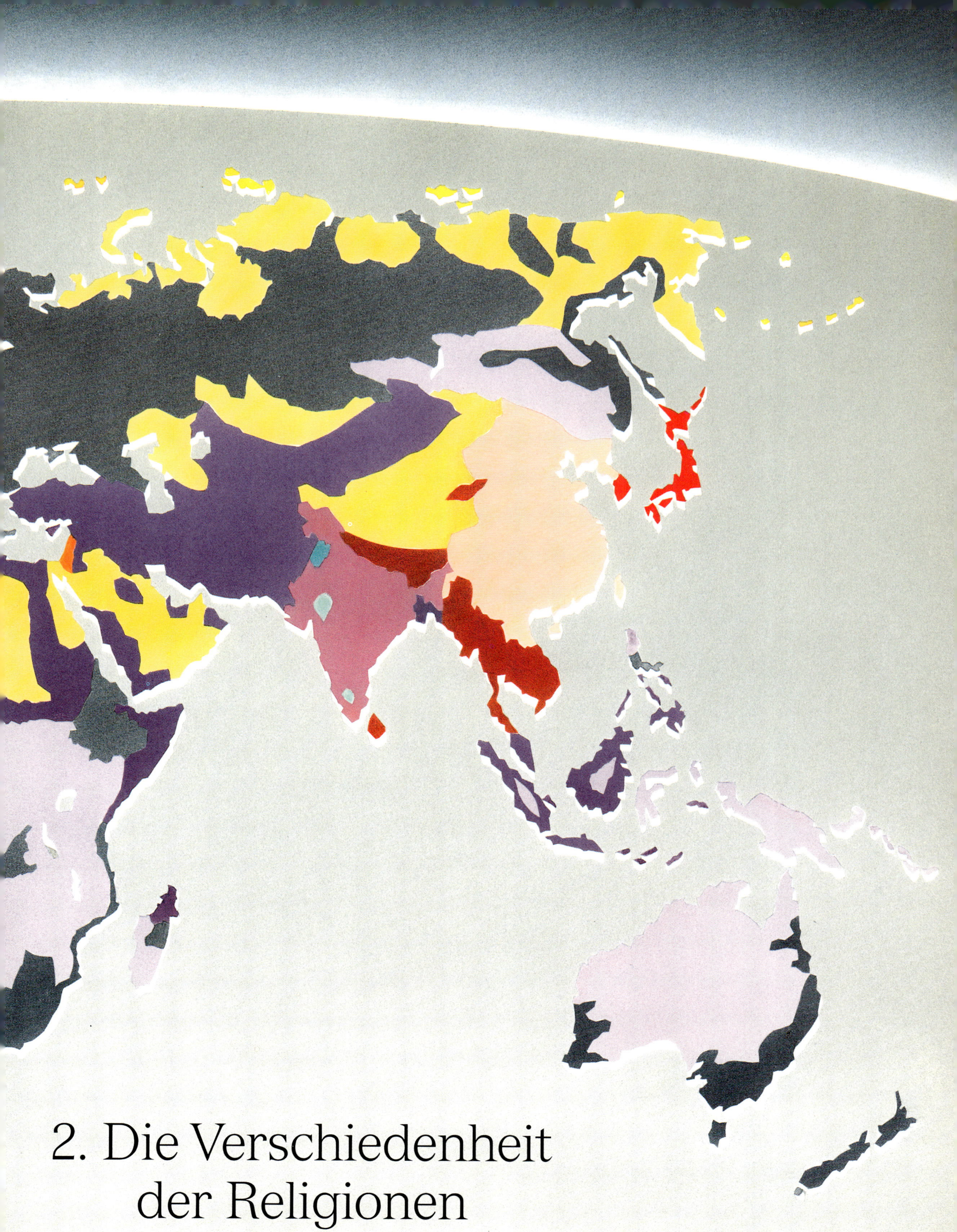

2. Die Verschiedenheit der Religionen

Die historisch-vergleichende Forschung, die Max Müller begann und die von verschiedenen religionshistorischen Schulen weitergeführt wurde, hat zu zwei Darstellungsweisen geführt: Die erste erfaßt die geographische Verbreitung der Religionen der Welt, während die zweite zu einer Klassifizierung oder Typologie schreitet.

Jede Klassifikation nimmt eine Reihe von Richtlinien zu Hilfe und vernachlässigt gewisse andere Elemente, denen man nur eine sekundäre Bedeutung zumißt. Einige Typologien beruhten auf gängigen Ideologien des 19. Jahrhunderts; sie wurden später aufgegeben oder gelten als veraltet. Das ist zum Beispiel bei den evolutionistischen Typologien der Fall, die vom Positivismus Auguste Comtes (1798–1857) beeinflußt waren und die die Entwicklung der Religionen in drei Etappen unterteilten: Aus den animistischen Religionen soll der Polytheismus entstanden sein, und aus diesem sei schließlich der Monothesimus hervorgegangen.

Eine Klassifikation, die sich auf vergleichende Methoden und die Theorie soziokultureller Beeinflussungen stützt, versuchte eine Typologie nach den »religiösen Horizonten« (J. Murphy) zu erarbeiten. Unter dem Gesichtspunkt des prophetischen und monotheistischen Horizonts wären der Zoroastrismus/Parsismus, das Judentum, das Christentum, der Islam, der Buddhismus und der Konfuzianismus zu nennen. Die großen polytheistischen Religionen würden dann die politische und soziale Organisation der Völker widerspiegeln und entsprächen dem Horizont der antiken Kulturen: Rom, Griechenland, Ägypten, Sumer und Babylonien, Indien. Der landwirtschaftliche Horizont wäre die Grundlage für die sogenannten »monistischen« Religionen, während aus dem Stammeshorizont die animistischen Religionen entstanden wären.

Eine weitere Typologie geht von drei Voraussetzungen aus: der Bedeutung ethnologischen Denkens und des Aufstiegs der Kulturen/Zivilisationen; der Tatsache der Offenbarung in der Religionsgeschichte der Menschheit und der Originalität des Christentums (A. Anwander). Eine erste Klasse umfaßt damit die sogenannten Naturreligionen: Völker ohne Schrift und zentralasiatische Religionen. Dann folgen die Religionen, die an Zivilisationen mit einer Schrift gebunden sind, das heißt die Religionen der großen Kulturen der Welt. Der dritte Typ umfaßt die Weltreligionen: Buddhismus, Judentum und Islam. Schließlich gibt es noch das Christentum, das völlig eigenständig dasteht.

R. C. Zaehner (1913–1974) von Oxford unterscheidet zwischen den großen mystischen Religionen und den prophetischen Religionen. Bei den mystischen Religionen liegt der Akzent auf einer inneren Erfahrung der Transzendenz: Das ist beim Hinduismus, beim Buddhismus und beim Taoismus der Fall. Die prophetischen Religionen hingegen kennzeichnen sich durch eine Offenbarung, die als Wort Gottes angenommen wird. Der Zoroastrismus/Parsismus, das Judentum und der Islam sind solche prophetischen Religionen. Im Christentum nähern sich Mystik und Prophetie einander.

Auf den Grundlagen der vergleichend historischen Forschung von Raffaele Pettazzoni (1883–1959) schuf Ugo Bianchi aus Rom eine historische Typologie mit zwei Gruppen. Eine erste typologische Orientierung hebt die grundlegenden Phänomene der Religion hervor: Glaubensüberzeugungen, Mythen, Riten, Institutionen. Ihr zur Seite muß eine Typologie auf der Grundlage der historisch-kulturellen Prozesse stehen, die in den verschiedenen Religionen am Werk sind. Diese Typologie hält sich an religiöse Formen, die an Epochen und Kulturen gebunden sind: Polytheismus, Religiosität des prähistorischen Menschen, Dualismus, Gnostizismus. Ein klares Ergebnis dieser Art der Unterscheidung ist die Einteilung der Religionen in zwei Gruppen: Die ethnischen Religionen haben ihren Ursprung in Kulturen und gehen nicht auf eine Gründergestalt zurück. Ihnen stehen die Religionen mit einem Gründer gegenüber, zum Beispiel der Buddhismus, der Zoroastrismus/Parsismus, das Judentum, das Christentum und der Islam. Bei der Begründung dieser zweifachen Typologie spielt die Erkenntnis von Ähnlichkeiten eine Rolle, die ständig anhand der historischen Quellen überprüft werden.

Die vergleichende Forschung der letzten Zeit legt die Betonung auf zwei Faktoren, die in der Religionsgeschichte der Menschheit von Bedeutung sind: die Kultur und die Offenbarung. Religiöse Dinge sind mit kulturellen Dingen verbunden, besonders mit ihrem symbolischen Aspekt, denn seit der fernen Vorgeschichte ist der *Homo religiosus* ein *Homo symbolicus.* So haben wir eine beeindruckende Reihe von Religionen, bei denen der *Homo religiosus* sich auf der Suche nach dem Göttlichen, dem Transzendenten und auf den Spuren Gottes befindet. Von Abraham an zeigen uns Quellen, daß der *Homo religiosus* mit Gott in Verbindung steht. Er hört seine Botschaft und vernimmt eine Offenbarung, die sein Leben, sein Verhalten und sein Heil neu ausrichten soll. Kultur und Offenbarung sind zwei grundlegende Gegebenheiten für die Typologie der Religionen und für das Studium ihres Ursprungs.

3. Die Entdeckung der Religionen

Die Eroberungsfeldzüge Alexanders des Großen (356 v. Chr.–323 v. Chr.) waren entscheidend für eine erste Begegnung der griechischen Welt mit den Religionen des nahen und mittleren Ostens, zum Beispiel Ägyptens, Anatoliens, Syriens, Kanaans, des Irans und Indiens. Die Ausdehnung des römischen Reiches stellte eine zweite Etappe dieser Entwicklung dar: Es kam zu Kontakten mit den Kulten Mitteleuropas, Galliens und Germaniens. Dank des christlichen Apologeten, der Kirchenväter und der Schriftsteller der ersten Jahrhunderte nach Christus wurden zahlreiche Texte und Quellen dieser unterschiedlichen Religionen gerettet. Bei der Evangelisierung der Franken, der Germanen und der Skandinavier blieben Bruchstücke ihrer religiösen Vorstellungen und Kulte erhalten. Durch die Kreuzzüge lernte das Abendland den Islam kennen, und die mittelalterlichen Universitäten lieferten einen großen Beitrag zu einer ersten Bewertung dieser Quellen.

Nach der Veröffentlichung des Werkes *De omni re scibili* (1486) durch Pico della Mirandola, der zahlreiche Informationen über die Religionen der Antike zusammentrug, geben die Humanisten der Renaissance Anstoß zu einer Rückkehr zur Antike an vielen Fronten - mit einem kritischen Blick auf die Religionen. Das Jahr 1492 markiert den Beginn der Entdeckung der Neuen Welt mit ihren Kulturen und Kulten. Im 17. Jahrhundert öffnet sich die missionarische Tätigkeit der Jesuiten den Kulturen Chinas, Indiens und Nordamerikas. In Europa sammelt dieser Orden zahlreiche Quellen, welche die *Mémoires de Trévoux* in Frankreich unter dem Gesichtspunkt einer vergleichenden Forschung wissenschaftlich nutzen. Im Jahr 1701 überträgt König Ludwig XIV. der Akademie die Aufgabe, das religiöse Denken der Antike zu erforschen. Die Bewegung der florentinischen Humanisten faßt auch Fuß in Paris. Diese Religionswissenschaft, die noch in den Kinderschuhen steckt, unternimmt ihre ersten Schritte dank dem wichtigen Beitrag der christlichen Missionen in Asien, Afrika und Amerika im Laufe des 18. Jahrhunderts, allerdings auch dank den Kontroversen, die durch die leidenschaftlichen Diskussionen im Zeitalter der Aufklärung aufbrechen. J. F. Lafitau (1681–1746) und Ch. de Brosses (1709–1777) begründen die Religionsethnologie. Aufgrund eines reichen mythographischen Materials präsentiert G. B. Vico (1668–1774) in seiner *Scienza nuova* eine erste Hermeneutik der Mythen, Kulturen und Zivilisationen. Im Laufe des 18. Jahrhunderts lösen zwei bedeutende Entdeckungen die Blütezeit des Orientalismus aus. Im Jahr 1730 entdeckt der Jesuit Jean Calmette zwei Sammlungen des Veda und 1732 die beiden anderen. Von 1739 an gelangen diese ersten Manuskripte in den Besitz der königlichen Bibliothek in Paris. Damit ist das Zeichen zum Aufbruch gegeben. Die Entdeckungen folgen aufeinander; die Indologie geht daraus hervor, und asiatische Gesellschaften werden in Indien, Paris und London gegründet. Im Verlauf einer Reise gelingt es A. H. Anquetil-Duperron, Zugang zur Gemeinschaft der Parsen in Bombay zu bekommen. 1762 bringt er 180 Manuskripte nach Paris zurück und veröffentlicht 1771 die erste Übersetzung des Zend-Avesta. Damit ist die zarathustrische Religion wiedergefunden.

Im Gefolge der kolonialistischen Expansion und der verstärkten missionarischen Tätigkeit der Kirchen entdeckt Europa im 19. Jahrhundert einen bedeutenden Teil des religiösen Erbes der Menschheit wieder. Wie im Fall des Hinduismus bereitete die missionarische Entdeckung des Buddhismus auch dessen wissenschaftliche Entdeckung vor. Die Pali-Manuskripte Thailands, Tibets, Chinas und Nepals, die Arbeiten von Antoine-Léonard de Chézy, Eugène Burnouf und Abel Rémusat in Paris und von B. H. Hodgson in London sowie die zahlreicher weiterer Forscher

3. 4. Jean-François Champollion (1790–1832), der Begründer der Ägyptologie.
rechts: Max Müller (1823–1900), der Begründer der vergleichenden Religionsforschung und ein großer Kenner des Hinduismus.

3

4

5

6

5. Darstellung des Hammurabi vor der Gesetzesstele, die heute seinen Namen trägt und mit Keilschriftzeichen beschrieben ist. Es handelt sich um das umfassendste babylonische Gesetzeswerk, das uns erhalten geblieben ist. Es befindet sich heute im Louvre in Paris und ist grundlegend für die Kenntnis der mesopotamischen Kultur. Die Stele wurde zwischen 1901 und 1902 von J. De Morgan während seiner Ausgrabungen in Susa entdeckt, den Text transskribierte V. Scheil.

6. Die wichtigste Quelle für die älteste Phase der indischen Religion heißt kurz Veda. Dieses Sanskritwort bedeutet »Kenntnis«. Hier symbolisiert ein Baum die verschiedenen Sammlungen des Veda. Sie wurden auf rechteckige Blätter geschrieben, wie sie an der Basis des Stammbaums abgebildet sind. Dank den Arbeiten von R. Roth und M. Müller und der ersten großen Herausgabe des Rigveda (1849–1874) lernt der Westen in der zweiten Hälfte des vergangenen Jahrhunderts die Veden kennen.

7

7. *Die Grafik zeigt die Stupa von Sanchi (3. Jahrhundert vor Christus, Bhilsa, Indien), die 1818 entdeckt wurde. Es handelt sich dabei um das bekannteste Beispiel dieser für die buddhistische Kunst typischen Grabdenkmäler. Stupas sind im buddhistischen Einflußbereich weit verbreitet und lieferten den Forschern wichtige Details über Begräbnisriten.*

8

8. *Beispiel für die ägyptische Hieroglyphenschrift. Im Jahr 1822 gelang Champollion die Entzifferung. Damit machte er den Weg frei für die Erforschung der altägyptischen Religion.*

9. *Eine der Seiten des Diskus von Phaistos (1700–1600 vor Christus), den Pernier im Jahr 1908 fand. Diese ägäischen ideographischen Zeichen sind noch nicht entziffert.*

9

enthüllen das wahre Gesicht des Buddhismus. Gegen Mitte des 19. Jahrhunderts kommt es nicht mehr zu Verwechslungen zwischen Buddhismus und Hinduismus.

Im Jahr 1822 entziffert Jean François Champollion den berühmten Stein von Rosette und bringt die Zeit der ägyptischen Pharaonen zum Sprechen. Stelen, Sarkophage, Pyramiden und Gräber geben die Geheimnisse ihrer Inschriften frei. In Deutschland tragen die Brüder Wilhelm und Alexander von Humboldt dazu bei, daß die Religionen der amerikanischen Ureinwohner entdeckt werden. Die Ausgrabungen in Mesopotamien beginnen 1840, und die Forscher eilen von Entdeckung zu Entdeckung: Tausende von Keilschrifttafeln wandern in die Museen. Doch erst 1857 gelingt H. Rawlinson, E. Hincks und J. Oppert die Entzifferung der Keilschrift. Damit begründen diese Forscher die Assyriologie. In Ägypten treten die Forscher sich auf die Füße, während in der griechisch-römischen Welt neue archäologische und epigraphische Forschungen ihren Anfang nehmen. In Frankreich entdeckt Jacques Boucher de Perthes bearbeitete Feuersteine und behauptet 1846, prähistorische Menschen hätten zur selben Zeit wie große ausgestorbene Tierarten gelebt. Damit beginnt das Studium der Vorgeschichte. Die Religionsethnologie erfährt einen weiteren Höhepunkt dank der Entdeckung immer weiterer schriftloser Kulturen in Asien, Afrika und Australien.

Seit dem Beginn des 19. Jahrhunderts bahnt sich die Religionswissenschaft ihren Weg. In den achtziger und neunziger Jahren des vorigen Jahrhunderts wird dank der Lehrstühle und der wissenschaftlichen Zeitschriften in England, den Niederlanden, Frankreich und Belgien die Religionsgeschichte begründet. Unter den Dutzenden von Spezialisten ist ein Mann besonders zu nennen: Friedrich Max Müller (1823–1900), der Begründer einer echten vergleichenden Religionswissenschaft. Als Pionier indoeuropäischer Studien veröffentlichte er das imposante Sammelwerk *Sacred Books of the East* (51 Bände, 1872–1895).

4. Die Religion der schriftlosen Völker

In seinem Werk *Moeurs des sauvages amériquains comparées aux moeurs des premiers temps* (1724) empfiehlt J. F. Lafitau, man solle die heute noch lebenden »primitiven« Völker studieren, um die Religion des archaischen Menschen zu verstehen. Damit bekomme man Auskunft über die Bedeutung der menschlichen Natur, die Rolle des Mysteriums und der Initiation und den Stellenwert der Religion in primitiven Gesellschaften. Nach derselben Methode veröffentlicht Ch. de Brosses 1760 das Buch *Du culte des dieux fétiches*. Der Fetischismus stehe am Beginn der Religionen und folge auf den Verlust der göttlichen Offenbarung: Er versteht darunter die Anbetung von Steinen, Tieren, Bäumen, Pflanzen, Flüssen, der Sonne und Gestirne. Der Fetisch ist nicht ein Symbol wie im Polytheismus, sondern eine aktive Präsenz angesichts des von Ängsten geplagten archaischen Menschen, der durch Riten seine Rettung zu erlangen versucht.

Während des 19. Jahrhunderts führte die Entdeckung Hunderter schriftloser Völker zu einem Aufschwung der Ethnologie, der Religionsanthropologie sowie verschiedener Theorien über »die Religion der Primitiven« und den Ursprung der Religionen überhaupt. Auguste Comte, der Vater des Positivismus, übernahm einfach die fetischistische Theorie von Ch. de Brosses. Bereits im Verlauf des 18. Jahrhunderts widersetzten J. J. Rousseau (1712–1778) in Frankreich und der Sturm und Drang in Deutschland sich der Aufklärung, indem sie die Natur und die Rechte des Herzens priesen und in der Religion den Abglanz der Sprache der Natur sahen. Die gesamte Bewegung der Romantik geht in diese Richtung: Ch. Fr. Dupuis (1742–1809), J.-G. Herder (1744–1803), Fr. Creuzer (1771–1858), J. J. Görrres (1776–1848). F. Schleiermacher (1768–1834) betrachtet die »Anschauung des Universums« und die Erfahrung des Unendlichen als gemeinsame Quellen der Religion. Die vergleichend mythologisch ausgerichtete Schule von Max Müller studiert die indoeuropäischen Mythen. Müller ist davon überzeugt, daß die Menschen seit jeher das Göttliche ahnen und eine Vorstellung vom Unendlichen haben, und vertritt selbst die Ansicht, die großen Naturphänomene hätten als Symbole gedient, um den Menschen ein Gefühl für das Unendliche einzuflößen. Die Religion der »primitiven« Völker fände ihren Ursprung und ihre Erklärung somit in Naturmythen. Zu Ende des 19. Jahrhunderts behauptet die deutsche Schule des Panbabylonismus (H. Winckler, E. Stucken, F. Delitzsch), das astrale Weltbild der Sumerer und Babylonier habe alle Religionen geprägt: Die überraschende Einheitlichkeit der Mythologie sei der Beweis dafür, daß bei allen primitiven Völkern Himmelsmythen und astrale Mythen die ursprüngliche Grundlage der Religion darstelle.

In einer Reihe ausgezeichneter Arbeiten versucht Lucien Lévy-Bruhl (1857–1939) die Religion der Primitiven von ihrer Mentalität her zu erklären; in seinen Augen ist sie prälogisch und besteht

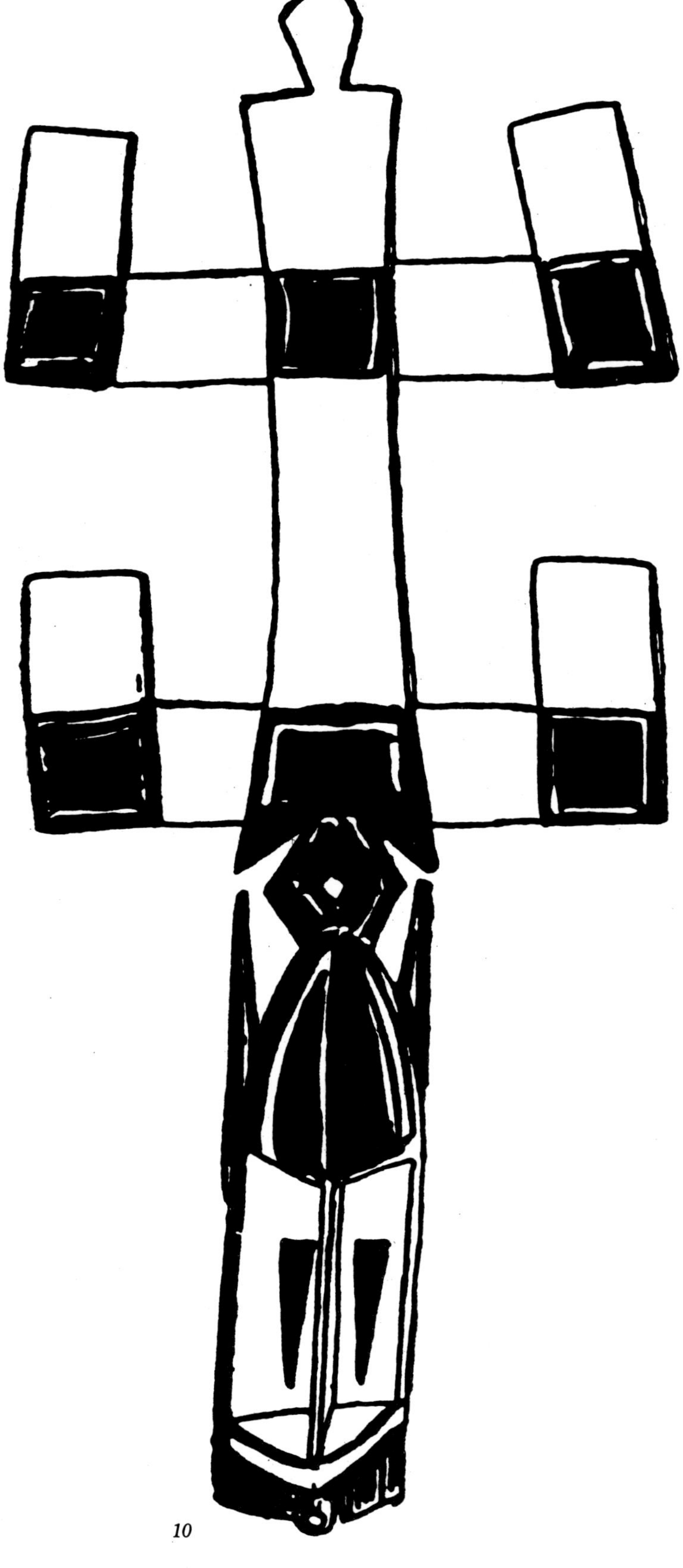

10

aus kollektiven Vorstellungen, aus Bindungen, die auf der Emotion beruhen, aus Versuchen an den mysteriösen Kräften des mythischen Vorahns teilzunehmen und einer Gleichförmigkeit der Emotion in Gegenwart der unsichtbaren Wesen. Masken, Rhythmen, Tänze und Gesänge schaffen eine kollektive Emotion im Hinblick auf eine Teilnahme an »übernatürlichen« Mächten. Es ist die Aufgabe des Mythos, die Präsenz des mythischen Vorahns des Clans sicherzustellen, um ihn nachzuahmen und an seinem Leben teilnehmen zu können.

Im Werk *L'experience mystique et les symboles chez les primitifs* (Paris 1938) versucht er mit Hilfe des Symbolismus die religiöse Erfahrung des primitiven Menschen zu verstehen. Die symbolische Funktion ist eine Funktion der Darstellung des unsichtbaren Wesens. Durch diese Darstellung nimmt der Mensch an unsichtbaren Kräften teil. Dies erklärt die Permanenz heiliger Orte, die Vielfalt prähistorischer Felsinschriften und Felsmalereien sowie der geheimnisvollen Steine und der Symbole der Vorfahren. Über die Symbole nehmen die primitiven Menschen an geheimnisvollen Kräften und Realitäten teil, die keinen Platz haben im Rahmen der Natur.

Lévy-Bruhl schreibt den primitiven Menschen ein prälogisches Bewußtsein zu, das sie von den zivilisierten Menschen unterscheide: Es ist ein magisch-religiöses Denken, das nicht mit unseren Kategorien zu fassen ist und sich nicht durch Widersprüche beirren läßt. Wenn der Autor vom Übernatürlichen oder Mystischen spricht, handelt es sich nicht um das Transzendente sondern um das Übersinnliche. Tatsächlich siedelt Lévy-Bruhl die Religion auf horizontaler Ebene an und denkt nicht an die Transzendenz. Dieser Philosoph, der immer nur in Bibliotheken und niemals vor Ort gearbeitet hat, richtet sein Forschungsinteresse auf das Symbol als Mittel der Teilhabe an »mystischen« Kräften. Dieser Grundgedanke bleibt nützlich, um den schriftlosen *Homo religiosus* und seine Erfahrung des Sakralen zu verstehen, doch wird die Ausgangsposition des Autors durch seine positivistischen Grundauffassungen verfälscht, die dazu führen, daß er jede Religion als einen Aberglauben betrachtet.

Parallel zu diesen Forschungen, die von ideologischen Konzepten dominiert werden, entwickelte sich seit dem Ende des 19. Jahrhunderts eine historische Bewegung der Religionsethnologie. Ihre Autoren befürworteten die Feldarbeit, das Studium verschiedener schriftloser Völker, die Veröffentlichung von Monographien, Untersuchungen über das Verhalten des Menschen und über die Institutionen. Unter diesen Ethnologen und Anthropologen sind zu nennen: in England Summer Maine (1821–1881), A. Lyall (1835–1911), F. W. Maitland (1850–1906), W. H. R. Rivers (1864–1928), in Frankreich A. de Quatrefages (1810–1892), der den »Beweis aufgrund konvergierender Indizien« geklärt hat, und in Deutschland Fr. Ratzel (1844–1904), den Begründer der Migrationstheorie, sowie Leo Frobenius (1873–1938). Er schuf den Begriff des Kulturkreises, der außergewöhnliche Auswirkungen auf weitere ethnologische Studien hatte.

11

10. 11. Links: Sanana-Maske (Touyogou), rechts: Buguturu-Altar. Es handelt sich dabei um zwei repräsentative Schöpfungen der Dogon-Kultur, die heute noch den größeren Teil des Staates Niger umfaßt. Die Zeichnungen stammen von M. Griaule, dem Autor des wichtigsten Buches über Dogon-Masken (Masques Dogons 1963). Griaule beschreibt darin, wie die Religion der Dogon auf dem Kult der Vorfahren beruht. Der »Totemismus« ist der Ausdruck für den Kult der unsterblichen Vorfahren. Sie sind zwar gestorben, konnten aber wieder auferstehen (lébe). Die Altäre sind den Vorfahren geweiht, und die Masken selbst ein Hilfsmittel, um mit den Vorfahren in Beziehung zu treten.

12

12. Afrikanisches Beispiel eines Mythogramms. Die Zeichnung stellt eine Felsmalerei aus der Umgebung von Mphunzi in Malawi dar. Der Archäologe E. Ananti bezeugt, daß der Bantu, der ihn dorthin führte, diese Malerei als einen Ursprungsmythos beschrieb. Die Schlange und die Echse haben sich gepaart, und daraus gingen drei Eier hervor: ein großes, ein mittleres und ein kleines. Aus jedem Ei entstand ein Stamm: ein großer, ein mittlerer und ein kleiner. Die strahlenförmige Darstellung oben links könnte Anati zufolge den mythischen Ort dieses Ereignisses darstellen.

5. Mana, Totem und Tabu

Das Vokabular

Mana: ein polynesischer Begriff, den zuerst W. Williams 1814 und dann R. Codrington, ein Ethnologe in Melanesien, im Abendland einführte. M. Müller übernimmt diesen Begriff und meint, er werde allgemein im Pazifik verwendet. Mana bezeichnet eine Macht, einen Einfluß, eine unpersönliche Kraft. Sie ist im Besitz von Geistern, die sie durch Vermittlung des Wassers, eines Steins oder eines Knochens weitergeben können. Von 1892 an übernahmen Ethnologen und Anthropologen (J. H. King, R. R. Marett) dieses Wort und betrachten dessen Inhalt als wichtige Kategorie in der religiösen Erfahrungswelt der Primitiven. Es wird mit dem Manitu der Algonkin, dem Orenda der Irokesen und sogar mit dem Brahman der Hindus gleichgesetzt. Die evolutionistische Bewegung machte daraus einen für die Entwicklung der Religion wesentlichen Begriff. Kürzlich durchgeführte ethnologische Forschungen zeigen, daß der Begriff zu Beginn unseres Jahrhunderts falsch interpretiert wurde: Heute ist das Mana in Melanesien die wirksame Kraft eines Menschen, der Heldentaten vollbringen kann.

Totem: von den Ojibwa, einem Stamm der nordamerikanischen Algonkin, verwendeteter Begriff, um eine Verwandtschaftsbeziehung und den exogamen Clan in Bezug zu einem Schutztier zu kennzeichnen. Das Totem ist auch das Schutztier einer einzelnen Person. Soweit die ethnographischen Fakten!. Der australische Totemismus nimmt eine Beziehung zwischen einer natürlichen Spezies und einer Verwandtschaftsgruppe an; der polynesische Totemismus sieht die Beziehung eines Tieres mit einer Verwandtschaftsgruppe. In seinem Werk *Le Totémisme aujourd'hui* (Paris 1962) zeigte Cl. Lévy-Strauss, daß der vorgebliche Totemismus sich jeder allgemeinen Definition entzieht; die Tatsachen jedoch gehören in das spezifische Umfeld schriftloser Völker. Die Totempfähle am Eingang von Dörfern in Ozeanien und Amerika stellen die Aufeinanderfolge der Vorfahren des Clans dar. In der Religionsgeschichte ist der Totemismus die Gesamtheit der Theorien, die im Totem den Ursprung der Religion oder die Grundlage für die Verhaltensweisen und Institutionen in archaischen Gesellschaften sehen wollten.

Tabu ist ein melanesischer und polynesischer Begriff. Er bezeichnet die Grenzen, die Personen (Könige, Priester), Dinge (Nahrungsmittel, rituelle Gegenstände), Heiligtümer und andere heilige Orte und Aktivitäten abtrennen, und definiert die Regeln, nach denen man sich dem Gegenstand des Tabus nähern oder sich von ihm fernhalten kann, mit dem Zweck eines Schutzes oder Verbotes. Den Begriff Tabu führt Kapitän Cook 1777 im Abendland ein und J. G. Frazer verwendet ihn 1911 in der Forschung als universelle religiöse Kategorie, um die negative Dimension des Sakralen und das Verbot zu kennzeichnen: Tabu bedeutet die Trennung der sakralen Welt von der profanen Welt. Freud greift den Begriff 1913 in seinem Werk *Totem und Tabu* auf. Heutige ethnologische Studien sind sehr zögerlich bei der Verwendung des Wortes und zeigen gleichzeitig, daß Tabu in Polynesien zahlreiche nicht religiöse Bedeutungen hat. Die Vorkämpfer des Evolutionismus in der Religion verwendeten gleichzeitig die Begriffe Mana, Totem und Tabu für ihre Hypothesen über den Ursprung und den Sinn der primitiven Religionen. Diese Periode der Verwirrung über die Erfahrung des Sakralen ist aber endgültig vorbei.

Die Theorien

Im Jahr 1866 berichtet J. F. McLennan in seinem Werk *Primitive Marriage* der wissenschaftlichen Welt vom Phänomen der Exogamie. Er schreibt ihm eine religiöse Bedeutung zu und bemüht sich 1869 in *The Worship of Animals and Plants* zu beweisen, daß der Totemismus eine Religion darstellt, die Quelle aller Tier- und Pflanzenkulte. J. G. Frazer (1854–1941) machte sich diese Theorie

13

13. Sigmund Freud (1856–1939), der Begründer der Psychoanalyse. Seine Theorien übten einen bedeutenden Einfluß auf die Religionswissenschaften in Europa und insbesondere in Amerika nach dem Zweiten Weltkrieg aus.

14

14. Mircea Eliade (1907–1986) wies in der Religionswissenschaft auf die drei Ansätze hin, den historischen, den phänomenologischen und den hermeneutischen. Er erklärte die historische und transhistorische Figur des Homo religiosus und wies auf die Bedeutung seiner religiösen und kulturellen Botschaft hin.

zu eigen. Überzeugt von der Absurdität primitiver Vorstellungen erhebt der englische Anthropologe, der nur in der Bibliothek arbeitete, den Totemismus zu einem religiösen System, indem er die verschiedenen archaischen Denkweisen neu in Gruppen fasste (*Totemism and Exogamy*, 4 Bände, London 1911). In Frazers Vorstellungen wurde diese primitive Religion ein inniges Gemisch aus der Clanorganisation, dem Glauben an eine Verwandtschaft zwischen dem Totem und den Clanmitgliedern und dem Verbot, das entsprechende Tier oder die Pflanze zu essen, es sei denn während des Opferritus. Diese zuletztgenannte Idee kam ihm bei der Lektüre von W. Robertson Smiths *The Religion of the Semites* (London 1889). Nach langen Diskussionen und erheblicher Opposition veröffentlicht Frazer 1927 die Synthese seines Denkens über die Totemreligion (*Man, God and Immortality*, London). Der erste Schritt der Religion ist ihm zufolge die Magie: die Personifizierung der Naturkräfte und die Schöpfung einer Vielzahl von Geistern. Durch die Schaffung von Königen, Priestern und Gottheiten werde der Übergang zu einer polytheistischen Religion und zu Kulten hergestellt, aus denen später der Monotheismus hervorgehe. In Frankreich verbreitet Salomon Reinach (1858–1932) Frazers Gedankengut in seinen Werken *Orpheus. Histoire générale des religions* (Paris, 1909, 1931[2]) und *Cultes, mythes et religions* (Paris, 3 Bände, 1905, 1922[2]). In Deutschland übernahm W. Wundt (1832–1920) in seinem monumentalen Werk *Völkerpsychologie* (10 Bände, 1910–1920) diese Aufgabe.

Emile Durkheim (1858–1917) erhebt den Totemismus zum religiösen System der Primitiven und sucht darin den Ursprung der Religionen (*Les formes élémentaires de la vie religieuse*, Paris 1922). In seinen Auffassungen ist er von A. Comte, H. Spencer und W. Wundt beeinflußt. Er sieht die Gesellschaft als höhere metaphysische Realität, als einen Organismus, der über das Individuum hinausreicht. Dieser Organismus wird belebt von einem kollektiven Gewissen, das aus der Gesamtheit der religiösen Vorstellungen und den gemeinsamen Gefühlen einer Gemeinschaft besteht. In der Religion sieht Durkheim eine natürliche Manifestation der menschlichen Aktivität. Als Positivist schließt er drei Elemente vom religiösen Phänomen aus, das ihm zufolge nur durch das soziale Verhalten bestimmt wird, nämlich das Übernatürliche, das Mysterium und die Gottheit. Für die religiöse Denkweise ist die Welt zweigeteilt, in das Sakrale und das Profane; der objektive, universelle und ewige Grund für religiöse Erfahrungen ist die Gesellschaft. Als Ergebnis des kollektiven Gewissens ist die Religion eine universelle Tatsache und ein notwendiges Phänomen. Ihre Aufgabe besteht in der Verwaltung des Sakralen.

Auf der Suche nach der primitivsten und elementarsten Religion entscheidet sich Durkheim für den Totemismus, die Religion des Clans, für den das Totem das eigentliche Sakrale darstellt. Die Quelle, das Herz und der Beweggrund der totemistischen Religion ist das Mana, das Prinzip des Heiligen, eine anonyme unpersönliche Energie, die in jedem Angehörigen des Clans vorhanden ist. Das Mana stellt sozusagen den Rohstoff aller Religionen dar, und nur vom Mana aus haben die Gesellschaften die Geister, Dämonen, Genien und Götter geschaffen. Das Totem drückt das Mana aus und symbolisiert es; es ist die Erscheinungsform des Clans. Der Clan schafft durch einen Machttransfer das Sakrale, das er auch verwalten muß. Aus dem Sakralen geht der Kult mit seinen Riten und Praktiken hervor, die der Gesellschaft unaufhörlich neue Kräfte zukommen lassen. Marcel Mauss (1873–1950) und Henry Hubert (1872–1927), Durkheims Schüler, beschäftigen sich mit den sozialen Funktionen des Sakralen, identifizieren das Mana mit dem Sakralen und weiten diese totemistische Auffassung auf alle Religionen aus, einschließlich der Buchreligionen. Zwei Jahrzehnte lang beeinflussen ihre Ideen eine gewisse Zahl von Religionshistorikern.

Unter dem Einfluß von Frazer und Wundt beginnt S. Freud mit der Untersuchung des Tabus. Er findet darin eine Analogie mit der Zwangsneurose, denn die Überschreitung eines Tabus führt zu Gewissensbissen, welche die Grundlage für das sittliche Gewissen darstellen. Von hier gelangt er zum Totemismus, den er als Erklärung der Religion und ihres Ursprungs akzeptiert. Freud greift die Vorstellung von Robertson Smith über die Bedeutung des Opfers und des Totemmahles auf, verlagert sie bis zu den Wurzeln der Menschheit zurück und sieht darin das erste Fest der Urhorde, in der die Söhne den Vater umgebracht haben, um sich der Frauen zu bemächtigen. Die totemistische Religion entsteht dann aus dem Bewußtsein der Schuldgefühle in den Verwaisten; sie stellt zur selben Zeit den Versuch dar, dieses Gefühl zu ersticken und eine Versöhnung zu erreichen. Diese grundlegende Tatsache bildet den Ursprung der totemistischen Religion und Freud zufolge überhaupt aller Religionen des Menschen (*Totem und Tabu*, 1913).

15

15. Flachrelief aus der Einfassung eines Ballspielplatzes im religiösen Zentrum der Totonakenkultur in Tajín im Staat Veracruz, Mexiko.

Die Kultur der Totonaken hatte ihre Blütezeit zwischen 400 und 700 nach Christus und wies grundlegende religiöse Elemente auf, welche die Europäer später sowohl bei den Azteken wie bei den Maya Yucatans vorfanden. Das rituelle Ballspiel endete mit der Opferung des Anführers einer der beiden Mannschaften, die gegeneinander spielten. Die Szene ist im Bild unten abgebildet. Das Blut des Geopferten war Nahrung für die Götter. Während der Geopferte in die andere Welt hinüberging und das rituelle Getränk, den Pulque, erhielt, füllte der Regengott das Gefäß mit dem heiligen Trank und garantierte damit die Fruchtbarkeit der Felder und den Fortgang des Lebens. Es handelt sich hier eindeutig um einen Opferritus, der die aktive Intervention einer Gottheit garantieren soll.

16

16. Rekonstruktion eines Hauses und einiger Totempfähle der Haida-Indianer im Garten des Museum of Anthropology in Vancouver an der Pazifikküste Kanadas. Der Totempfahl stellt in der Tradition der verschiedenen Indianervölker an der Nordwestküste Amerikas (dem ehemaligen British Columbia) mit Hilfe einer Aufeinanderfolge tierähnlicher (zoomorpher) und menschenähnlicher (anthropomorpher) geschnitzter und bemalter Figuren die sakrale Präsenz der Vorfahren und die eigene Abstammung dar. In ihr wurzelt das ganze Leben der Bevölkerung und der indianischen Familien.

17. Große Steinskulptur von der Osterinsel westlich von Chile, mitten im Pazifik. Sie stellt einen Moai dar. Es handelt sich dabei um den bedeutendsten künstlerischen Ausdruck der ersten langen Periode der Rapanui-Kultur. Der Moai ist ein vergöttlichter Vorfahr und ein Beschützer des Universums. Die Osterinsel hatte über ein Jahrtausend lang keinerlei Beziehungen zu anderen Teilen der Erde, nachdem sie im 5. Jahrhundert nach Christus besiedelt worden war.

6. Der Evolutionismus als Erklärung für die Religionen

Das 18. Jahrhundert beschäftigte sich mit dem Fortschritt der Menschheit und dachte über die Prozesse der Entwicklung und ihrer Etappen nach. In seiner *Phänomenologie des Geistes* (1807) zeigt G. W. F. Hegel (1770–1831), daß die Geschichte einen unaufhörlichen Fortschritt des Geistes enthüllt. A. Comte (1798–1857) nimmt die Idee von G. B. Vico (1668–1744) auf, der in seinem Werk *Scienza nuova* (1725) die drei Lebensalter des Menschen auf die Geschichte übertrug, wandelte sie um und schuf das Dreistadiengesetz, um die Entwicklung des Geistes und der Gesellschaft zu beschreiben. Befreit von den Mythen und den Spekulationen über Gott, könne der Mensch sich nun der Wissenschaft und dem Kult der Menschlichkeit hingeben. Die Priester, die laizisierten Sakramente und die positivistische Philosophie, die nun das neue Dogma darstellt, würden für den organischen Zusammenhalt der Gesellschaft sorgen. Comte legte die Grundlagen des Positivismus und machte die Evolution zum Gesetz der Religionsgeschichte der Menschheit.

Herbert Spencer (1820–1902), der sich für die Beziehungen zwischen Wissenschaft, Gesellschaft und Religion interessierte, nahm die biologische Evolution als Modell seiner Untersuchung über die Gesellschaft und die Religion. In seinem *Principles of Sociology* (3 Bände, 1876–1896) erklärte er, wie auf einen ursprünglichen Atheismus die Religion der Primitiven folgte. Sie gründet auf dem Ahnenkult und geht erst in den Polytheismus und dann in den Monotheismus über, um sich dann im Positivismus aufzulösen. In der primitiven Gesellschaft glaubt der Mensch, daß die Ahnen in der jenseitigen Welt eine Gesellschaft von Geistern bilden. Sie üben auf die lebenden Menschen einen Einfluß aus, und diese verwandeln die Geister im Lauf der soziologischen Evolution in Götter. Spencer zufolge bildet der Ahnenkult die Wurzel jeder Religion. Die Entstehung der Religion hat ihren Grund in der Angst vor den Toten, die als gespenstische Kräfte betrachtet werden. Um sie zu beschwören, erfand der Mensch das Gebet, die Sühne, die Opferung von Nahrungsmitteln und überhaupt alle Riten der Kulte.

Bereits 1767 hatte N. S. Bergier die Idee geäußert, der Fetischismus und der Götzendienst würden ihre Erklärung im religiösen Denken der Primitiven finden, die sich die Natur voller Geister und Dämonen denken *(Les dieux du paganisme)*. Ein Jahrhundert später nimmt E. B. Tylor (1832–1917), der Begründer der englischen Anthropologie, diese Idee wieder auf. Als großer Reisender und intelligenter Forscher sammelte er viel Material, stellt eine scharfsinnige Analyse an und kommt zu einer systematischen Einteilung. Er studiert die Reste alter Kulturen und vergleicht sie mit heutigen Sitten. 1865 veröffentlicht er seine Forschungen über den Beginn der Geschichte des Menschen. Darin stellte er der Theorie der Degradation den Transformismus gegenüber, der von Darwin inspiriert ist. In seinem Werk *Primitive Culture* (1871) zeigt er, daß der primitive Mensch am Anfang einer psychischen Entwicklungsreihe, angefangen von einem archaischen Stadium bis zum Stadium der Zivilisation, steht. Sein Buch ist das Manifest des kulturellen und religiösen Evolutionismus und des Animismus, der eine umfassende Erklärung für die Religion und die Religionen bietet. Sein Ausgangspunkt liegt da, wo der primitive Mensch den Begriff der Seele entdeckt. Tylor zufolge geschah dies anhand des Schlafes, der Krankheit und des Todes sowie der Visionen und Träume. In seiner Denkweise wendet der primitive Mensch diesen Begriff auf alle Wesen des Kosmos an: Das ist der Animismus, der vom Ahnenkult zum Polytheismus führt. Aus dem Polytheismus gehen die Pantheons der großen Kulturen hervor, und schließlich gelangt man zum Monotheismus. Der Animismus tylorscher Prägung überzeugt zahlreiche Ethnologen und Religionshistoriker – sogar Bibelkundler –, welche die Meinung vertreten, dieses religiöse Stadium bildet den Ursprung der Religion und der Religionen.

Die Arbeit von Tylor hat große Verdienste, weil er betont, daß die primitiven Völker die Seele entdeckt haben. Das erklärt die

18

18. Charles Robert Darwin (1809–1882). Der Naturforscher legte 1859 erstmals seine biologische Evolutionstheorie in seinem Werk »Die Entstehung der Arten durch natürliche Auslese« vor. Seine Theorie beeinflußte im 19. Jahrhundert stark die Religionswissenschaft.

19

Bedeutung von Bestattungsriten, die schon sehr früh auftreten und Indizien für einen Glauben an das Überleben des Todes bilden. Aufgrund der Auffassung, daß Geist und Materie getrennt sind, wird es dem Menschen möglich, im obersten Wesen einen personalen Gott zu erkennen. Weitere Verdienste Tylors sind die Suche nach der psychischen Einheit der Menschheit, die Theorie, daß Dinge aus der Vergangenheit überlebt haben und nun eine vergleichende Forschung ermöglichen, sowie die Überwindung des ungeheuren Grabens zwischen dem zivilisierten und dem primitiven Menschen. Tylor gab den Anstoß zu wichtigen Untersuchungen schriftloser Völker und zur Veröffentlichung zahlreicher Monographien. Im 20. Jahrhundert behalten wir den Begriff des Animismus bei, allerdings mit zahlreichen neuen Zusätzen und wichtigen Korrekturen.

Die Schwachstelle in der Arbeit von Tylor wie auch von Spencer zeigt sich bei der Theorie des Transformismus. Tylor verwendete als Grundlage die darwinistische Vorstellung von der biologischen Evolution. Er zieht eine direkte und gerade Entwicklungslinie vom Animismus bis zum Monotheismus. Diese Evolution faßt er als deterministisch auf, so daß die zahlreichen kulturellen Einflüsse, in deren Rahmen sich der Homo sapiens entwickelt hat, nicht berücksichtigt werden. Die Schüler und Nachfolger Tylors erhoben den Evolutionismus zum Dogma und zur Ideologie, die schließlich zum Totemismus von Frazer, Durkheim und Freud führte. Frazers Werk *Golden Bough* von 1890 erlebte von 1911 bis 1915 eine Neuauflage in zwölf Bänden: Die Religion und die Kultur hatten sich ihm zufolge vom Totem aus in deterministischer und einförmiger Weise entwickelt. Auch Wundt, Durkheim und Mauss schufen ihr gesamtes Werk von einer ähnlichen evolutionistischen Perspektive aus.

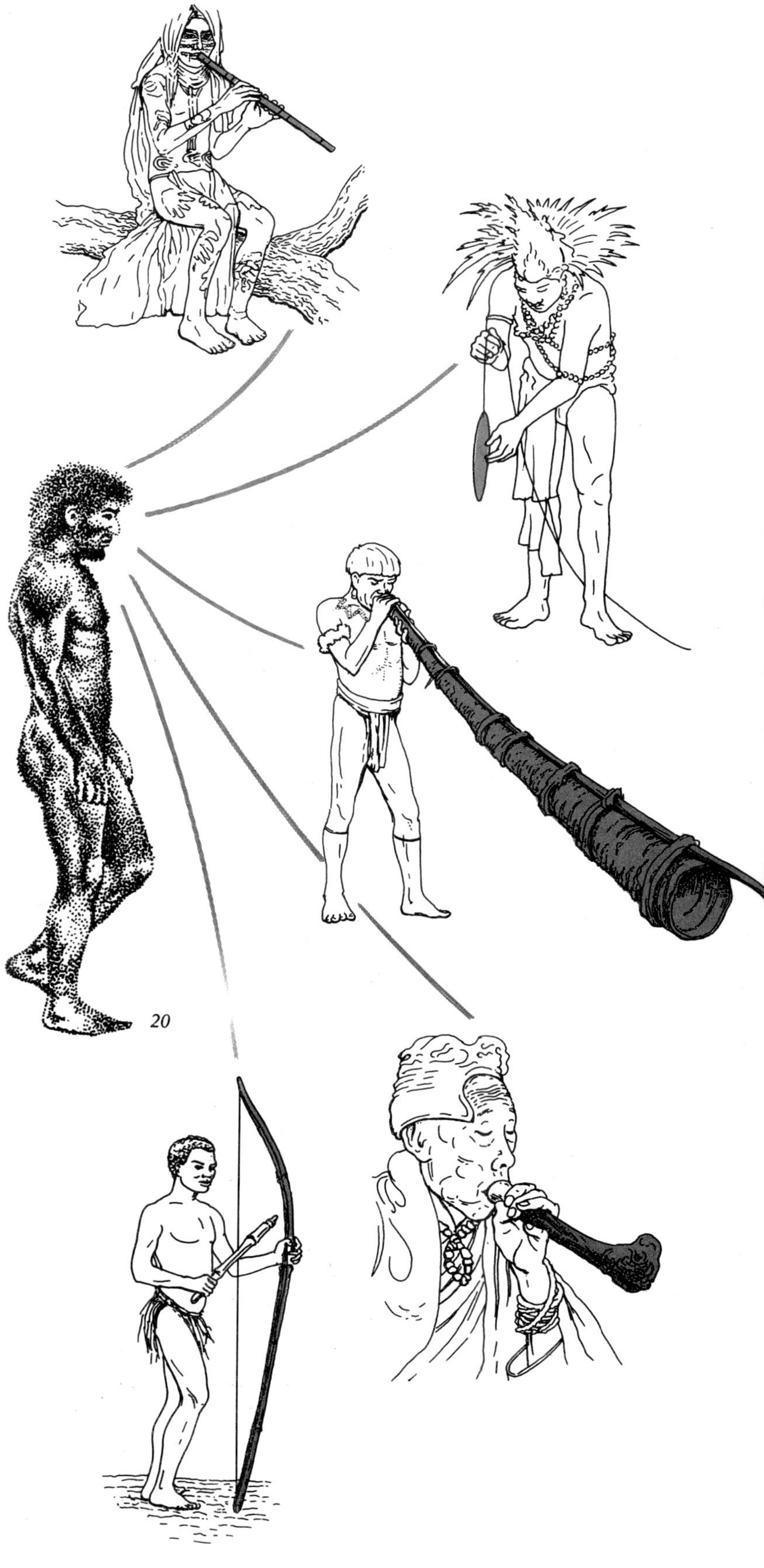

20

19. 20. Die Tierfiguren oben stellen einige der wichtigsten Schritte der biologischen Evolution dar. Sie verlief von den Wirbellosen über die ersten Wirbeltiere, die Fische, die Amphibien, die Reptilien, die Vögel und die Säugetiere bis zum Menschen.
Mit dem Menschen entsteht eine neue Art der Evolution, die nicht mehr biologischer Natur ist. Seit dem ersten Auftreten des Menschen vor über zwei Millionen Jahren in Afrika bis auf den heutigen Tag entstanden nämlich nicht zahlreiche neue Arten (biologische Evolution), sondern es konnte sich eine einzige Art der Gattung Homo halten. Diese kulturelle Evolution führte zu einer ungeheuren Differenzierung der Menschen. Mit der biologischen Evolution läßt sie sich jedoch nicht erklären.
Wir stellen hier die Vielfalt der Musikinstrumente und der Spielhaltungen dar. Von oben nach unten: ein Flötenspieler der Sioux aus Süddakota (Vereinigte Staaten), ein Schwirrholzspieler aus Papua (Neuguinea), ein Tikuna-Indianer aus Brasilien mit einer Trompete aus Rinde, ein tibetischer Mönch mit einem Blasinstrument, das aus einem menschlichen Oberschenkelknochen gefertigt ist, und schließlich ein Bogenlautenspieler der Basuto (Lesotho).
Dieselbe Kreativität und Fähigkeit zu unterschiedlichsten Äußerungen, Mythen und Riten gilt auch für die kulturelle und religiöse Evolution der Menschheit.

7. Die Überwindung der evolutionistischen, ethnologischen und soziologischen Hypothesen

Seit dem Ende des 19. Jahrhunderts reagierten viele Forscher gegen diese Erklärungen der Religion und ihre Ursprünge. Während die Romantik die Betonung auf das Gefühl legte und das Göttliche auf die Sprache der Natur und auf ihren Einfluß auf das Verhalten des Menschen zurückführte, wollten die Vorreiter positivistischer Theorien der Philosophie die Form einer Religion geben und eliminierten daraus die Idee der Transzendenz. Der atheistische Materialismus von Ludwig Feuerbach (1804–1872) und von Karl Marx (1818–1883) betrachtete die Religion als Entfremdung des menschlichen Geistes und proklamierte den Tod Gottes. Die evolutionistische Schule wandte auf die Religion das Schema der biologischen Evolution an, schloß jede Vorstellung eines Übernatürlichen aus, suchte den Ursprung der Religion in Elementen wie dem Mana und dem Totem und interpretierte anhand dieser elementaren Gegebenheiten die gesamte Religionsgeschichte der Menschheit. Die Feldforschungen zahlreicher Ethnologen und Anthropologen gaben den Anstoß zu einer historischen Bewegung, die sich mit der Analyse religiöser, sozialer und kultureller Gegebenheiten im Leben schriftloser Völker intensiv beschäftigte.

In Deutschland gibt Fr. Ratzel (1844–1904) eine Beschreibung der damals noch lebenden primitiven Völker, begründet die Migrationstheorie und beweist die Einheit der menschlichen Gattung. Sein Schüler Leo Frobenius (1873–1938) veröffentlicht ein epochemachendes Werk: *Der Ursprung der afrikanischen Kulturen* (1898) und begründet die Idee der Kulturkreise. Die beiden Ethnologen sind auf der Suche nach dem geographischen und kulturellen Ursprung der Kulturelemente: materielle

21. Der sabäische Tempel von Awwan, südlich der modernen Stadt Marib in Yemen. Er ist der Mondgöttin Iluruquh geweiht und geht auf die Zeit um 500 vor Christus zurück.

21

Kultur, Institutionen, Mythen und die gesamte kulturelle Symbolik. Fritz Graebner (1877–1934) und Bernhard Ankermann (1859–1953) übernehmen diese Ergebnisse und entwickeln die kulturhistorische Methode innerhalb der Ethnologie. Die Quellen werden dabei mit einer positiven Methode untersucht. Durch vergleichende Untersuchungen versucht man, die Verwandtschaft von Kulturen herauszuarbeiten. In einem ersten Schritt unterwirft diese Schule die Kulturen einer Kritik nach Herkunft, Wiedergabe und Interpretation. Dann geht man die wichtigen Fragen nach dem Typ der Kultur an, ihrer räumlichen Verbreitung, der Aufeinanderfolge von Kulturen und den Gründen ihrer Entwicklung, um schließlich zum historischen Ursprung der Kulturformationen zu gelangen. Zahlreiche ethnographische Untersuchungen werden in Australien, Afrika und Amerika durchgeführt. Die gesammelten Fakten widersprechen den evolutionistischen und soziologischen Hypothesen.

Im Jahr 1898 ist ein Wendepunkt erreicht mit Andrew Lang, der mit den evolutionistischen Thesen bricht und sich kulturhistorischen Forschungen zuwendet. In seinem Buch *The Making of Religion* formuliert er die Hypothese eines primitiven Glaubens an ein höchstes Wesen. Der Ethnologe *Wilhelm Schmidt* (1868–1954) will diese Hypothese verifizieren und unternimmt mit einem guten Team von Mitarbeitern umfangreiche Forschungen unter den australischen Aborigines. Die Beiträge werden erst in der Zeitschrift *Anthropos* von 1908 bis 1912, dann in Form eines Buches (*L'origine de l'idée de Dieu,* 1912) veröffentlicht und machen auf die wissenschaftliche Welt einen tiefen Eindruck. Schmidt führt seine Untersuchungen über Jahrzehnte hinweg weiter und veröffentlicht darüber zwölf dicke Bände des Werkes *Der Ursprung der Gottesidee* (1912–1954). Er gründet auch die Wiener Schule der Völkerkunde, und von Jahr zu Jahr schließen sich immer mehr Ethnologen seiner These an: »Der Glaube an ein höchstes Wesen steht am Anfang des religiösen Denkens vieler archaischer Völker. Dieser Glaube ist zu finden bei den primitiven Kulturen der afrikanischen und asiatischen Pygmäen, bei den Buschmännern, auf Feuerland, in Südostaustralien ebenso wie bei primitiven arktischen und nordamerikanischen Kulturen.« Die Arbeiten der Wiener Schule prägten der ersten Hälfte des 20. Jahrhunderts ihren Stempel auf und eröffneten neue Forschungswege der Religionsethnologie, deren Protagonisten W. Koppers, A. Closs und P. Schebesta waren.

Parallel zur Religionsethnologie entwickelt sich die Religionsgeschichte. Auch sie interessiert sich für archaische Völker und für die Ursprünge des religiösen Denkens. Eine kritische Untersuchung der Hypothesen, welche die von Ethnographen beobachteten Tatsachen erklären wollen, versucht herauszufinden, auf welchem Weg der archaische Mensch das höchste Wesen entdeckte. In seinen ersten Arbeiten legt Raffaele Pettazzoni (1883–1959) besonderes Gewicht auf den astralen Aspekt des höchsten Wesens (*L'essere celeste nelle credenze dei popoli primitivi,* Roma 1922). In seinen Augen wird dieses höchste Wesen nicht als Urgrund sondern als mythische Personifizierung des Himmels erfahren. Einerseits gibt es Schöpferwesen, die sich in unzugängliche Gebiete zurückziehen; andererseits nimmt der Mensch dynamische und allwissende Wesen wahr, die über seine Taten wachen.

Zweiter Teil

Religiöse Tatsachen

8. Die ersten Werkzeuge, das Feuer und die Riten

Seit 1959 wurden wissenschaftliche Expeditionen nach Tansania, in das Gebiet südlich des Turkanasees, in das Omo- und Awashtal, in den äthiopischen Teil des Rift Valley und in andere afrikanische Gebiete unternommen. Sie lieferten eine überwältigende paläoanthropologische Dokumentation, und zeigten, daß der *Homo habilis* vor mehr als zweieinhalb Millionen Jahren entstand. Die minuziöse Untersuchung des fossilen Materials zeigt, daß sich diese Menschenform vor mehr als eineinhalb Millionen Jahren aufrichtete, damit die Hände frei bekam und sich somit der systematischen Herstellung von Werkzeugen zuwenden konnte. Damit begann schon der Homo habilis. Sein Nachfolger, der *Homo erectus,* verbreitete sich schnell über Afrika, Java, China und Europa. Sein Territorium umfaßt einen großen Teil dieser drei Kontinente. Die ältesten ostafrikanischen Fossilien des *Homo erectus* wurden am Ostufer des Turkanasees gefunden und sind 1,6 Millionen Jahre alt (Y. Coppens).

Man hat in ganz Afrika und ganz Eurasien Werkzeuge aus jenen Perioden gefunden. Mit dem *Homo erectus* erscheinen beidseitig bearbeitete Steinwerkzeuge. Sie gewannen immer mehr an Bedeutung. Die beidseitige Bearbeitung ist das Indiz für ein Bewußtsein der Symmetrie und für die Suche danach. Forschungen an den Werkzeugen und den entsprechenden Steinsplittern zeigen, daß der *Homo erectus* seine Materialien gezielt aussuchte und dabei auch die Farben berücksichtigte. Er zog gewisse Steine anderen vor, was auf einen ästhetischen Sinn hinweist. Die Fundstellen von Olduwai in Tansania und Melka Kanturé in Äthiopien ergaben elementare runde Strukturen von Wohnstätten: Plattformen, Kreise aus Kieseln als Unterlagen für Töpfe, Grundrisse von Hütten. Aus verschiedenen Fundstücken konnte man schließen, daß der *Homo erectus* Hütten mit einer gewissen Inneneinrichtung bauen konnte: Es gab einen Bereich für die Herstellung von Werkzeugen, einen anderen für die Zubereitung der Tiere sowie einen Ruhebereich (J. Piveteau). Handwerkszeug und Wohnstätte sind bedeutsame Indizien einer Kultur. An solchen Fundstätten stieß man auf zahlreiche Schädel, die mit bemerkenswerter Regelmäßigkeit einen Bruch an der Basis aufwiesen. Dies ist ein Indiz für ein rituelles Verhalten im Angesicht des Todes. Mit dem *Homo erectus* erscheint auch das Feuer: vor 700 000 Jahren in China, vor 450 000 Jahren in Europa. Wir können dies als Zeichen eines geistigen Fortschrittes interpretieren, denn die Nutzung des Feuers ist auch ein Indiz für ein soziales und rituelles Verhalten.

Die übereinstimmenden Aussagen dieser archäologischen Fundstücke und ihre Bedeutung zeigen uns, daß der *Homo erectus* ein *Homo symbolicus* war. Er war sich der Symmetrie bewußt, besaß einen ästhetischen Sinn, schuf und führte bereits Riten in Zusammenhang mit dem Tod und dem Feuer aus. Er wußte also, daß er ein Schöpfer war, er war sich der Symbolik, der Ästhetik und bis zu einem gewissen Grad auch des Ereignisses bewußt, das der Tod darstellt. Yves Coppens zufolge sprechen verschiedene Argumente zugunsten der Hypothese, daß diese frühen Menschen auch eine Sprache benutzten: Das für die Sprachentwicklung wesentliche Broca- und Wernickezentrum sind ausgebildet; die Jagd auf Großwild und die Herstellung von Werkzeugen setzen wohl eine Kommunikation voraus.

Angesichts dieser Entdeckungen, die erst vor kurzer Zeit in Afrika gemacht wurden und die schon früher gefundene Hinweise bestätigen, haben wir heute die Gewißheit, daß das

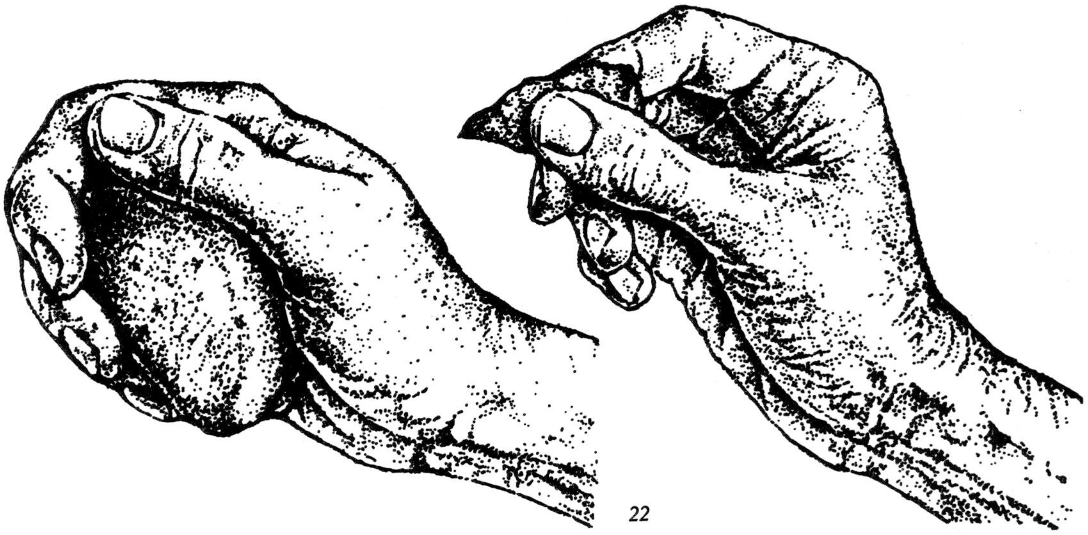

22

22. Der aufrechte Gang auf zwei Beinen war ein entscheidender Schritt auf dem Weg zum Menschen, wenn auch nicht der einzige. Die Grafik rechts zeigt, wie die Hand, nachdem sie nicht mehr der Fortbewegung dienen muß, zum Greifwerkzeug weiterentwickelt wurde. Die Grafik rechts außen veranschaulicht den Pinzettengriff: Weil der Daumen den übrigen Fingern gegenübergestellt werden kann, kann man mit der Hand feinste Gegenstände greifen.

23

23. Rekonstruktion der Behausung eines europäischen Jägers vor ungefähr 400 000 Jahren. Die Reste wurden von H. De Lumley am Fundort Terra Amata bei Nizza im Jahr 1966 entdeckt. Man fand zahlreiche Böden aus dem Inneren von Häusern und konnte beweisen, daß der Mensch damals das Feuer beherrschte. Die Herde waren von Mauern umgeben und lagen im Innern der Hütten. Steinblöcke markierten die Umrisse der Hütten und dienten als Stützen für die Wände.

24. Reproduktion der Felszeichnung von Barkly East (Südafrika) durch den Archäologen L. Williams. Sie stellt eine rituelle Szene mit drei Zauberern dar, die während der Trance auf die Knie gefallen sind. Der Zauberer im Bild rechts hat anstelle von Füßen Antilopenhufe, und seine Arme sind in Flugstellung abgebildet. Der Zauberer im Bild oben legt die Arme zurück und zeigt damit die typische Haltung eines Menschen, der von Gott Macht erfleht.

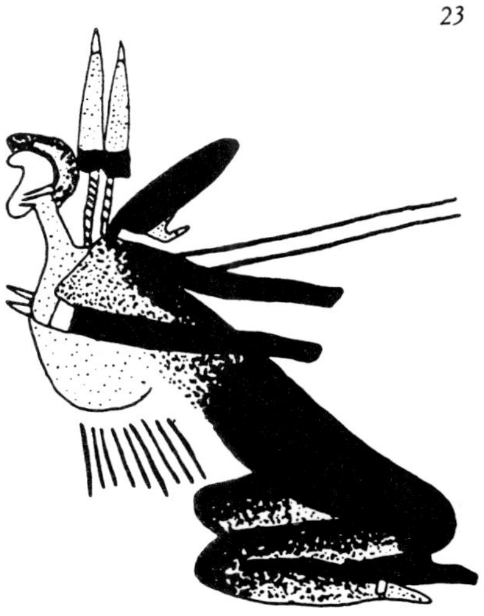

24

Bewußtsein der Symbolik eines der Merkmale des *Homo erectus* war. Seine Verbreitung in Afrika und Eurasien stellt einen Beweis für seine Mobilität und seine Wanderungen dar. Inmitten seiner Umgebung aufrecht stehend, betrachtete er den Horizont und das Himmelsgewölbe. Er ist zu einem symbolischen Sinn erwacht, wird zum Schöpfer der ersten Kultur, ist sich seiner Situation im Kosmos bewußt und erlebt den Aufgang und Untergang der Sonne. Er sieht die Bewegungen der Himmelskörper und des Mondes mit seinen abnehmenden und zunehmenden Phasen. Die Betrachtung des Himmelsgewölbes mit dem gleißenden Tageslicht sowie der Bewegungen der Sterne und des Mondes in der Nacht gaben ihm eine Vorahnung vom Mysterium des Unendlichen und der Transzendenz. Haben wir hier nicht die erste Manifestation des Sakralen im Bewußtsein des Menschen? Mircea Eliade *(Trattato)* zufolge hat das Himmelsgewölbe eine religiöse Bedeutung. Wenn der Mensch es betrachtet, enthüllt sich ihm seine Transzendenz, seine Kraft und seine Sakralität, denn »der Symbolismus der Transzendenz geht aus der einfachen Bewußtwerdung seiner unendlichen Größe hervor«. Die Hinweise auf Rituale in Zusammenhang mit dem Tod bestätigen anscheinend unsere Hypothese von der Bedeutung der Transzendenz auf das Bewußtsein des Homo erectus. Die Parallelität der Hinweise auf Symbole und Riten, die sich angesichts moderner Untersuchungen immer mehr häufen, lassen auf eine mindestens rudimentäre Erfahrung des Sakralen schließen. So ist der *Homo erectus* nicht nur zweifelsfrei ein *Homo symbolicus,* sondern vom Alt-Paläothikum an bereits auch ein Homo religiosus.

25

26

25. Einseitig bearbeiteter Kieselstein, ein Chopper in der Fachsprache der Archäologen, mit einem Alter von ungefähr 1,7 Millionen Jahren. Er wurde in Melka Kunturé in Äthiopien gefunden und stellt ein Zeugnis der Kultur des Homo habilis dar.

26. Im Vergleich zum vorhergehenden Chopper haben wir einen Zeitsprung von über 1,5 Millionen Jahren getan. Es handelt sich hier um Anschläge in der Levallois-Technik aus der Zeit vor ungefähr 120 000 bis 100 000 Jahren. Diese Steinwerkzeuge gehörten dem Neandertaler. In dieser Periode entstand auch der moderne Mensch.

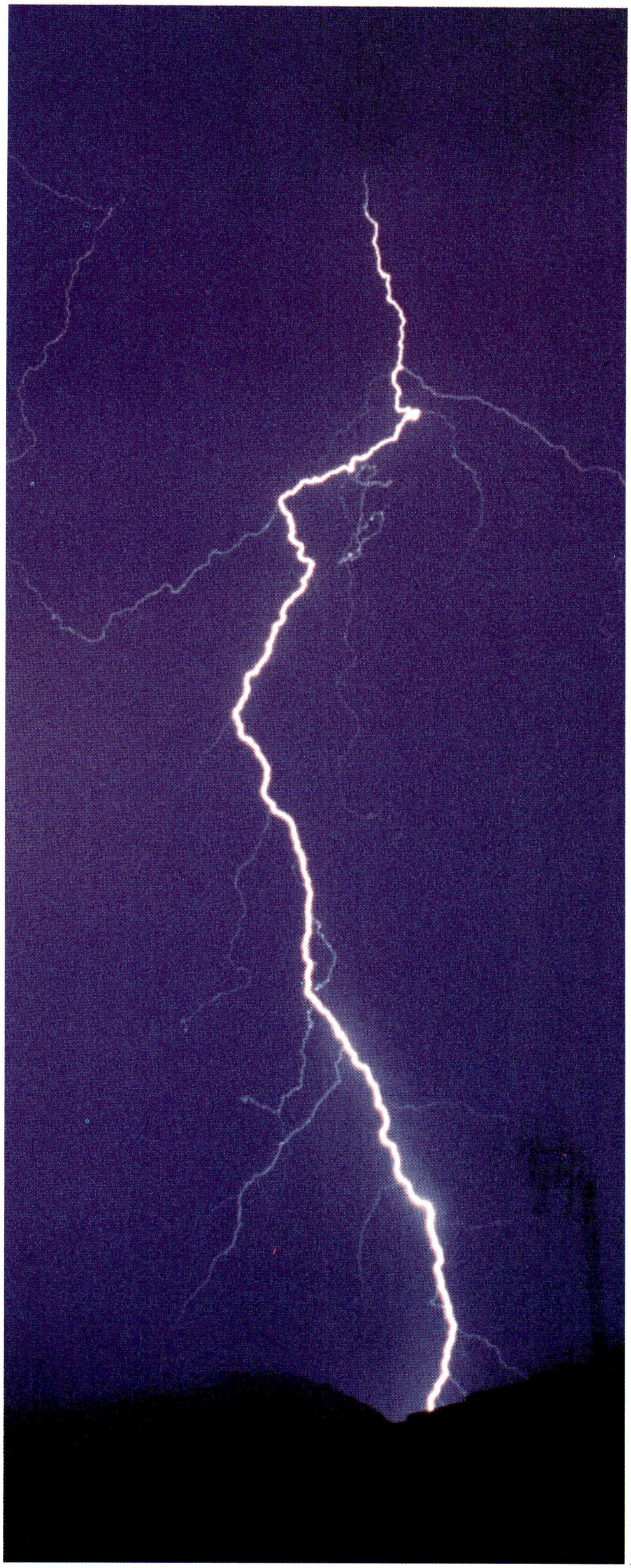

27

28

27. Ein Blitz. Die Aufmerksamkeit, die der prähistorische Mensch der Himmelskuppel und den atmosphärischen Erscheinungen widmete, könnten auch sein Interesse für gelegentliche Feuererscheinungen geweckt haben.

28. Nächtliche Szene in der Vorstellung eines Grafikers. Verschiedene Menschen versammeln sich um das Feuer, das damit eine neue Gelegenheit zu einem sozialen Leben bot.

9. Archaische Begräbniskulte. Der Neandertaler und der Mensch des Jung-Paläolithikums

Im Jahr 1857 fördern Arbeiter bei Neandertal in der Nähe von Düsseldorf die Reste eines menschlichen Skeletts ans Tageslicht. Weitere ähnlich aussehende Fossilien wurden in Spy (Belgien), La Chapelle-aux-Saints, La Ferrassie und anderswo in Frankreich sowie am Monte Circeo in Italien entdeckt. Dieser *Homo sapiens* neanderthalensis besiedelte Europa in der Zeit vor 80000 bis vor 30000 Jahren. Er unterscheidet sich vom *Homo erectus* durch zahlreiche anatomische Eigenheiten und hat als besondere Merkmale die Jagd, Bestattungen, Begräbnisriten und den sogenannten »Schädelkult«. Im Jahr 1933 (R. Neuville) und 1965 (B. Vandermeersch) entdeckten Forscher Gräber bei Qafzeh in der Nähe von Nazareth (Israel). Als Beigabe hatten die Skelette Ocker. Die Menschen von Qafzeh reichen bis in die Zeit vor 90000 Jahren zurück. Diese beiden Typen des Homo sapiens gehören in den zweiten Teil des mittleren Paläolithikums, das von der Zeit vor 200000 Jahren bis in die Zeit vor 35000 Jahren reicht.

Diese Menschen sind Handwerker einer neuen Kultur. Sie gehören dem sogenannten Moustérien an, dessen Steinindustrie als Besonderheit einseitig bearbeitete Dreieckspitzen und Seitenkratzer sowie oft sehr flache, zweiseitig bearbeitete Feuersteinwerkzeuge kannte. Eine Sorge der Lebenden gilt dem weiteren Schicksal der Toten. Es gibt zahlreiche Bestattungen des Neandertalers. Man fand ganze wohlerhaltene Skelette, weil die Toten in eigens ausgehobenen Gräben bestattet wurden. In La Ferrassie setzten die Neandertaler ein dreijähriges Kind in einem Grab bei, das von einer Steinplatte zugedeckt wurde. Dies ist das Zeichen einer affektiven Beziehung zum verstorbenen Kind. Auch Gaben wurden in die Gräber gelegt: In zahlreichen Fällen waren es Nahrungsmittel, aber auch ganz andere Beigaben wie drei Schabgeräte in Grab Nr. 5 von La Ferrassie sowie schön bearbeitete Feuersteingeräte in La Chapelle-aux-Saints.

Die Fundstelle von Teschik-Tasch in Usbekistan ergab »das Skelett eines jungen achtjährigen Neandertalers, dessen Körper von fünf toten Bergziegen umgeben war« (G. Camps). Man kennt das berühmte Grab Nr. VI von Shanidar im Irak, das in die Zeit vor 50000 Jahren zurückreicht. Das Skelett fand man auf einem Bett aus Meerträubelzweigen (Ephedra) mit anderen Blüten in der Mitte eines Steinkreises. Am Monte Circeo wurde ein Schädel an einer zweiten Grabstätte beigesetzt, einem reservierten Raum, der in der Folgezeit nicht mehr benutzt wurde.

Das Jung-Paläolithikum nimmt seinen Anfang vor ungefähr 34000 Jahren und geht vor ungefähr 9000 Jahren zu Ende. Mit dem Auftreten des *Homo sapiens sapiens* erfährt die Steinindustrie eine Vervollkommnung (Bearbeitung von Knochen, von Geweihen und von Elfenbein), und wir beobachten die ersten Anfänge und die Blütezeit der Felskunst und der Kleinkunst. Als 1868 fünf Skelette bei Cro-Magnon in der Dordogne (Frankreich) entdeckt wurden, war dies der Anstoß für umfangreiche Forschungen. Eines dieser Ergebnisse ist der Fund zahlreicher Gräber.

Eine der ersten Sorgen der Lebenden war der Schutz des Leichnams und vor allem des Kopfes, zum Beispiel in den Grimaldihöhlen, bei Předmost und bei Pavlov in Mähren. Das Vorhandensein von Schmuckgegenständen im Grab – von Muscheln und Zähnen – deutet auf einen Fortschritt bei der symbolischen Auffassung des Weiterlebens. Die Verwendung roten Ockers, die im mittleren Paläolithikum noch selten war, breitet sich allgemein aus. Dies zunächst eher gelbe Eisenoxid erhält eine rote Farbe, wenn man es im Herd behandelt. Die Herstellung von Rotocker für die Verwendung bei Bestattungen ist ein evidentes Zeichen für eine Absicht bei den Überlebenden. Wir können dabei an ästhetische oder hygienische Vorkehrungen denken, denn der Ocker reinigte den Boden von Ungeziefer. Selbst unter diesem Gesichtspunkt hängt dessen Verwendung mit der Fürsorge für den Verstorbenen nach seinem Tod zusammen, denn diese Sorge um die Sauberkeit bedeutet letzlich eine Verbesserung der Bedingungen für den Toten. Die symbolische Interpre-

29

30

29. 30. Die Entdeckung des Neandertalers geht auf die beiden Wissenschaftler Johann Fuhlrott (links) und Hermann Schaaffhausen (rechts) zurück. Fuhlrott war Präsident des lokalen naturkundlichen Vereins und erkannte die Bedeutung von Skelettresten, die 1856 in Neandertal bei Düsseldorf gefunden wurden. Schaaffhausen erkannte, daß sie menschlichen Ursprungs waren. Am 4. Februar 1857 präsentierte Schaaffhausen sie der niederrheinischen Gesellschaft für Medizin und Naturgeschichte als Reste eines archaischen Menschentyps.

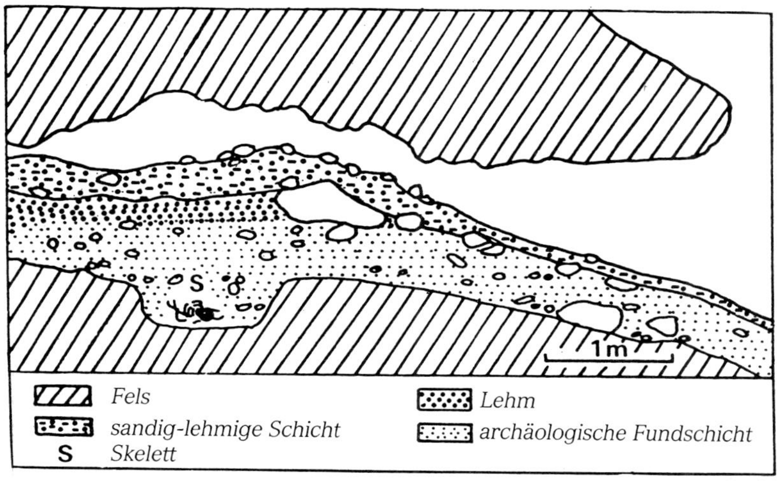

31

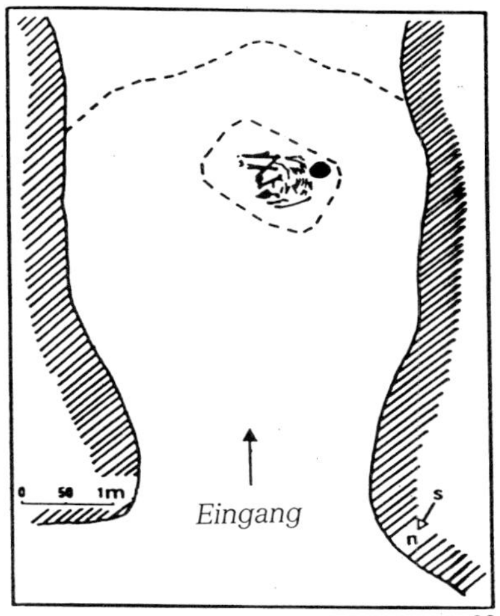

32

31. 32. Im Jahr 1908 entdeckten die Geistlichen L. Bardon und J. Bouyssonie zum ersten Mal in einem Raum der Höhle von La Chapelle-aux-Saints bei Brive (Corrèze, Frankreich) einen Bestattungsplatz der Neandertaler. Es kam ein vollständiges Skelett zu Tage. Vor allem konnte man aber beweisen, daß bereits sehr frühe Menschen Begräbnisriten kannten, die den unsrigen vergleichbar sind und die keinerlei materielle Zielsetzungen aufwiesen. Links Längsschnitt, rechts Grundriß der Höhle.

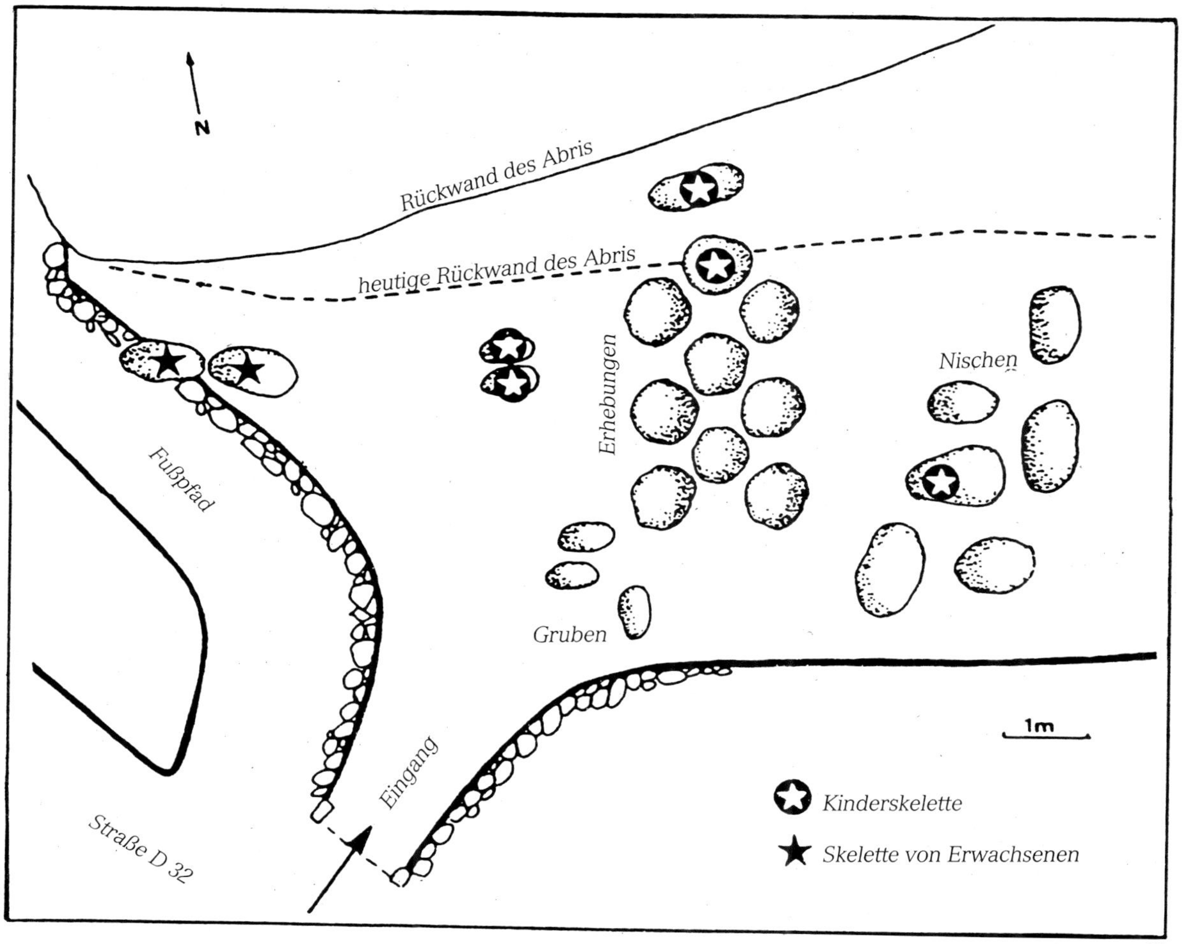

33

33. Im Jahr 1909 entdeckten L. Capitan und D. Peyroney in der Dordogne (Frankreich) im Abris von La Ferrassie menschliche Reste, die deutliche Spuren eines intendierten Begräbnisses zeigten. H. Delporte führte die Grabungen bis in die siebziger Jahre hinein fort. In der Höhle, die grafisch im Grundriß dargestellt ist, fand man Reste von Kindern und Erwachsenen sowie verschiedene Strukturen zur Aufnahme der Skelette.

34

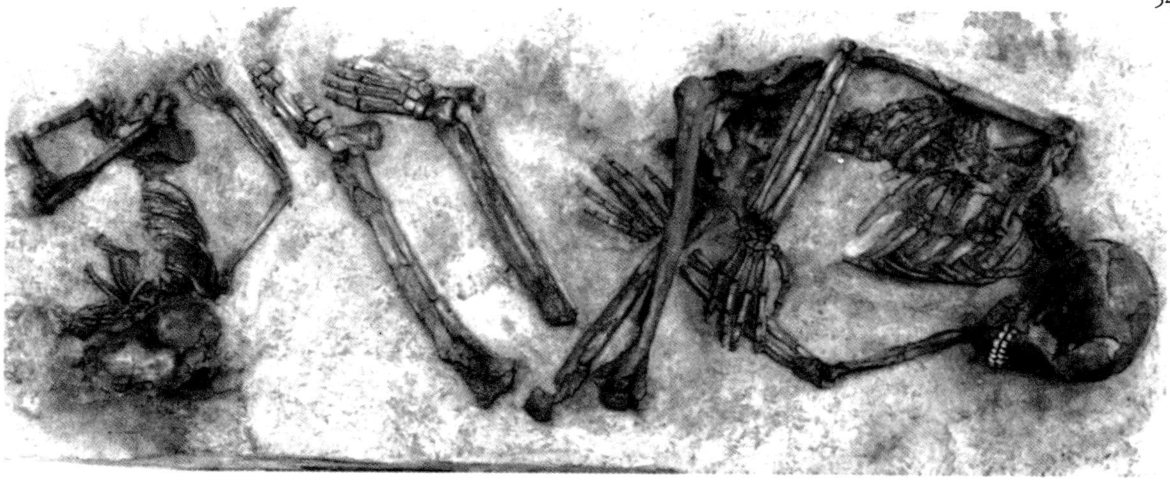

34. In der Nähe von Nazareth (Israel) befindet sich die Höhle von Qafzeh, wo die umfangreichsten menschlichen Skelettreste des Mousfrien im Mittleren Osten gefunden wurden. Die Fotografie zeigt das Grab eines Mädchens und eines Kindes, die zur selben Zeit bestattet und deren Körper abgewinkelt wurden, damit sie in der Grube Platz fanden.

35. Mit dem Neandertaler begegnen wir dem ersten eindeutigen Zeugnis von Bestattungsriten. Der Leichnam wurde in hockender Haltung begraben und mit Rotocker bestreut. Diesem Farbstoff kommt ohne Zweifel eine symbolische und rituelle Bedeutung zu. Als Beigabe konnte der Tote auch Werkzeuge, Waffen, Ketten, Gebrauchsgegenstände und sogar Blumen bekommen.

36. Schädelkalotte des ersten Neandertalers. Es war diese Kalotte, die Schaaffhausen (siehe vorhergehende Seiten) so sehr beeindruckte, daß er besonders auf die hervortretenden Überaugenwülste verwies. Dieses Merkmal hatte R. Owen einige Jahre zuvor als ausschließlich für die Affen typisches Merkmal bezeichnet; besonders beobachten wir es beim Gorilla.

35

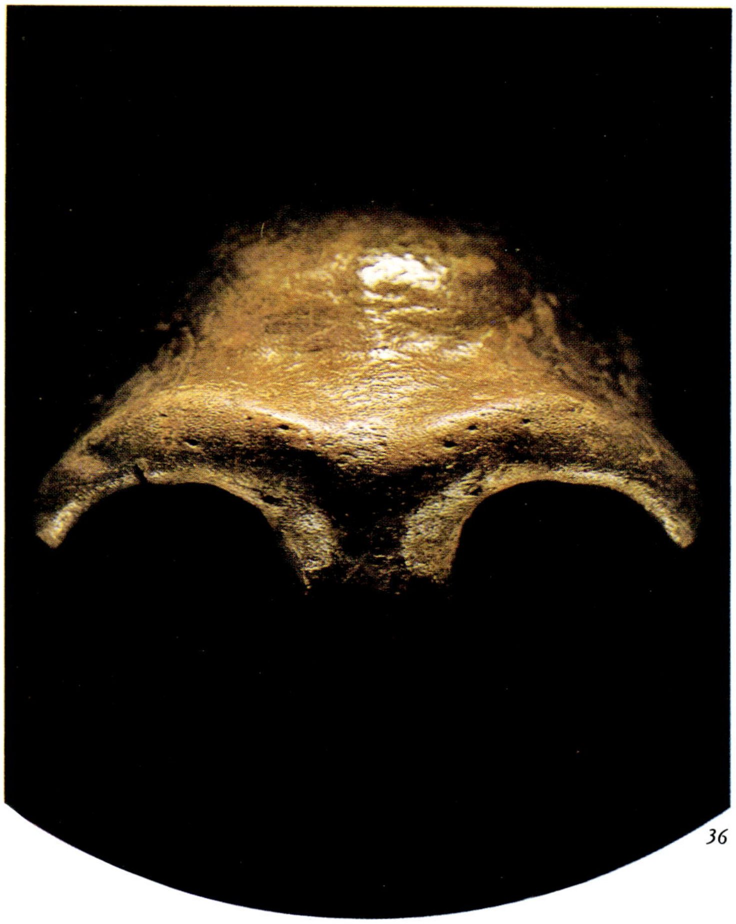

36

tation des Rotockers weist uns auf die Farbe des Blutes hin: Der rote Ocker ist ein Symbol für das Blut und somit für das Leben; er läßt auf einen Glauben an ein postmortales Leben, ein Leben nach dem Tode schließen.

Gegen Ende des Jung-Paläolithikum und parallel zur Kunst des Magdaléniens stößt man auf eine Reihe von Bestattungsriten mit eindeutig symbolischem Sinngehalt: Knochen werden entfleischt, man stellt Schädel auf flache Steine und schmückt sie mit Muscheln wie in Placard; in die Augenhöhlen der Schädel werden Plättchen eingesetzt (Mas d'Asil), wobei dieses Verfahren sich im Mesolithikum ausbreitet und im Neolithikum allgemein üblich wird. Die »neuen Augen« des Toten sind Muscheln, deren symbolischer und religiöser Sinn im Sehen während des postmortalen Lebens bestehen.

Die Bestattungsriten des mittleren und jüngeren Paläolithikums haben ihren Sinn. Es ist unbestreitbar und gleichzeitig bedeutsam, daß sie sich während einer Zeitspanne von 80000 Jahren in Europa, Asien und Afrika ausbreiten und immer wieder auftreten. Es kann sich nicht um einen Zufall handeln. Die Riten, Handlungen und die Vorsorge der Lebenden beim Begräbnis ihrer Toten sind sicher ein Zeichen des Respekts und der Zuneigung. Sie zeigen aber auch den Glauben an ein Weiterleben: Die Beigabe von Nahrungsmitteln, Schmuckstücken und Gegenständen, die Muschelschalen in den Augenhöhlen deuten auf die Vorstellung einer postmortalen Kontinuität der Aktivitäten des Verstorbenen. Mit seinen Bestattungsriten zeigt der *Homo sapiens* von Neandertal und der *Homo sapiens sapiens* aus dem Jung-Paläolithikum, daß er ein *Homo religiosus* ist, der sich mit dem Leben nach dem Tode befaßt.

10. Die franko-kantabrische Kunst

Die Kunst des Jung-Paläolithikums

Die prähistorische Kunst kann man je nach der Art der Unterlage in zwei Kategorien einteilen. Die Felskunst umfaßt die Arbeiten auf fester Unterlage, zum Beispiel Felsen und Höhlenwänden. Ist die Unterlage klein und beweglich, so spricht man von Kleinkunst oder mobiler Kunst. Die prähistorische Kunst geht auf Jägerkulturen des Jung-Paläolithikums zurück und erstreckt sich über eine Periode, die vor 34 000 Jahren ihren Anfang nahm und vor 8000 Jahren zu Ende ging. In ihrer räumlichen und zeitlichen Verbreitung hatte die franko-kantabrische Felskunst eine geringere Ausdehnung als die Kleinkunst. Die Anfänge der Felskunst liegen nämlich in der Zeit vor 25 000 bis vor 20 000 Jahren; sie erlosch zur gleichen Zeit wie die Kultur des Magdaléniens vor 10 000 Jahren. Ihre Hauptblüte hatte sie in Südwestfrankreich, in den Pyrenäen, im kantabrischen Gebirge Asturiens sowie – in geringerem Umfang – an den europäischen Küsten des Mittelmeergebietes. Wegen der großen Dichte der Funde in den Abris und Höhlen Frankreichs und des kantabrischen Gebietes spricht man von der franko-kantabrischen Kunst. Als Levante-Kunst bezeichnen wir die Felsmalereien, die nicht in Höhlen zu finden sind wie im franko-kantabrischen Gebiet, sondern in Abris im östlichen Teil Spaniens. Die Malereien und Ritzzeichnungen in den Höhlen und Abris Süditaliens, Siziliens und des Languedoc in Frankreich gehören zusammen und werden von Paolo Graziosi einer mediterranen Kunstprovinz zugerechnet. In diesem Gesamtbild der Kunst der oberen Steinzeit nimmt die franko-kantabrische Kunst seit jeher wegen der Anzahl der Fundstätten und der Qualität der erhaltenen Werke eine Sonderstellung ein.

Die Kunststile des Paläolithikums

André Leroi-Gourhan hat die Kunst des Paläolithikums in vier Stile eingeteilt. Zum Stil I (–34 000/–25 000) zählen unleserliche Graffiti, Striche, Einritzungen, und Abdrücke. Diese primitiven Werke sind geometrischer Natur. Im Stil II (–25 000/–15 000) finden wir starre Tierprofile ohne Details. Der präklassische Stil III umfaßt Werke, bei denen die Künstler den Proportionen der visuellen Realität folgen. Die wichtigsten Details sind dargestellt, etwa im Fall von Lascaux und Pech-Merle. Der Stil IV wird auch klassischer Stil genannt und reicht zeitlich vom mittleren bis zum oberen Magdalénien. In dieser Zeit erreicht diese Kunst ihren Höhepunkt und gibt die Formen realistisch in ihren Bewegungen und Proportionen wieder. Im Stil IV unterscheidet man weiterhin drei Phasen, wobei die beiden letzten bereits den Niedergang ankündigen. Die älteste Phase stellt den absoluten Höhepunkt mit den grandiosen Felsmalereien von Altamira, Niaux, Font-de-Gaume, Combarelles und Trois Frères dar. Die berühmte franko-kantabrische Felskunst gehört zum Stil III und zur ältesten Phase des Stiles IV (A. Leroi-Gourhan, 1965).

Die Kulturen der franko-kantabrischen Felskunst

Die Kultur des Châtelperronien hat ihren Namen nach der Grotte des Fées von Châtelperron (Frankreich) und stellt einen Übergang dar (–34 000/–30 000). Sie ist noch eine Kultur der Neandertaler, läßt aber die ersten symbolischen Manifestationen paläolithischer Kunst erkennen: Ritzzeichnungen auf Knochen und geometrische Figuren auf Blättchen. Sie findet sich praktisch im selben Gebiet, in dem sich später die franko-kantabrische Kunst entwickelt.

Die Kultur des Aurignacien hat ihren Namen vom Fundort Aurignac im Departement Haute Garonne (Frankreich). Sehr vielfältig und gut ausgearbeitet sind die Knochenwerkzeuge. Hier finden wir bereits reichlich Schmuckelemente und eine Kunst, die auf eine Blütezeit symbolischen Denkens hinweist. Man hat Figuren von Männern und vor allem Frauen auf Felsblöcken sowie schematisierte Tiere gefunden. Die Ausbreitung dieser Kultur reicht vom Nahen Osten bis zum Atlantik. Zeitlich gesehen nahm sie vor 33 000 Jahren ihren Anfang und ging vor 26 000 Jahren zu Ende. Sie stellt die erste Erscheinungsform paläolithischer Kunst dar.

Während der Kultur des Gravettiens entwickelt sich die paläolithische Kunst weiter (–27 000/–19 000). Die Bezeichnung stammt von La Gravette in der Dordogne. Die Kultur erstreckt sich über ganz Europa und läßt sich in künstlerischer Hinsicht weiter

37

37. Assoziation von Figuren und Symbolen, befreit von verschiedenen Überlagerungen, Caverne du Volp, Ariège, Frankreich. Ein Mensch in Wisentform spielt die Bogenlaute, die heute noch von afrikanischen Jagdvölkern verwendet wird. In der Mitte eine zoomorphe Figur, halb Hirsch und halb Wisent, zusätzlich verschiedene Zeichnungen, unter ihnen eine weibliche Silhouette. Links davon ein Rentier (aus H. Breuil und H. Begouen, 1958).

unterteilen. Während der acht Jahrtausende dieser Kultur erfährt die paläolithische Kunst eine starke Entwicklung: Ritzzeichnungen, Malereien und Skulpturen.

Die Kultur des Solutréen hat ihren Namen vom Fundort Crot du Charnier bei Solutré-Pouilly im Departement Saône-et-Loire (Frankreich). In dieser Kultur steht die Steinbearbeitung auf dem Höhepunkt, und mit ihr beginnt auch der Stil III von Leroi-Gourhan. Diese Kultur ist auf Frankreich (Zentralmassiv, Pyrenäen) und auf den kantabrischen Teil Spaniens beschränkt. Es sind einige Malereien von Tieren bekannt (–20 000/–18 000).

Während der Kultur des Magdaléniens erreicht die paläolithische Kunst ihren Höhepunkt (–18 000/–10 000). Es sind über 150 Höhlen mit Wandmalereien bekannt, und die meisten liegen im franko-kantabrischen Gebiet. Der Name dieser Kultur geht auf den großen Abri La Madeleine bei Tursac in der Dordogne (Frankreich) zurück. Das Entstehen einer Felskunst in der Dunkelheit tiefer Höhlen während der Kultur des Magdaléniens stellt eine in der Geschichte einzigartige Tatsache dar.

Das Epipaläolithikum begann vor ungefähr 10 000 Jahren. In Frankreich und in Spanien nahm in jener Zeit der Niedergang der Tierkunst seinen Anfang. Innerhalb kurzer Zeit gelangt die Kunst des Paläolithikums an ihr Ende.

Die franko-kantabrische Kunst

Das Magdalénien im eigentlichen Sinn ist auf das franko-kantabrische Gebiet beschränkt. Die Kleinkunst ist durch einen großen Reichtum von Formen und Motiven gekennzeichnet. Die Felskunst findet man in Galerien und Sälen von Kalkhöhlen, die zu Heiligtümern werden. Unter den ungefähr 150 bekannten Höhlen sind am schönsten Le Gabillou, Lascaux, Les Combarelles, Font-de-Gaume, Rouffignac und Niaux in Frankreich und Altamira, Monte Castillo, Ekain, Santimamine in Spanien. Wir müssen hier eine außergewöhnliche Intensivierung der Felskunst konstatieren. Die Menschen des Magdalénien waren Großwildjäger und stellten ihre Beutetiere mit allen anatomischen Details dar: Pferde, Wisente, Hirsche, Mammuts, Nashörner, katzenartige Raubtiere, Ziegen, einige Rentiere, einige Vögel, bisweilen auch Fische. Auf Werkzeugen und Waffen finden wir Inzisionen, Abdrücke, zahlreiche Zeichen, die übrigens auch auf Felsmalereien zu finden sind, sowie Figuren (Ohren, Hörner, Augen, Nüstern von Tierköpfen), die sich zunehmend auf eine Schematisierung zu bewegen. Diese Zeichen und nichtfigürlichen Darstellungen sind bisweilen sehr komplex und stellen eine Besonderheit des Magdaléniens dar: sie ist wichtig für die Untersuchungen, die sich mit der Entstehung der Begriffsbildung beim Homo sapiens sapiens und der Schrift beschäftigen.

Die paläolithischen Kultstätten

Die altsteinzeitliche Felskunst steht in engem Zusammenhang mit Kulthöhlen in Frankreich und Spanien. Man kann sie in zwei Kategorien einteilen: Die einen Kultstätten liegen am Höhleneingang und befinden sich verhältnismäßig nahe am Tageslicht; die anderen Kultstätten liegen tief im Erdinneren und in der Dunkelheit. Nach A. Leroi-Gourhan (1965) folgten die zuletzt Genannten zeitlich auf die Kultstätten am Eingang der Höhlen. Diese massive Bewegung zum Erdinneren hin konstatieren wir im mittleren Magdalénien. Die Kultstätten in der Nähe des Tageslichtes haben Wände mit Ritzzeichnungen und Skulpturen, während die echten Kulthöhlen im Inneren der Erde von Felszeichnungen

38. Abrigo de las Figuras Diversas, La Losilla, Albarracín, (Teruel, Spanien). Naturalistisch dargestellte Tiere und Menschenfiguren, die zu einer schematischen Darstellung neigen (nach Almagro).

39. La Araña, Bicorp (Valencia, Spanien). Honigsammler (nach Hernández Pecheco).

40. Mensch mit einer Stiermaske, aus Racó Molero und El Cingle de la Mola Remigia (Castellón, Spanien).

39

40

42

bedeckt sind. Die beiden Arten von Kultstätten existierten nicht zur gleichen Zeit nebeneinander. Das Gebiet der Kultstätte ist oft durch Punkte, eingeritzte oder gemalte Striche gekennzeichnet. Vielleicht sollen sie der Orientierung des Besuchers dienen, doch ihre symbolische Bedeutung läßt sich nicht leugnen. Die Hauptkompositionen der Felskunst umfassen Tiergruppen: Wisent und Pferd, Rind und Pferd, Wisent und Mammut, aber auch Wisent, Pferd und Mammut, bisweilen umgeben von Steinböken, männlichen und weiblichen Hirschen. Seit einem Jahrhundert versuchen die Prähistoriker in das Geheimnis dieser Kulthöhlen und ihres ikonographischen und künstlerischen Reichtums einzudringen.

41. Ansammlung von Zeichen auf einem Felsvorsprung mit suggestiver Form in der Grotte von Niaux, Ariège, Frankreich. Einige der Zeichen scheinen einen numerischen Wert zu besitzen, während andere als Ergänzungen der natürlichen Form der Unterlage erscheinen (vermittelt von J. Clottes).

42. Drei Rentiere und ein Wildpferd mit magischen Zeichen von Fallen. Wandmalerei aus Ocker und Mineraloxiden in der Höhle von Lascaux, Dordogne, Frankreich.

41

11. Die religiöse Botschaft der Höhlenkunst

Ein Deutungsversuch

Wer die Frage nach der Botschaft stellt, begibt sich auf das Gebiet der Hermeneutik, die nach dem Sinn sucht. Die Hermeneutik der Felskunst ist auf zwei verschiedenen Ebenen angesiedelt. Die deskriptive Hermeneutik hält sich an den Menschen *in situ* und forscht nach dem Sinn der Kulthöhlen und ihres Schmuckes für den *Homo sapiens sapiens* des oberen Paläolithikums, für den Menschen des Magdalénien. Eine zweite Frage wirft die normative Hermeneutik auf: Was sagt diese Kunst für unsere Erkenntnisse des Menschen und der »conditio humana« aus?

Auf der Grundlage der verschiedenen Stile und ihrer zeitlichen Abfolge zeigte A. Leroi-Gourhan (1964 und 1965), daß »die paläolithische Kunst während ihrer gesamten Dauer vor demselben symbolischen Hintergrund entsteht und einer zusammenhängenden Entwicklungskurve folgt, vergleichbar der anderer Künste, die über längere Perioden bekannt sind.« Für die Hermeneutik ist diese Aussage von entscheidender Bedeutung, denn sie ermöglicht es, die Frage nach der Botschaft und ganz besonders nach einer religiösen Botschaft zu stellen. Die Frage, wie lange diese geschmückten Höhlen aufgesucht wurden, ist vom religiösen Gesichtspunkt aus wichtig, weil man damit die Kohärenz des Denkens beim Magdalénien-Menschen abschätzen kann.

Frühere Erklärungen

Eine erste Erklärung machte von dem Prinzip Gebrauch, daß Kunst keinen Zweck verfolgt: »L'art pour l'art«. Die Künstler der Altsteinzeit hätten danach wie große Kinder gehandelt. Sie vergnügten sich dabei, Tierfiguren zu malen, die sie als Jäger immer wieder sahen und die zu ihrer Umwelt gehörten. Mit dieser Erklärung bleibt jede Suche nach einem Sinn ausgeschlossen.

Eine andere Erklärung ergab sich durch die vergleichende Ethnologie, die vor allem zu Anfang des 20. Jahrhunderts gepflegt wurde. Sie ging vom Jagdzauber aus, den gewisse Stämme der australischen Aborigines und andere Völker praktizieren. Die Menschen des Magdalénien hätten demnach Wisente, Wildpferde, Auerochsen, Mammuts und Hirsche dargestellt, um diese Beutetiere bei den folgenden Jagden zu immobilisieren. Künstler in Zauberergestalt hätten in den Höhlen vorgetäuschte Jagden dargestellt, sozusagen Präludien zur richtigen Jagd. Zu diesem Zauber, den die paläolithischen Jäger praktiziert hätten, kommt wohl noch ein Fruchtbarkeitszauber für die Tiere und die Frauen. H.Breuil hat diese Hypothese ausgiebig entwickelt.

Den Totemismus nahmen mehrere Autoren zu Hilfe. Auf den Decken und Wänden der Höhlen seien somit die Totems der Clans als steinzeitliche Menschen abgebildet: Pferd, Wisent, Mammut... Die großen Fresken in den Höhlen seien somit keine magischen Szenen, sondern stellten Kämpfe zwischen verschiedenen Clans dar. Diese Erklärung beruht auf dem evolutionistischen Dogma des Totemismus, für das jede Religion ihren Ursprung im Totem hat.

Schließlich hat man auch an den Schamanismus mit Heilern gedacht, welche die Seelen kranker Menschen wiederherstellen.

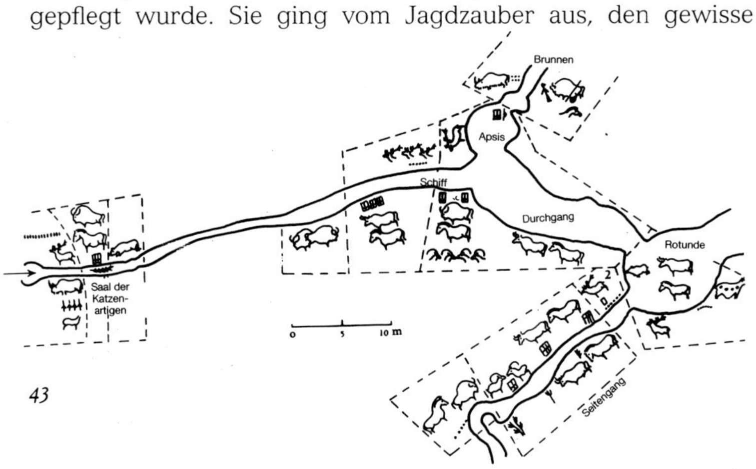

43

43. *Grundriß der Höhle von Lascaux. Von dieser komplexen Grotte mit ihren Wandmalereien sagte A. Leroi-Gourhan: »Selbst wenn sich das nur mit indirekten Argumenten beweisen läßt, kann man Lascaux doch für einen Tempel halten.«*

44

44. *Geometrische Zeichen in der Höhlenkunst. Es gibt in der paläolithischen Kunst zahlreiche geometrische Figuren aus Linien, deren Bedeutung sich heute nicht mehr ergründen läßt. Es steht jedoch außer Zweifel, daß diese Zeichen aufgrund ihrer Konzentrationen in bestimmten geographischen Gebieten und aufgrund ihrer Anordnung im künstlerisch bearbeiteten Raum für den Menschen des Paläolithikums eine bestimmte Bedeutung hat. Im Bild unten sind Zeichen aus verschiedenen Gebieten abgebildet. Von 1 bis 4: Vierecke aus dem Perigord. Von 5 bis 12: eigentliche dachförmige Zeichen. 13 und 14: vogelförmige Zeichen. Von 15 bis 18: keulenförmige Zeichen. Von 19 bis 26: Vierecke und kantabrische Ableitungen davon. 27 und 28: kantabrische Vierecke, Altamira, Spanien.*

Gewisse Menschendarstellungen, zum Beispiel in Lascaux, würden weniger an Zauberer als an Schamanen erinnern. Wie im Falle des Totemismus ginge es bei diesem Erklärungsversuch also auch um eine »religiöse« Erfahrung, hier im besonderen um eine Erfahrung des Jenseits.

Alle diese Deutungsversuche beruhen auf Ideologien und ordneten die Tatsachen und Befunde in ein starres Schema von Prinzipien ein, das schon a priori festgelegt war. Bei ihrer Untersuchung der Höhlen von Lascaux und Pech-Merle war Frau A. Laming-Emperaire (1962) überrascht, wie oft Pferd und Wisent miteinander dargestellt wurden. A. Leroi-Gourhan konstatierte selbst, daß die Hypothese des Jagdzaubers nicht ausreichte, da sie von einem Faktum sekundärer Bedeutung ausging: den Verletzungen gewisser Tiere. Auch der Symbolismus der Schamanenhütten und der trächtigen Tiere erschien ihm als eine zu dürftige hermeneutische Basis.

Eine systematische Untersuchung des Materials

Ausgehend von minuziösen Untersuchungen in den Höhlen verglichen die beiden zuletzt genannten Autoren die Ergebnisse ihrer Beobachtungen und Analysen und fanden heraus. daß ihre Ansichten im wesentlichen übereinstimmten. A. Leroi-Gourhan erfaßte zahlenmäßig die Arten, die in über sechzig Höhlen vertreten sind und konstatierte, daß einige systematisch miteinander gekoppelt vorkamen; er analysierte auch die räumliche Verteilung der Tierfiguren in den ikonographischen Kompositionen. Die Zusammenstellung von Wisent und Pferd ist überall auf den Wandmalereien anzutreffen. Das Pferd und der Wisent oder Auerochse sind im gleichen Zahlenverhältnis vorhanden. Es gibt auch Kompositionen Wisent-Pferd + Mammut, sowie Kompositionen mit zahlreichen Figuren, die auf einer Fläche alle in der Höhle dargestellten Arten noch einmal abbilden. Man sieht zum Beispiel die Kombination Wisent-Pferd-Steinbock-Hirsch, die durch bestimmte Zeichen verbunden sind. Diese Verbindung ist niemals eine Paarung. A. Leroi-Gourhan sieht darin eine zweigleisige sexuelle Symbolik: Das Pferd ist ein männliches Symbol, der Wisent ein weibliches. A. Laming-Emperaire deutet diese sexuelle Symbolik gerade umgekehrt.

Die Zonen, die in vielen Fällen den Eingang, die Durchgänge und das Ende der Höhle angeben, sind durch Striche, Punkte und andere Zeichen markiert. Nun finden sich diese Zeichen erneut in geordneter Form auf vielen zentralen Darstellungen. Auf der Grundlage topographischer Statistiken und der Chronologie der Stile formuliert A. Leroi-Gourhan eine Hypothese : Auch diese Zeichen selbst haben eine sexuelle, männliche oder weibliche Symbolik. Eine Bestätigung seiner Interpretation gibt die Kleinkunst. Tatsächlich treten diese Zeichen auch auf Statuetten auf, die in den Fels gemeißelt oder in den Lehm am Eingang der Höhlen geformt wurden, ferner auf Werkzeugen sowie Stein- und Knochenplättchen.

Die Höhle selbst spielt bei der symbolischen Komposition eine Rolle. Anhand der unterschiedlichen Höhlenformen und ethnischer und kultureller Besonderheiten hat sich das System, ausgehend von einem einheitlichen begrifflichen Rahmen, nicht nur im franko-kantabrischen Gebiet sondern auch anderswo in Europa weiterentwickelt. Wir stehen hier einem System gegenüber, das die Existenz symbolischer kultureller Traditionen beweist. Es sind aber nicht dieselben wie im Nahen Osten, in der Sahara oder in Südafrika. So stellt der franko-kantabrische paläolithische Bereich – zu dem man das restliche Europa hinzuzählen muß – ein homogenes Ganzes dar, das sich von den Äußerungen der Kultur der nachfolgenden Zeit deutlich unterscheidet.

Wir verfügen somit über einen Schlüssel zu den Kultstätten, ihrem Schmuck, der Felskunst und zur Kleinkunst des Paläolithikums. Und das sind die Gegebenheiten: »Dominantes Merkmal der Vergesellschaftung zwischen zwei Tierarten; die eine ist das Pferd, die andere eine Rinderart. Es kann ein drittes Element auftreten und auf unterschiedliche Weise mit dem grundlegenden Paar assoziiert sein (Mammut, Steinbock, Hirsch); möglich sind auch Katzenartige oder das Nashorn. Über diese tierische Grundstruktur, die in den natürlichen Rahmen der Höhle integriert ist, legt sich ein zweites symbolisches System, das dem Menschen entlehnt ist. Es drückt sich durch dieselben räumlichen Verbindungen wie die Tiere aus und macht von vollständigen Darstellungen des Mannes und der Frau, häufiger aber noch von geometrischen Symbolen Gebrauch« (A. Leroi-Gourhan, 1976).

Expressive Symbolik einer Religiosität

Die Arbeiten von A. Leroi-Gourhan und A. Laming-Emperaire markierten eine entscheidende Wende. Sie beweisen, daß hinter der Felskunst eine Begriffsbildung und eine gemeinsame Denkstruktur standen. Sie fand ihren symbolischen Ausdruck auf konstante Weise während über 20000 Jahren in Höhlen und Abris sowie auf kleineren künstlerisch gestalteten Gegenständen und besonders intensiv im franko-kantabrischen Gebiet. Es handelt sich um einen bemerkenswerten symbolischen Gedanken, der durch eine nicht minder bemerkenswerte Technik ausgedrückt wird. Der *Homo sapiens sapiens* erreichte damit ein sehr hohes kulturelles und soziales Niveau. War dieser *Homo symbolicus* aber auch ein *Homo religiosus*?

Die Dokumentation liefert uns den Beweis für die Wahrnehmung des Außergewöhnlichen des Lebens und im Leben. Die paläolithischen Bestattungsriten unter Verwendung des Rotokkers, die Grabbeigaben von Nahrungsmitteln und Gegenständen, das Schmücken der Schädel, das Einfügen von Muscheln in die Augenhöhlen, dies alles zeigt die Existenz eines emotionalen Feldes und beweist den Glauben an ein Weiterleben (siehe Kapitel 9). Die Bestattungsriten und die paläolithische Kunst sind untrennbar, denn sie stellen das Werk derselben Menschen und derselben Gesellschaft dar. Diese Feststellung fordert uns dazu auf, nach der religiösen Dimension der paläolithischen Kunst zu suchen.

Aus dem Paläolithikum hat sich nur der Wandschmuck erhalten, während die Zusammenstellung der Figuren in einem mündlichen Kontext existierte, mit dem die symbolische Zusammenstellung koordiniert war. In seinen anthropologischen Arbeiten formulierte A. Leroi-Gourhan (1964) die Hypothese, zwischen der Technologie und der Sprache bestehe eine Verbindung. Tatsächlich ist die Sprache an das Werkzeug gebunden, und beide sind Zeichen des Bewußtseins, der Intelligenz und der Reflexion. In der intellektuellen Ausstattung des Menschen markiert der graphische Ausdruck, der im Paläolithikum seinen Anfang nimmt, eine neue Etappe.

Mit der graphischen Ausdrucksweise entwickelt sich auch eine symbolische Funktion. Dies zeigt sich schon beim *Homo erectus*

45. Folgende Doppelseite: Höhle von Santimanina, Vizcaya, Spanien. Malerei in schwarzer Farbe mit Wisent und Pferd sowie einigen begleitenden Ideogrammen. Die natürlichen Formen der Höhlenwand erinnern an ein großes Gesicht mit zwei Gruben für die Augen und einer stalagmitischen Bildung als Nase.

(siehe Kapitel 8) durch die Erfindung von Werkzeugen. Diese Funktion ist eine wesentliche Eigenschaft des Menschen. Sie zeigt sich zunächst in der Erschaffung der Technik und von Werkzeugen und dann auf intensive Weise in der Kunst des Paläolithikums. Sie setzt eine ästhetische, psychische und intellektuelle Wahrnehmung voraus. Die bildende Kunst ist untrennbar mit der Sprache verbunden und entstand Leroi-Gourhan zufolge dadurch, »daß sich eine intellektuelle Verbindung zwischen Laut und graphischem Zeichen herausbildete.« Diese Verbindung zwischen Laut und Zeichen, die hinter der symbolischen Zusammenstellung der Freskendarstellungen in den Höhlen steht, erlaubt uns einen wichtigen Schritt in Richtung der Entschlüsselung der religiösen Botschaft. Die Symbole auf den Wänden und Decken erhielten ihren Sinn nur im Kontext einer sprachlichen Verständigung, die natürlich existierte, die uns aber nicht mehr zugänglich ist, da sie nicht fossil erhalten blieb. Nach A. Leroi-Gourhan haben wir nur die Mythogramme zur Verfügung (1988).

Von den Mythogrammen zu den Mythen

Mircea Eliade hält es für »plausibel, daß eine gewisse Zahl von Mythen den paläolithischen Völkern vertraut war, an erster Stelle Mythen von der Kosmogonie und von den Ursprüngen des Menschen, des Wildes, des Todes und so weiter« (M. Eliade, 1979). A. Leroi-Gourhan spricht von Mythogrammen: »Komplexe Verbindungen, deren Figuren sich in einer Zeit und einem Raum organisieren, welche raumzeitliche Eigenschaften des Mythos aufweisen.« Im Gegensatz zum Piktogramm, das einer Figur oder einer Folge von Figuren entspricht, stellt das Mythogramm die Personen und Protagonisten einer mythologischen Handlung dar. Die franko-kantabrische Felskunst ist voll von Mythogrammen: Die Darstellungen und Kompositionen bestehen aus Persönlichkeiten – Tieren, Männern und Frauen –, die erst dann ihren wahren Sinn bekamen, wenn sie innerhalb einer sprachlichen Verständigung belebt wurden.

Mit seinem Konzept des Mythogramms gibt uns A. Leroi-Gourhan zu verstehen, daß die Wurzeln des mythischen Denkens in das Paläolithikum zurückreichen. Dieser zweite Schlüssel zum Verständnis der Höhlenkunst lädt uns zu einem erneuten Studium der verschiedenen Kompositionen ein. Damit können wir die Mythen über die Entstehung der Welt und auch die Ursprungsmythen präzisieren, die uns von den Veränderungen des Kosmos und den verschiedenen neuen Situationen erzählen. Beim Heraufdämmern historischer Zeiten berichten uns schriftliche Quellen von diesen Mythen im Nahen und Mittleren Osten, in Ägypten und in der Welt des Mittelmeers. Ausgehend von diesen ersten historischen Quellen bewegen wir uns dem Laufe der Geschichte entgegen. Über die Quellen des Neolithikums können wir dann auf vergleichender Grundlage die Mythogramme der paläolithischen Kunst befragen. So verfügen wir über einen dritten Weg, der uns Zugang verschafft zur Wandkunst dieser »Kathedralen der Urgeschichte«.

Versuch einer Synthese der religiösen Botschaft der Felskunst

Die deskriptive Hermeneutik verfügt über eine reichliche Dokumentation, die von den Prähistorikern zusammengetragen, studiert, kritisiert und entschlüsselt wurde. Das Verfahren zur Entzifferung der religiösen Botschaft erfordert Geduld, vergleichende Untersuchungen, ein minuziöses Studium jeder Höhle und verschiedener Kompositionen. Heute verfügen wir über das nötige Handwerkszeug, um auf dem Weg der Deutung einen ohne Zweifel entscheidenden Schritt voranzukommen.

Die paläolithische Felskunst ist eine religiöse Kunst von Kultstätten im Erdinneren zwischen dem Atlantik und dem Ural, vor allem aber in Frankreich und Spanien. Auf diese Weise entstand der Begriff einer »Höhlenreligion«. Die Knochenplättchen, welche dieselben symbolischen Strukturen wie die Höhlen aufweisen, wären demnach »tragbare Kultstätten«.

Wir stehen einer bipolaren religiösen Kunst gegenüber, wie aus der Dichotomie der Felskunst und der mobilen Kleinkunst hervorgeht. Diese symbolische Dichotomie findet sich überall, in der Verteilung der Tierfiguren und in den Zeichen. Darin drückt sich die Auffassung von einer Welt aus, die nach dem Modell einer komplementären Polarität geschaffen ist; die männliche und die weibliche Komponente stellen darin die Grundstruktur dar. Das geht aus den Studien von A. Leroi-Gourhan, A. Laming-Emperaire und E. Anati hervor. Eine solche Betrachtungsweise der Entstehung der Welt muß die begriffliche Erfassung der Welt tief beeinflussen.

Die beschreibende Hermeneutik weist uns den Weg zu den verschiedenen Weisen, wie der *Homo sapiens sapiens* des Paläolithikums die Erfahrung des Sakralen erlebt haben mag. Die normative Hermeneutik arbeitet hingegen ihre Stellung als wichtiges Kettenglied im spirituellen Wachstum der Menschheit heraus. Innerhalb des künstlerischen und religiösen Erbes der Menschheit stellt die Höhlenkunst ein Juwel dar, das die Geburt des modernen Menschen markiert: es ist die erste große Etappe des begrifflichen Denkens, ein Sprung nach vorne in der Ausbildung des symbolischen Denkens. Mit ihm taucht eine echte Religiosität auf, die auf der Erfahrung des Sakralen gründet. Dadurch bildete sich die analytische Fähigkeit zur Synthese und zur Weitergabe des Bildes der Welt heraus, in der der Mensch lebt. Die Höhlenkunst ist das erste Zeichen einer Menschheit, die fähig ist, die Welt zu organisieren, den Kosmos zu verstehen und darin die Erfahrung des Sakralen zu leben.

46

46. Von der religiösen und sozialen Funktion der Zauberer zeugen Höhlenmalereien. Auf dieser Aufnahme von L. Williams kennen wir Zauberer mit Ratschen und Stöcken. Sie tanzen auf einer roten Linie übernatürlicher Energie. Die Energie, die sie selbst zügeln, wird vom Bienenschwarm symbolisiert: Die fast rechteckige Struktur ist möglicherweise ein Bienenstock. Cullen's Wood, Barkly East (Südafrika).

12. Die ersten Institutionen

Die Theorien

Vor einem Jahrhundert oder noch weniger beschrieben Ethnologen und Soziologen die primitive Gesellschaft mit Hilfe von Schemata, die sie durch Extrapolierung aus unseren modernen Gesellschaften gewannen. Seit jener Zeit haben die Forscher jedoch begriffen, daß man sich mit einigen Hinweisen auf das Zusammenleben im Lauf der Urgeschichte begnügen muß.

Bereits der *Homo erectus* erfüllte die Voraussetzungen für eine artikulierte Sprache. Man kam zum Schluß, daß diese Sprache tatsächlich schon vor 400 000 Jahren existierte. Die ersten Spuren eines gesellschaftlichen Lebens werden schon in dieser frühen Epoche deutlich: Diese frühen Menschen kannten das Feuer, ein wesentliches Element für das soziale Leben. 1966 entdeckten Forscher an den Abhängen des Mont Boron bei Terra Amata in der Nähe von Nizza einen Lagerplatz von Jägern. Der Bau von Hütten, das Schlagen von Feuer, die Anfertigung von Werkzeugen und die Jagd auf Großwild waren die treibenden Faktoren für das soziale Leben des *Homo erectus*. Auch in der Kultur des *Homo sapiens* erfüllen sie weiterhin diese Aufgaben, doch stellt bei ihm die artikulierte Sprache das soziale Bindemittel dar. Kann man mit M. Mauss (*Essai sur le don*, 1925) feststellen, daß das Geschenk den Gesellschaftsvertrag primitiver Gemeinschaften darstellte? Die Archäologie paläolithischer Völker kann diese These wohl nicht verifizieren, doch liefert sie uns rudimentäre Hinweise über das archaische soziale Leben, zum Beispiel über die Hütten, die Höhlen, die Depots von Werkzeugen, über die Knochen verspeister Tiere, über Hirschgeweihe und Herdspuren.

Kürzlich in Amerika entwickelte Theorien versuchten, die Arbeitsteilung schärfer zu fassen: Der Mann war ihnen zufolge auf die Jagd und den Nahrungserwerb spezialisiert, während sich die Frau dem Sammeln und der Zeugung von Nachkommen widmete. Aus dieser Diskussion ging die Theorie über die Zusammenarbeit und die Aufteilung der Nahrungsmittelressourcen in fleischliche und pflanzliche Nahrung hervor (R. Lewin, 1984, 1991). Gewisse Soziologen sahen in dieser Kooperation und Arbeitsteilung das erste stabilisierende Element der Verbindung zwischen Mann und Frau.

Die Tatsachen

Aus der jüngeren Altsteinzeit sind uns mehr Quellen und Dokumente erhalten geblieben: Höhlen und Abris unter überhängenden Felsen, Lager und Wohnstätten in der Tiefebene und am Rande von Hochebenen, Winterrefugien, alle Orte, in denen die Sammler Holzkohle fanden, Reste vom Aufbau von Wohnstätten, verschiedene Arbeitsbereiche als Beweis eines organisierten sozialen Lebens. Das ist zum Beispiel bei Pincevent (Seine) der Fall, einem Fundort ganz im Freien, den Leroi-Gourhan von 1964 bis 1985 ausgrub, sowie bei Etiolles im Departement Essone (Frankreich). An diesen beiden Fundstätten aus dem Magdalénien können wir auf filigrane Weise das tägliche Leben der Jäger, ihre Arbeitsteilung und leicht hierarchisch gegliederte Arbeitsorganisation erkennen. Diese Modelle wurden auch anderswo gefunden (J. Mohen, 1991). Man nimmt an, daß eine Jägergruppe auf ungefähr dreißig Personen beschränkt blieb, wie das noch bei heutigen Jägerpopulationen der Fall ist.

Einer der hervorragendsten Spezialisten des Jung-Paläolithikums, der Geistliche Henri Breuil (1877–1961), betonte nachdrücklich die enge Beziehung zwischen der Großwildjagd und der Felskunst. Die Grundlage der künstlerischen Schöpfung bildet die Kenntnis von den Tieren und die Erfahrung des Lebens als Jäger. Diese Kunst nahm eine außergewöhnliche Stellung im Leben der Menschen des franko-kantabrischen Jung-Paläolithikums ein. Diese soziale und kollektive Tatsache zeugt nicht nur von einer echten spirituellen Einheit, sondern setzt auch die Existenz »einer Art Institution« mit einer Auslese der Künstler und einem Unterricht für die Begabtesten voraus. Die einzigartige kulturelle Tatsache der Felskunst liefert uns den Beweis, daß sich das soziale Leben damit beschäftigte, und das bringt uns auf den Gedanken, daß es »Künstlerschulen« und Zeremonienmeister gegeben haben konnte, die Besucher einweihten. H. Breuil spricht davon, mehrere Institutionen seien zur Realisierung der Felskunst und anschließend für die Zeremonien notwendig gewesen, mit denen Besucher in die Höhlen eingeführt wurden (H. Breuil, 1952).

Die heutigen Forscher neigen dazu, die Höhlenkunst als Widerschein der paläolithischen Gesellschaft zu sehen. Man muß aber darauf achten, daß man aus der soziologischen Interpretation nicht eine neue Ideologie schafft. Zurecht weisen kürzlich veröffentlichte Arbeiten darauf hin, daß jede Höhle sich auf spezifische Weise in das kulturelle Universum des Jung- Paläolithikums einfügt. Eine größere Zahl von Elementen gibt uns Hinweise über das soziale Leben: Im Innern der Clans dieser Jäger und Sammler muß eine gewisse Arbeitsteilung geherrscht haben; die Künstler und Handwerker erhielten eine Ausbildung. Es war eine gewisse Ordnung vonnöten, um die Sitzungen und die Zeremonien zur Initiation in die Mythogramme und in die Weltanschauung leiten zu können; und damit ergibt sich eine elementare familiäre Organisation. Im Epipaläolithikum kündigt sich die entscheidende Etappe des individuellen und sozialen Lebens des *Homo sapiens sapiens* an: die Seßhaftwerdung.

47. Folgende Doppelseite: Die Grafik rekonstruiert eine Initiationsszene: Junge Menschen werden von führenden Mitgliedern des Klans in eine Höhle mit bemalten Wänden geführt, um für einen Initiationsritus vorbereitet zu werden. Daß die soziale Gruppe beträchtliche menschliche Energien und wirtschaftliche Ressourcen aufwendete, um die Benutzbarkeit der bemalten Höhlen für ihre eigenen Mitglieder sicherzustellen, zeugt A. Leroi-Gourhan zufolge von der Bedeutung, die diesen Orten beigemessen wurde.

13. Der Jagdzauber

48. *Aufnahme einer Felsmalerei in der Cueva de Las Manos in Patagonien, Argentinien, durch J. Schobinger. Jagdszene mit Bolas.*

Der Geistliche Henri Breuil, der eine umfangreiche Dokumentation über die Felskunst hinterließ, gründete seine Deutung auf eine Theorie vom Jagdzauber. Tatsächlich stellen gewisse Figuren in den Höhlen verwundete Tiere dar; besonders ist dies in Lascaux der Fall. Vor allem der Speer, eine Wurfwaffe aus Knochen oder Rentiergeweih, ist überall vertreten und stellte die Hauptwaffe des Jägers im Magdalénien dar. H. Breuil stützte sich auf die umfangreiche Tierdokumentation in den Höhlen, auf die Bedeutung der Jagdwaffen und auf die Theorien der Ethnologen, die sich mit heutigen Jagdvölkern in der Arktis, im Amazonas und in Australien beschäftigen, und sah somit in der Höhlenkunst eine Gesamtheit untrennbarer magisch-religiöser Riten der Großwildjagd, der täglichen Verfolgung von Beutetieren und von deren Vermehrung in der Natur.

Es steht fest, daß es Wild in Hülle und Fülle gab und daß das Problem der Jäger im Erlegen bestand. Zur Durchführung ergiebiger Jagden mit glücklichem Ausgang waren Riten erforderlich: Tänze und Zeremonien mit der Anrufung des »Großen Geistes«, der über die Kräfte der Natur herrscht (Breuil, 1952) – wie bei den heutigen primitiven Jägern. In mehreren Fällen erscheint ein Jagdzauber mit Sicherheit gegeben zu sein. In der Höhle von Montespan (Frankreich) ist die Wand auf einige Meter von Speerlöchern übersät; solche Markierungen fand man auch auf dem Körper dreier in den Lehm eingeritzter Pferde. Ein Tier, das bis in Brusthöhe modelliert wurde, ist ebenfalls von zahlreichen Speerstößen durchbohrt, und ein liegender Bär ist mit solchen Malen geradezu gespickt. Auch die Höhle von Niaux liefert ähnliche Beispiele.

H. Breuil schrieb dem »Großen Zauberer« in der Höhle Trois-Frères (Ariège), der in die Felswand eingeritzt ist, eine große Bedeutung zu und machte von ihm eine Zeichnung, die berühmt wurde: Hirschkopf mit großem Geweih, Gesicht einer Eule, Wolfsohren, Bart einer Gemse, Arme mit Bärentatzen und langer Pferdeschwanz. Das Geschlecht deutet darauf hin, daß es sich um eine menschliche Figur handelt. H. Breuil zögert auch nicht, von rituellen Gesten und heiligen Zeremonien zu sprechen. In seinen Augen »stellt die Gesamtheit der Darstellungen die Elemente eines Rituals magischer Zeremonien für die Vermehrung oder Vernichtung dar.« Man reproduziert das Bild des Tieres und fügt ihm einen symbolischen Tod durch reale Verletzungen zu, indem man die Waffen auf den Körper auflegte oder das Auftreffen der Pfeile simulierte. Breuil zufolge liegt das Hauptelement dieses Rituals in der Mimik. Speerschleudern und Lochstäbe gehörten zum Material, das bei diesen heiligen Pantomimen verwendet

49. Kopie von J. M. Orpen aus dem Jahr 1873 einer Felszeichnung von Sehonghong, Lesotho. Es sind Zauberer zu sehen, die ein Regentier führen. Zwei Zauberer tragen eine Kopfbedeckung mit Antilopenohren und zwei halten aromatisch duftende Kräuter in Händen, um sich das Tier gefügig zu machen.

50. Berühmte Reproduktion von H. Breuil einer teils menschlichen, teils tierähnlichen Figur mit der Bezeichnung »der Zauberer«. Wahrscheinlich handelt es sich um einen Zauberer, der sich selbst als Tier verkleidete. Höhle Les Trois Frères, Ariège, Frankreich.

51

wurde. In gewissen Details zeigt sich auch ein jahreszeitlicher Aspekt, der uns Hinweise gibt auf den »zyklischen Charakter der Feste und Zeremonien«. Diese Zeremonien sollten die Fruchtbarkeit der Tiere und den Jagderfolg sicherstellen.

In seiner Interpretation der religiösen Praktiken der Menschen des Magdalénien im Rentierzeitalter läßt H. Breuil ein weiteres Element auftreten, die Masken. Er ließ sich dabei von heutigen Initiationszeremonien und von Riten der kosmischen Erneuerung bei schriftlosen Völkern inspirieren und kommt zum Schluß, daß diese Riten den Anstoß geben für Glaubensvorstellungen und Mythen im Hinblick auf den Urmythos. Das Tragen der Maske ist ein wichtiges Element, weil es die Dualität des mythischen Wesens versinnbildlicht. H. Breuil fand mehrere Darstellungen maskierter Personen, die wie durch Transparenz menschliche Züge erkennen lassen: der Zauberer in der Höhle Troi-Frères, der Tänzer mit dem Bärenkopf in Mas d'Azil, kleine Teufel in Teyjat und zahlreiche weitere, halb menschliche, halb tierische Figuren. Hinter diesen Zeremonien steht die Vorstellung, daß die Menschen der Clans im Magdalénien an der Kraft und am Leben der mythischen Vorfahren teilnehmen können. H. Breuil zögerte nicht, diese Vorstellung der Theorie der mythischen Teilhabe zu entlehnen, die L. Lévy-Bruhl entwickelt hatte.

A. Leroi-Gourhan verwirft den Jagdzauber nicht in Bausch und Bogen, sondern vertritt die Ansicht, daß er nicht alle Fragen lösen kann, die durch das reichliche Material der Felskunst aufgeworfen werden. Die Zahl der verletzten Tiere ist zum Beispiel gering und liegt unter zehn Prozent. Überdies haben diese Verletzungen einen zweideutigen Charakter und könnten auch einer Darstellung des Weiblichen zugeschrieben werden, nachdem die Wurfwaffen männlich geprägte Symbole tragen. Das führt uns wieder zu einer bipolaren Symbolik. Wie die Verletzungen der Tiere als Beweise eines Jagdzaubers nicht ausreichen, halten auch die angeblichen Paarungen einer ernsthaften Überprüfung nicht statt. Somit ist auch die Basis eines Fruchtbarkeitzaubers sehr dünn (A. Leroi-Gourhan, 1964, 1971). Die beiden Autoren sind sich jedoch darin einig, daß sie auf die mythische Symbolik bestehen, die hinter den Kompositionen steht. Sagen wir es so: Wenn man den Jagdzauber ausschließen will, muß man die Jagdmythen und die Mythen über den Ursprung des Wildes damit nicht verwerfen. Ohne Zweifel war das Denken der Jäger im Magdalénien an reichlich vertretene Symbole eines mythischen Universums gebunden, dessen Wesen wir aber erst noch entdecken müssen.

51. Rekonstruktion einer Felszeichnung in der spanischen Levante durch G. Prats. Es ist darauf eine Szene der Wildpferdjagd abgebildet.

52. Szene aus einer Jagd auf eine Antilope, die bereits blutet und im Sterben liegt, Rekonstruktion von L. Williams. Die überproportionierte, majestätische Größe des Tieres weist auf den sakralen Charakter des Jagdritus hin. Barkly East, Südafrika.

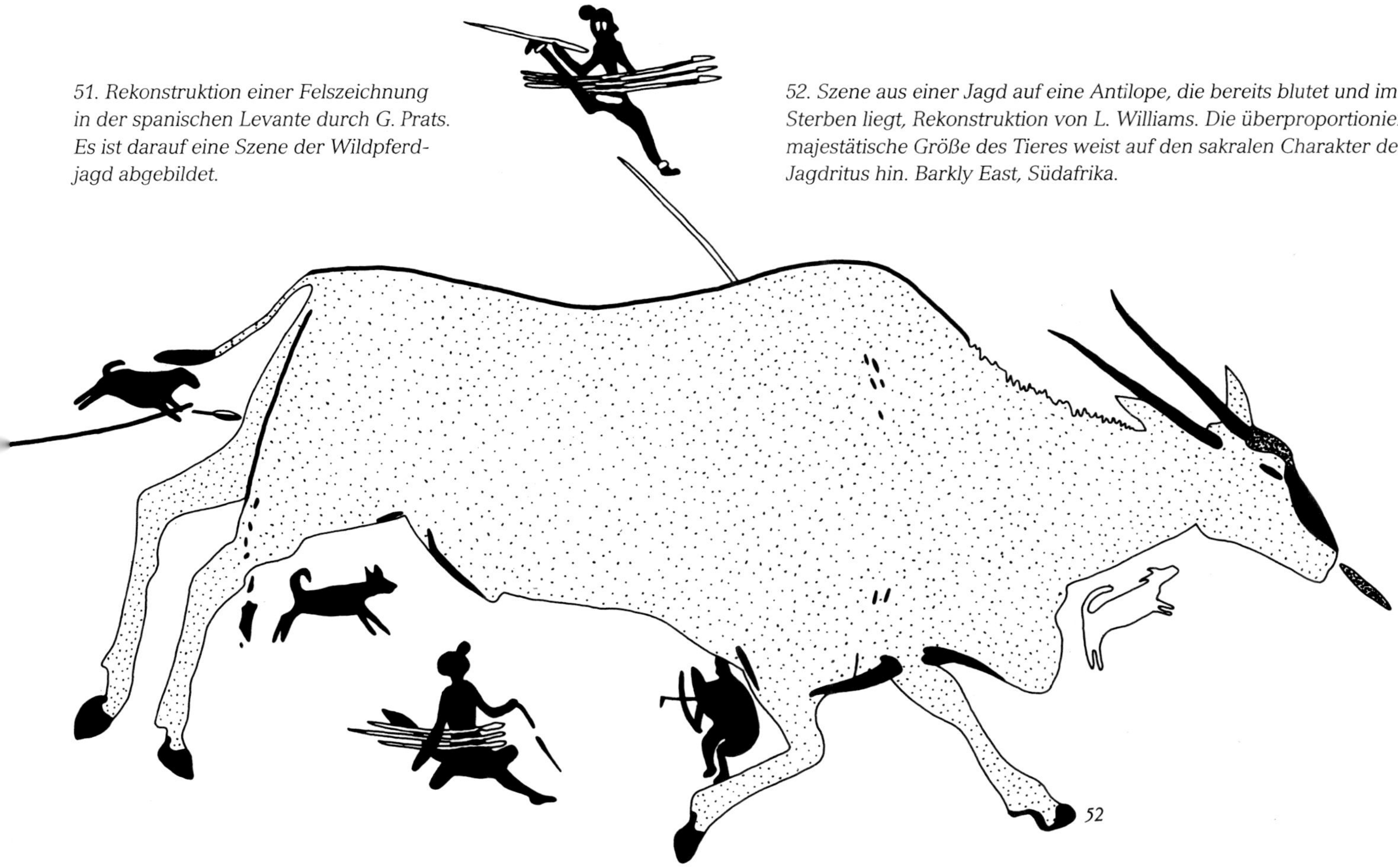

52

53. Felsmalerei von Tadrat Acacus (Lybien) mit der Darstellung einer Szene, bei der paläolithische Jäger mit Pfeil und Bogen und unterstützt von Hunden einem großen Rind nachstellen.

53

54. Die Grafik rekonstruiert eine Jagdszene im alpinen Raum. Die Jäger nähern sich dem großen Hirsch mit Speeren. Er wurde zur gleichen Zeit gefürchtet und verehrt.

55. Ausschnitt aus einer Felsmalerei im Innern der Cueva de Las Manos Pintadas in Patagonien (Argentinien). Auf der Felswand erkennt man Piktogramme und gleichzeitig Ideogramme. Diese Vergesellschaftung von Realismus und begrifflichem Denken ist häufig in der Felskunst und zeugt von einer nicht einfach chronikhaften Verarbeitung der Realität.

54

55

14. Die religiöse Höhlenkunst

Während der siebziger und achtziger Jahre bildete sich unter dem Einfluß einiger Prähistoriker, unter ihnen A. Leroi-Gourhan, Y. Coppens, A. Anati, P. Graziosi und A. Beltran eine Koordinationsgruppe für die Forschung, das Studium und die Erhaltung der Felskunst. Durch die Zusammenarbeit von Forschern entstand ein erstes Gesamtbild dieses Erbes, und es gelang, Fortschritte zu machen in der Interpretation der religiösen Höhlenkunst.

Schlüssel zum Verständnis

Neben den Arbeiten des Geistlichen H. Breuil, der den Jagdzauber besonders hervorgehoben hat, sind in der Zwischenzeit weitere Schlüssel zum Verständnis der Höhlenkunst hinzugekommen. A. Leroi-Gourhan und A. Laming-Emperaire, die bei einem Unfall zu früh ums Leben kam, wiesen auf die Bipolarität der Figuren und der Wertigkeiten hin; sie weisen auf ein dual geprägtes System der Begrifflichkeit und auf eine komplexe Sicht der Gesellschaft und des Kosmos hin. Die Gesamtheit der bildenden Kunst des Paläolithikums wäre demnach aufzufassen als »Ausdruck der Konzepte über die natürliche und übernatürliche Organisation (beide gehörten im paläolithischen Denken noch zusammen) der belebten Welt«. Diese Interpretation der Felskunst als Abbild der Gesellschaft verwendete nutzbringend die angelsächsische Sozial- und Kulturanthropologie in ihrer Analyse der Gesellschaft und der »Institutionen« des Jung-Paläolithikums. Außerdem wurde ein zweiter Schlüssel zum Verständnis ausgehend von den Mythogrammen der großen bildlichen Kompositionen in den Höhlen geliefert; sie können uns in die Geheimnisse der Mythen des Homo sapiens sapiens einführen. E. Anati stützte sich auf die Analyse der Vielfalt und des Reichtums der Symbole und sieht in der Felskunst den Ursprung des begrifflichen Denkens im Rahmen der Herausbildung des menschlichen Geistes und damit ein Zeugnis für die Fähigkeit zur Abstraktion, zur Synthese und zur Assoziation.

Die Kultstätten

Begeistert von den Entdeckungen verwendeten die ersten Menschen, die diese Tierkunst beschrieben, eine Sprache der Superlative: Die Höhle von Niaux bezeichneten sie als »Versailles der Prähistorie«, und in der Höhle von Lascaux sahen sie die »sixtinische Kapelle« des Paläolithikums. Als wieder Ruhe eingekehrt war, setzte sich jedoch ein Begriff durch: Die Höhlen sind Heiligtümer, die im Erdinneren eingerichtet wurden. Heute können wir den Weg halbwegs erkennen, der von den Menschen von Cro-Magnon zu den Menschen des Magdalénien führt. Der Cro-Magnon-Mensch ritzte und schnitzte die ersten Abbilder in die Abris unter überhängenden Felsen. Die Menschen des Magdalénien drangen weiter in die Dunkelheit und das Mysterium der Tiefe ein. Die Fußspuren, besonders von Heranwachsenden, und die Mythogramme der Gewölbe und Höhlenwände lassen an Initiationsriten denken, und in Lascaux wird diese Ansicht durch die beeindruckende Zahl von Abdrücken junger Menschen bestätigt.

Das Vorhandensein, die Anzahl und die Qualität der Mythogramme deuten auf kosmogonische Mythen und Ursprungsmythen hin, die weitere Forschungen weiter präzisieren müssen. Die paarweise Verbindung – aber niemals Paarung – zwischen Tieren könnte der Beweis sein für eine bipolare Mythologie, die typisch gewesen wäre für das Zeitalter des Rentiers. Die weiblichen Statuetten, die man auch als »Venusstatuetten aus dem Aurignacien« bezeichnet und die überall in Europa zu finden sind, wären die ersten Zeugen von Fruchtbarkeitskulten und -mythen. In den Darstellungen maskierter Männer des Magdalénien haben einige »Zauberer« oder »Schamanen«, vielleicht auch Initiationsmeister, gesehen. Die Darstellung von Reigentänzen jedenfalls ist den Initiationspraktiken nicht fremd, die wir heute noch bei Jägern archaischer Kulturen finden.

Die heutige Forschung zeigt, daß jede Kultstätte gebunden war an die Kultur der Menschen, die in ihrer Nähe wohnten. Deswegen hat jedes Heiligtum seine Identität und verlangt nach einer spezifischen Interpretation. So veranlaßte das detaillierte Studium des Deckenabschnitts mit den Schlangendarstellungen in der Höhle von Rouffignac C. Barrière (1979) dazu, die Schlange als Symbol des Bösen und das Mammut als Symbol des Lebens zu interpretieren. Die gesamte Komposition sei eine Darstellung des Kampfes zwischen dem Guten und dem Bösen. In seiner Untersuchung der kantabrischen Felskunst kam Fr. Jordà Cerdà (1979) zu ermutigenden Schlüssen, was das Studium der Religiosität der Populationen im Magdalénien betrifft: Tierdarstellungen, die das Erscheinen des mythischen Tiers bedeuten; Kultstätten als Aufbewahrungsorte »sakraler Gegenstände«; Clansymbolik in Gegenwart einer himmlischen Macht; die Hand als religiöser Archetypus für die Zurückweisung feindlicher Kräfte; Mythen zur Kosmogonie.

Der Homo religiosus des Jung-Paläolithikums

Die Schlüssel zum Verständnis sind keine Deutungen der Felskunst, sondern nur Werkzeuge, mit deren Hilfe die Hermeneuten in die Geheimnisse der Kultstätten eindringen und die Mythogramme, die Ritzzeichnungen auf den Mauern und den Werkzeugen, den Sinn der weiblichen Statuetten und der Kompositionen auf den Decken- und Höhlenwänden vielleicht verstehen können. Vor ungefähr 10 000 Jahren, am Ende der Würm-Eiszeit, erlosch die Felskunst des Magdalénien. Die Erwärmung der Erde läutete das Ende der großen Tierarten ein, die diesen Jägern und Sammlern vertraut waren. Das war das Ende einer Epoche der Menschheitsgeschichte.

Die gleichzeitige Verwendung der vier Schlüssel zum Verständnis, von denen wir gesprochen haben, erlauben es uns, einige Aspekte der Erfahrung des Sakralen und des Verhaltens des *Homo sapiens sapiens* zu erkennen, der diese Felskunst schuf. Dieser Mensch erlebte eine Erfahrung, in der Erscheinungen der höchsten Macht und des Heiligen wahrgenommen, aber noch irgendwie miteinander vermischt wurden. Das läßt uns an ein magisch-religiöses Verhalten mit einer Wahrnehmung des Transzendenten denken. Diese Wahrnehmung des *Homo religiosus palaeolithicus* zeigt sich durch die Organisation der Kulthöhlen, durch die Kompositionen und die Zeichen der Felskunst und der mobilen Kleinkunst. Die Darstellung zahlloser Mythogramme ist der Beweis dafür, daß ein symbolisches und mythisches Denken die Grundstruktur seiner Religiosität bildete und auch sein Verhalten bestimmte. Für ihn stellte die Initiation in die Mythen eine Form der Offenbarung einer »heiligen Geschichte« des Kosmos und des Menschen dar.

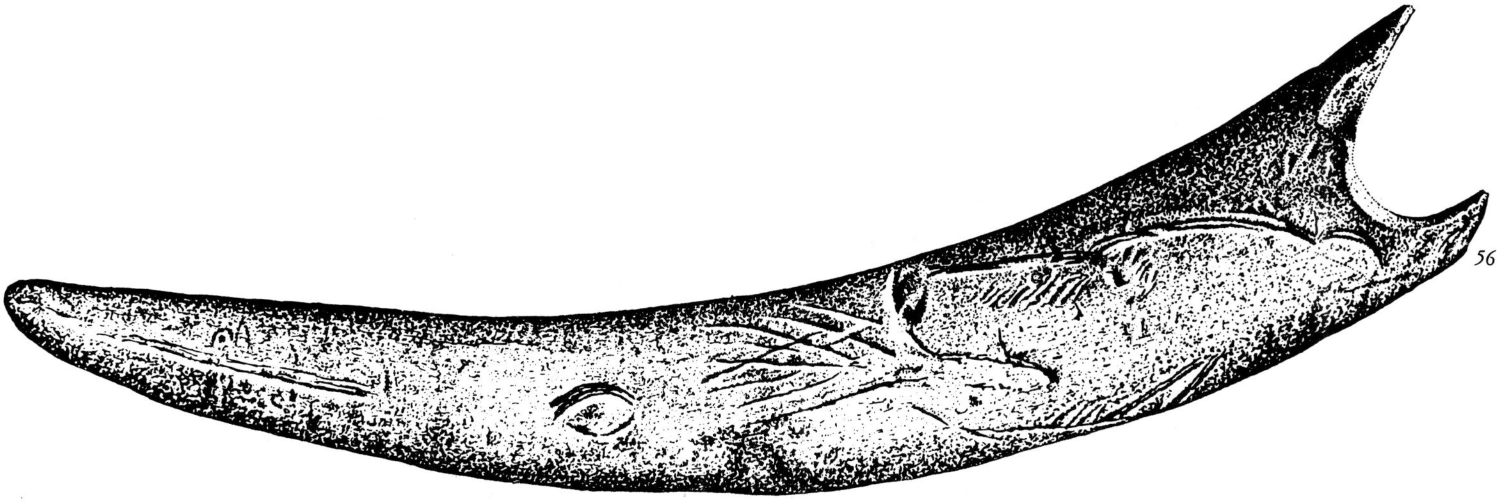

56

56. *Typische Ritzzeichnung auf einem Horn aus dem Magdalénien, gefunden im Departement Ariège, Frankreich. Abgesehen von einem Bärenkopf erkennen wir ein lineares und ein mandelförmiges Zeichen. E. Anati hielt sie für mögliche Symbole des männlichen und des weiblichen Geschlechts.*

57

57. *Teil eines Adlerknochens mit rhythmisch wiederholten Ritzzeichnungen, gefunden im Departement Charente, Frankreich. Das Objekt stammt aus dem Magdalénien und somit dem oberen Paläolithikum. Adlerknochen sind völlig hohl und werden heute noch von Völkern Zentralasiens und Neuguineas als Blasinstrumente verwendet. Diese zeigen häufig Dekorationen, welche die Töne darstellen.*

58. *Schema des Grottenheiligtums Les Combarelles, Frankreich, von A. Leroi-Gourhan. Der Forscher machte auf den Symbolgehalt der Wegstrecke aufmerksam, der durch die Gruppierungen und Vergesellschaftungen der verschiedenen Tiere gegeben ist. Diese Art der Darstellung ist typisch für die Wandmalerei in den Höhlenheiligtümern.*

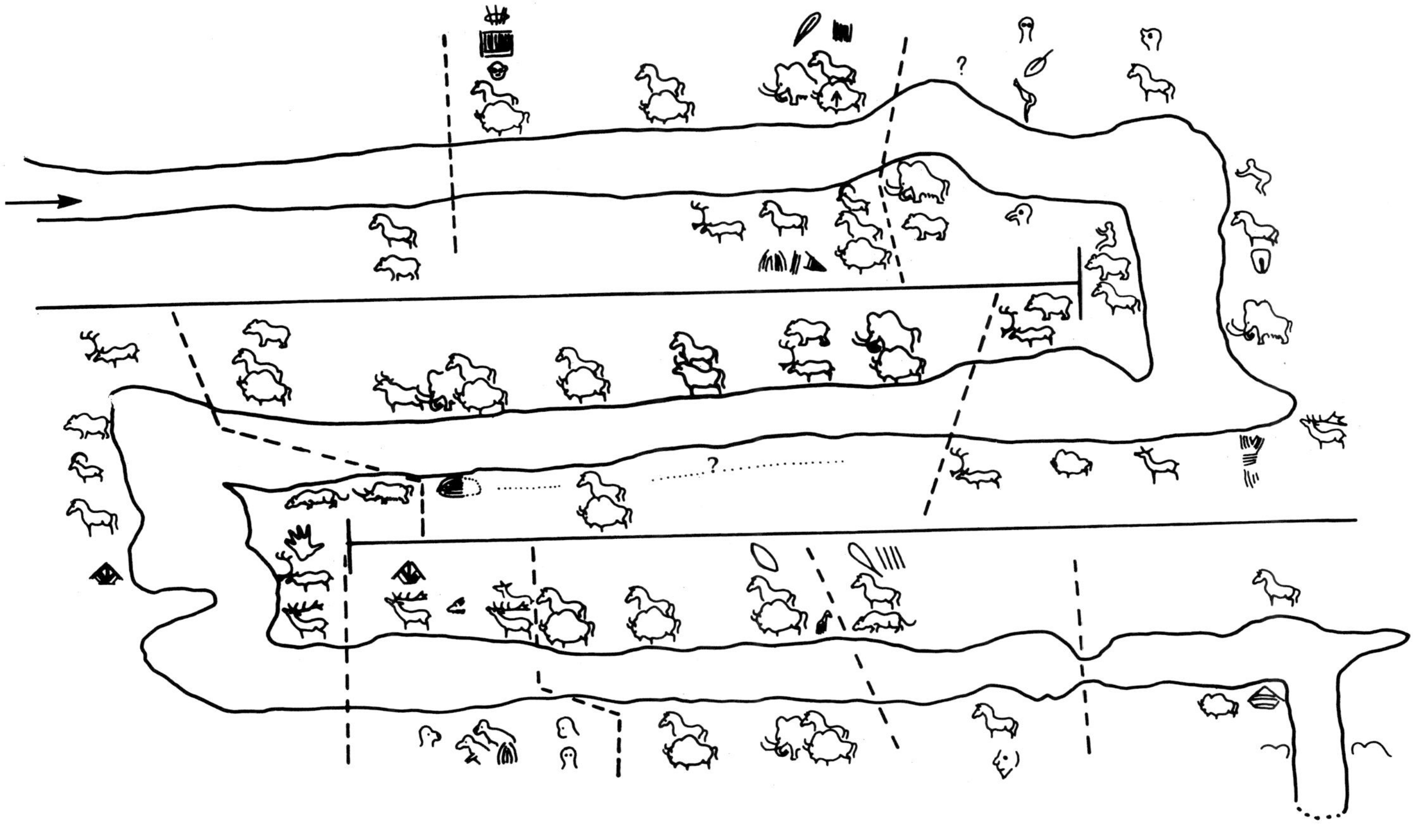

58

59

59. 60. *Vorder- und Rückseite des Unterkieferknochens eines Pferdes mit Ritzzeichnungen von Tierfiguren. Das Fundstück stammt aus der Höhle Pekarna bei Ochoz, Slowakische Republik, und befindet sich heute im Mährischen Museum in Brünn.*

60

61

62

61. Harpune mit drei Reihen von Widerhaken. Diese Form ist im westeuropäischen Magdalénien unbekannt. Fundstück aus der Höhle Pekarna.

62. Weibliche Statuette aus Kalkstein, Fundort Kostienki bei Voronej in Rußland, heute im Museum Ermitage von Sankt Petersburg.

15. Bestattungsriten der Jungsteinzeit

Das Wort »Neolithikum« wurde dazu verwendet, die Jungsteinzeit von der Altsteinzeit zu unterscheiden. Gegenwärtig hat sich der Begriff des Neolithikum erweitert und bezeichnet eine neue Stufe im Leben der Menschen: Aus dem Jäger wurde ein Züchter von Tier- und Pflanzenarten. Der Mensch geht vom nomadischen zum seßhaften Leben über, erfindet die Keramik, neue Verfahren zum Polieren von Steinen, das Weben und das Dorf, das mehrere Häuser zu einer Gruppe vereinigt. Diese neolithische Revolution begann vor ungefähr 8000 Jahren im »fruchtbaren Halbmond« des Nahen Ostens. Sie breitete sich in die Gebiete um das Mittelmeer aus, drang im 6. Jahrtausend vor Christus in den Balkan, im 5. Jahrtausend in die Ebenen der Donau vor und gelangte schließlich im 4. Jahrtausend in die afrikanischen Gebiete am Mittelmeer, schließlich in die Sahara und nach Zentralasien. In den vergangenen Jahrzehnten legten die Prähistoriker den inneren Verlauf der Ausbreitung der neolithischen Revolution genauer fest. Alle sind sich darin einig, daß sie mit der Entwicklung der Metallurgie ihren Abschluß findet. Das Neolithikum bildet nicht nur ein technisch-ökonomisches Stadium, sondern auch eine kulturelle und religiöse Phase in der Entwicklung der Menschheit.

63

Unter den Quellen, anhand derer wir uns ein Bild vom Verhalten und der geistigen Situation des *Homo religiosus* im Neolithikum machen können, nehmen die Überreste von Grabstätten einen besonderen Platz ein, denn damit liefert der Mensch Hinweise nicht nur über das Erfassen der natürlichen Umwelt und die Darstellung der eigenen Gattung, sondern auch über seinen Glauben an ein Leben nach dem Tode. Im Natoufien, einer syrisch-palästinensischen Kultur vor dem Neolithikum (–10500/–8200), wurden die Toten im allgemeinen im Wohngebiet begraben, bisweilen mit Schmuckbeigaben. In Mallaha und el-Wad fand man in den Gräbern Halsbänder, Armbänder, Fußketten, Gürtel und Kopfschmuck. Es gibt auch einige Gegenstände des Hausrats. Die summarisch angelegten Gräben wurden bisweilen mit Lehm ausgestrichen (Mallaha) und bisweilen mit Steinplatten bedeckt (Erq el-Ahmar). Der Schädel wurde mit großem Respekt behandelt.

Aus dem 8. Jahrtausend fand man in Jericho mehrere Depots von Schädeln, die kreisförmig angeordnet und auf die Mitte ausgerichtet waren; man entdeckte auch drei Gruppen zu je drei Schädeln, die in dieselbe Richtung blickten. In derselben Zeit, in der in Syrien und Palästina vor mindestens 7500 Jahren, taucht der Brauch auf, »die Schädel von den Skeletten zu besonderen Zwecken abzutrennen« (Cauvin, 1978, Seite 128). In Mureybet am mittleren Euphrat (nach –7500) sind die entdeckten Schädel längs der Mauer auf dem Boden angeordnet, jeder auf einer eigens hingelegten Scholle Rotlehm. Die Bewohner des Hauses konnten sie mit eigenen Augen sehen (Cauvin, ibidem). In Jericho wurden die Schädel mit Lehm überzogen: eine Art Maske stellt das Gesicht dar, in den Augenhöhlen liegen Muschelschalen, das Gesicht ist bemalt, und mehrere Schädel bilden eine Gruppe. Eine ähnliche Situation fand man in Ramad und Beisamoun. Am Ende seines Inventars der Bestattungsriten Syriens und Palästinas meint J. Cauvin (1978), die Menschen des Neolithikums des 7. Jahrtausends hätten Wert darauf gelegt, das Bild gewisser Verstorbener präsent zu halten und der Gemeinschaft der Lebenden sichtbar vor Augen zu führen.« Damit stünden wir an der Schwelle zum Ahnenkult, der einen Glauben an das Leben nach dem Tode impliziert.

Während des 6. und 5. Jahrtausends konstatieren die Prähistoriker in Syrien und Palästina, diesmal jedoch in der Küstenregion, eine große Einheitlichkeit bei den Begräbnisriten: Byblos, Ras Shamra, Tell Judeiheh. Das Vorhandensein von Keramik in den Gräbern liefert uns den Beweis, daß den Toten Nahrungsmittel für ihr weiteres Leben beigegeben wurden. Die Gefäße zeigen den Einfluß der Keramik von Tell Halaf aus Nordsyrien, einen sehr starken mesopotamischen Einfluß am ganzen Küstengebiet in der Zeit vor 4500 Jahren. Neben individuellen gibt es auch

63. Spektakuläre Szene aus dem Totenkult auf einer afrikanischen Felsmalerei aus dem Ende des Paläolithikums (Zisab Gorge, Brandberg, Namibia). Aus den archäologischen Befunden kann man offensichtlich schließen, daß die Neandertaler und die Menschen des Paläolithikums den Wohnort der Lebenden von der Begräbnisstätte der Toten getrennt hielten. Es wurde auch schon die Hypothese aufgestellt, an den Begräbnisstätten seien auch andere Zeremonien durchgeführt worden. Im Neolithikum ist die Tendenz erkennbar, daß sich die Wohnorte der Lebenden und die Begräbnisstätten einander nähern und schließlich identisch werden.

kollektive Bestattungen, und ein entsprechendes Beispiel dafür ist das »Haus der Toten« in Byblos: ein großer zentraler Raum mit einer größeren Menge herantransportierter Roterde (Terra rossa), mehrere Bodenniveaus mit ungefähr dreißig Skeletten, kleinere Zellen neben dem zentralen Raum, eine davon mit einem Schädeldepot. Cauvin zufolge (1972) übte das »Gebäude, das durch die Roterde und durch die Gräber der Menschen mit heiliger Kraft erfüllt war, eine sichtbare Anziehungskraft im Dorf aus.«

Das anatolische Çatal Hüyük liefert uns wertvolle Informationen über die Beziehung zwischen Lebensraum und Begräbnis, denn vom 5. und 4. Jahrtausend an begrub man die Toten unter dem Boden der Plattformen, die in den Häusern und Heiligtümern lagen. Man übergab dem Boden die entfleischten Knochen, die in Matten eingewickelt wurden, und legte persönliche Gegenstände (Schmuck, Waffen) sowie Opfergaben bei. Isolierte Schädel finden wir in den Heiligtümern: die Knochen sind dabei oft bemalt. Vom mittleren Neolithikum an praktizierte man in Europa kollektive Begräbnisse, zunächst im atlantischen Küstengebiet, dann ganz allgemein; zu beobachten ist eine Kontinuität der Praxis, Tote an einem bestimmten Ort zu begraben.

Ein Ritus besteht aus der Verbindung einer Praxis mit einer Glaubensvorstellung. Die Bestattungsriten stellen Praktiken und Reaktionen angesichts des Todes anderer Menschen dar. Die beeindruckenden Beispiele, die wir hier präsentieren, zeigen uns, daß der Mensch des Neolithikums die Riten vervielfacht und sie mit einem immer reicheren Symbolgehalt versehen hat: Verschönerung des Körpers im Hinblick auf das Leben nach dem Tode, besondere Pflege und Verehrung des Schädels mit lebendig dargestelltem Gesicht, räumliche Nähe zwischen den Toten und den Lebenden. Diese Lebenssymbolik ist das Anzeichen eines festen Glaubens an ein Leben nach dem Tode.

64

64. Rekonstruktion zweier Mauern aus einem der rund vierzig Heiligtümer von Çatal Hüyük (Türkei). Die Dekorationen geben Ornamente der Textilkunst wider. Die Kultschreine unterscheiden sich in ihrer Struktur von den übrigen hundert Wohnhäusern nur durch ihre Größe und den Reichtum an Fresken und Reliefs. Ein charakteristisches Element ihrer Struktur ist die Plattform: Wandreliefs, die wie ein Bett oder eine Arbeitsstätte verwendet werden und unter dem die Toten begraben wurden. Man weiß nicht, ob die Schreine dauernd bewohnt waren und von wem, doch die Bestattungen sind in den Schreinen verbreitet und in den Wohnhäusern üblich.

65

65. Die Zeichnung reproduziert die Malereien in einem der Kultschreine von Çatal Hüyük. Das dominante Thema ist hier der Geier. Nach der Meinung des Entdeckers Mellaart beziehen sich diese Gemälde auf Begräbnisriten. Die Geier stehen mit ausgebreiteten Flügeln über kopflosen menschlichen Wesen. Dies bedeutet wohl, daß es sich um Leichname und um die dort begrabenen Toten handelt. Obwohl anatomisch intakt, wurden sie von den Archäologen dort in ähnlicher Körperhaltung gefunden, wie auf den Malereien abgebildet.

66. Folgende Seite: Inneres eines großen Kiva in Lowry Ruin, nicht weit von Mesa Verde im Staat Colorado, Vereinigte Staaten. Die Kiva sind charakteristische Bauten der Anasazikultur, die in der Zeit von 800 bis 1200 im Südwesten der Vereinigten Staaten ihre Blütezeit hatte. Die Kivas sind kreisrunde unterirdische Gebäude in der Nähe der Wohnstätten und wurden als Lagerraum sowie als Heiligtum gebraucht. In diesem Heiligtum trafen die Menschen zusammen und gaben die Mythen des Volkes weiter, die über die Verbindung zwischen dem Leben und dem Tod berichten.

66

67. Rekonstruktion eines Kultschreins in Çatal Hüyük in der Türkei. Man erkennt deutlich die Plattformen, unter denen die Toten begraben wurden. Der Kultschrein ist der Stiergottheit geweiht, wie aus den Stierköpfen aus Lehm und den Hörnern eindeutig hervorgeht.

67

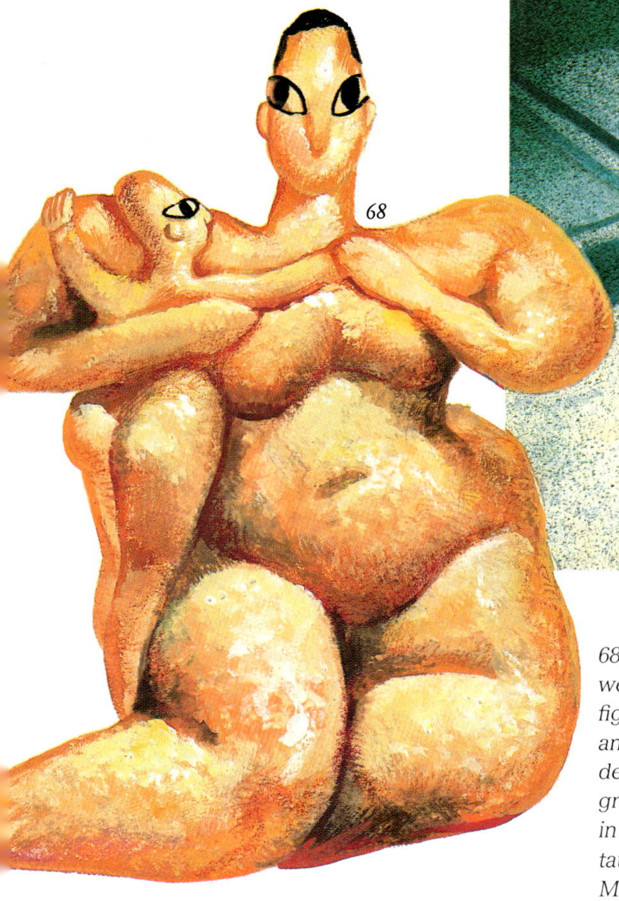

68

68. Reproduktion einer weiblichen Terracottafigur mit einem Kind an der Brust, gefunden bei den Ausgrabungen in Haclar in der Türkei (6. Jahrtausend vor Christus). Man kann hier von einer Muttergöttin sprechen, einem grundlegenden religiösen Element der neolithischen Kultur.

70

70. Rekonstruktion eines Begräbnisses zur Zeit der Yayoi-Periode am Ende des Neolithikums und zu Beginn der Bronzezeit in Japan (3. Jahrhundert vor Christus). Der Tote wurde in einer Urne beigesetzt, die wiederum unter einem Dolmen oder unter einem Haus liegen konnte, wie dies Jahrtausende zuvor schon in China der Fall gewesen war.

69

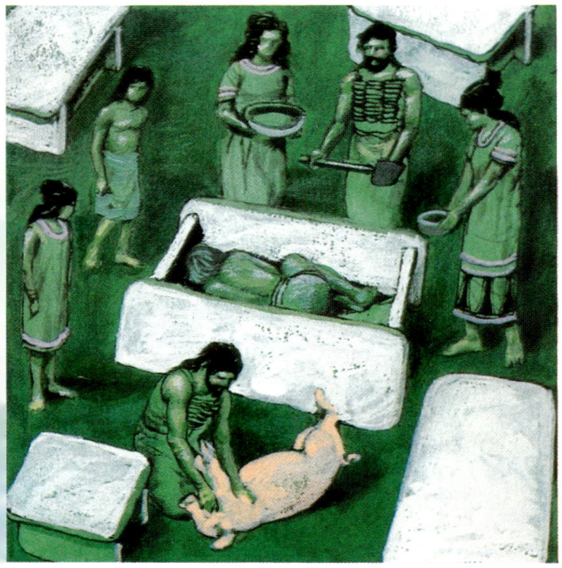

69. Rekonstruktion einer Bestattungsszene im östlichen Mitteleuropa während des Neolithikums. Der Friedhof war ähnlich gestaltet wie das Wohndorf, und die Gräber wurden mit Steinplatten abgegrenzt. Der Tote erhielt Grabbeigaben.

16. Sakrale Häuser und Heiligtümer

Im Nahen Osten kann man während des langwierigen Verlaufes der neolithischen Revolution auch die Genese des Hauses, der Wohnung des Menschen, verfolgen. Schon vor über 10 000 Jahren erscheinen mit der Kultur des Natoufien Dörfer als Zeichen einer beginnenden Seßhaftwerdung. In der Zeitspanne, die vor 8300 Jahren begann und vor 7600 Jahren zu Ende ging, können wir zum Beispiel anhand des Dorfes Mureybet am Euphrat die architektonischen Veränderungen an den Häusern und den Siedlungen erkennen. Später werden die Dörfer mit der Bevölkerungszunahme in Syrien und Palästina viel wichtiger. Damit zeichnet sich eine neue Etappe ab.

In der Hochebene von Konya in Zentralanatolien gruben die Archäologen eine große Siedlung aus, Çatal Hüyük, die von 6250 bis 5400 vor Christus besiedelt war. Nach dieser Zeit siedelte die Bevölkerung nach Haclar und anderen Orten um. In der Handwerker- und Bauernstadt Çatal Hüyük wurde ein intensives religiöses Leben gepflogen, denn von 139 Häusern besaßen 40 einen sakralen Charakter. Sie waren die ersten bekannten Heiligtümer. Sie enthalten Fresken, Hochreliefs, Statuetten und kleine Figuren, darunter ungefähr 50 Kleinskulpturen von Frauen. Zwei Symbole dominieren in der Ikonographie: die Göttin und eine männliche Figur, der Stier, manchmal »ein bärtiger Mann, der auf einem Stier reitet, eine erstaunliche Vorwegnahme des phönizischen Hadad, des Gottes des Gewitters und des Krieges« (J. Cauvin, 1987). Oft wird auch der Stier allein in kleinen Figuren dargestellt, vor allem Stierköpfe aus Lehm. Die beiden Figuren, Göttin und Stier, erscheinen im Vergleich zu den anderen dargestellten Figuren überdimensioniert. Für J. Cauvin zeigt die Kunst dieser sakralen Häuser, die mehrere, den Heiligtümern eigene Besonderheiten aufweisen, daß das Sakrale als über der Ebene des Menschen stehend wahrgenommen wird: Es handelt sich um einen Glauben an ein oberstes göttliches Wesen, das durch die Göttin repräsentiert wird. Andere Fundstellen in Anatolien ergaben ebenfalls kleine Figuren von Göttinnen, allerdings in geringerer Anzahl als in Çatal Hüyük: Cukurkent, Erbaba, Suberde, Haclar. 1978 fand man in Arpachiyah im Irak eine Vase mit identischem Dekor – Göttin und Stier, was darauf schließen läßt, daß während des Neolithikums im Nahen Osten eine gewisse religöse Einheitlichkeit herrschte.

Am Ufer der Donau nahe dem Eisernen Tor, auf jugoslawischer Seite und ganz zu Beginn des Neolithikums, im 6. Jahrtausend, befand sich das ohne Zweifel erste europäische Dorf, Lepenski-Vir. Es setzt sich aus 86 einheitlichen Bauwerken zusammen. In der Mitte der Häuser befand sich hinter einem großen rechteckigen Herd entweder ein Altar oder eine Skulptur auf einem großen zugerundeten Geröllstück. Auf mehreren solchen Steinen erscheinen die Züge eines sehr ausdrucksstarken menschlichen Gesichts. Der Ausgräber von Lepenski-Vir, D. Srejovic meint, es könne sich um die Darstellung einer Wassergottheit handeln. Wie in Çatal Hüyük standen auch hier die Bestattungsriten mit diesen sakralen Häusern in Zusammenhang: Begräbnisse unter oder in der Nähe des Herdes, Bestattungen von Kindern in den rückwärtigen Teilen der Häuser, starke Verwendung von Rotocker. Die Häuser wurden durch die Präsenz der Toten und durch das Bild der Gottheit geheiligt. Dies bringt uns dazu, von megalithischen Nekropolen zu sprechen, in denen ein analoges Phänomen zu beobachten ist.

Im Verlauf der neolithischen Revolution, die sich durch die Entstehung ortsfester Siedlungen kennzeichnet, tritt nach und nach eine neue Haltung gegenüber dem Tod ans Licht. Von 4500 bis 2000 vor Christus finden sich im abendländischen Neolithikum monumentale kollektive Begräbnisstätten, die oft zu richtigen Nekropolen werden, allerdings mit zahlreichen Varianten. Es handelt sich um die ersten Monumente West- und Nordeuropas mit Ausläufern in die Mittelmeerländer und später auch nach Nordafrika. Es ging dabei vor allem darum, alle Toten eines Clans an einem Ort zu versammeln. Solche Monumente sind heilige Orte, ja Heiligtümer, wie die Sorgfalt beweist, die für den Bau der Fassaden und die Innenausstattung aufgewendet wurde. In diesen Nekropolen erhalten die Verstorbenen ihren Schmuck und zahlreiche Beigaben, zum Beispiel Keramikgefäße für Lebensmittel und Utensilien für den Kult. Auf den Mauern finden wir Ritzzeichnungen, Reliefs und weibliche Figuren. Im 3. Jahrtausend erscheint das Bild einer Schutzgöttin der Toten, oft als Gesicht ohne Mund dargestellt. Diese Göttin findet sich auch auf

71. Anordnung von Häusern um einen Hof (C) in Çatal Hüyük; einige darunter sind Kultschreine (S).

72. Wohnhaus in Çatal Hüyük mit seinen typischen Komponenten: Eingang vom Dach her über eine Leiter, erhöhte Feuerstelle, teilweise in die Mauer eingelassene Öfen, Plattform.

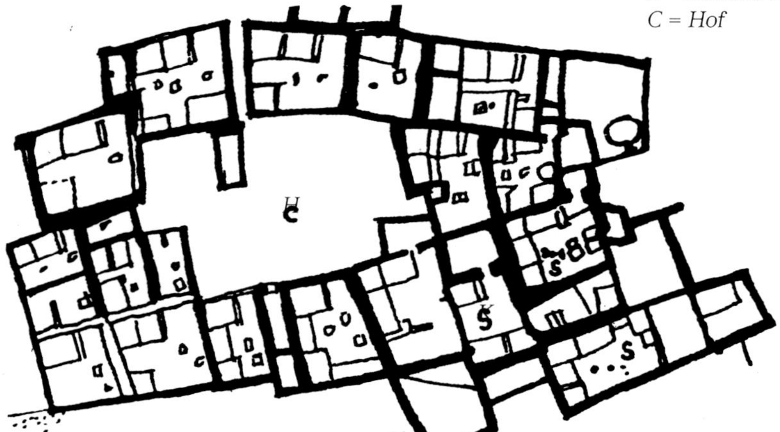

71

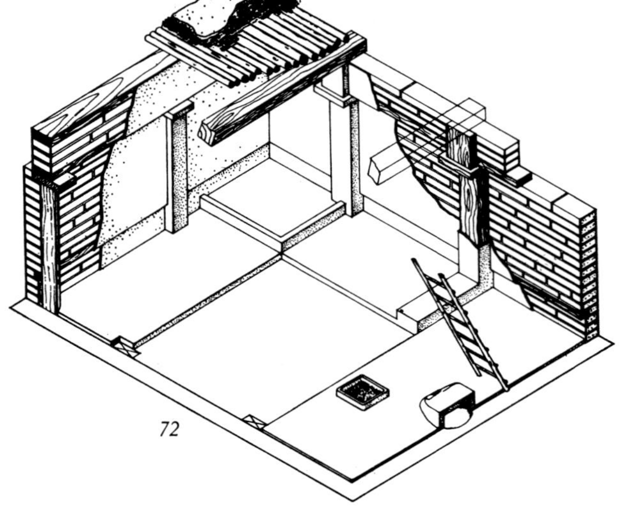

72

73

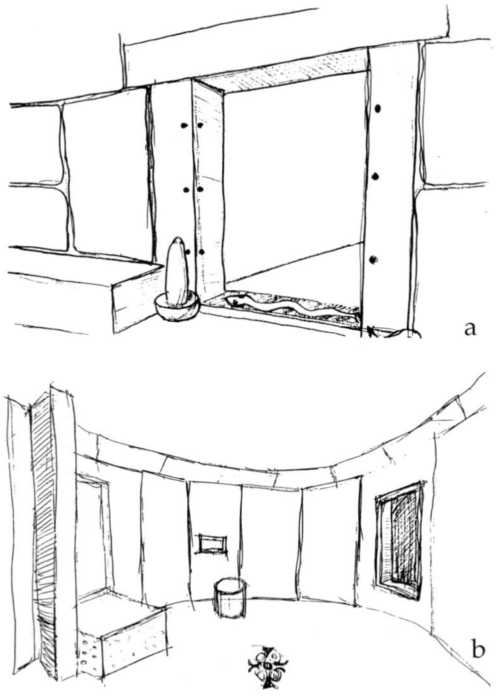

76

75

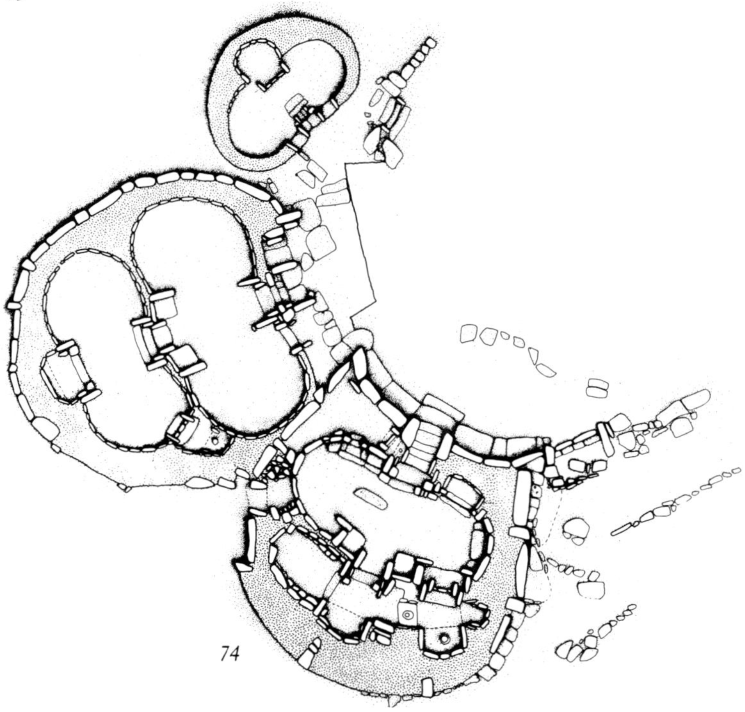

74

Statuen und Stelen außerhalb der Nekropolen: in Südfrankreich, Spanien, der Bretagne und Italien. Eine Figur aus Capdenac-le-Haut im französischen Departement Lot zeigt Ähnlichkeiten mit den großen bearbeiteten Geröllsteinen von Lepenski-Vir, obwohl die beiden Fundstellen über 2000 Kilometer voneinander entfernt sind.

In der Inselgruppe um Malta trifft man auf wichtige megalithische Monumente, die zwischen dem Beginn des Neolithikums und 3500 vor Christus gebaut wurden. Vom 4. Jahrtausend sind zahlreiche Hypogäen bekannt. In der unterirdischen Kammer von Hal Saflieni fanden zum Beispiel mehrere tausend Menschen Platz, doch handelte es sich dabei auch um eine Kultstätte, wie die Statuen von Göttinnen und verschiedene Ritzzeichnungen und Skulpturen verraten. In dieser Zeit begann man auch mit dem Bau großer megalithischer Tempel mit kleeblattartigem Grundriß. Darin wurden wundervoll behauene Altäre und vor allem Statuen von Göttinnen gefunden. Dieses Ensemble bestätigt erneut einen der Aspekte der religiösen Praxis des neolithischen Menschen: Die Verbindung zwischen Verstorbenen und der Verehrung einer Göttin.

73. Gigantische megalithische Konstruktionen sind typisch für die Kultur auf Malta. Der Tempelkomplex von Mnajdra an der Südküste der Insel Malta, hier auf einem Luftbild, stellt eine jener vielgestaltigen neolithischen Strukturen dar, die wie ein Eingang oder Ausgang von Vorgebirgen erscheinen. In Mnajdra erkennen wir drei Tempel (zwei sowie eine nicht näher identifizierte Struktur) mit zahlreichen Räumen und Steinsetzungen. Man nimmt an, daß die religiösen Riten, die dort gefeiert wurden, mit dem Fischfang zu tun hatten.

74. Grundriß des Tempels von Mnajdra, gezeichnet von Anati auf der Grundlage von Luftbildaufnahmen und von Erhebungen von J. D. Evans.

75. Auf Malta gefundene Steinwalzen dienten dem Transport großer Steinblöcke für den Bau. Die Arbeiter brachten sie mit Hilfe von Hebeln und von eigens angebrachten Kerben in den Blöcken schließlich in die richtige Lage.

76. a) Eingangsportal zu einem der Tempel des Komplexes von Mnajdra. Man beachte den einen Meter langen schlangenförmigen Fisch unten am Türpfosten. Er steht einem fischförmigen Steinblock gegenüber, der sich aus dem Fußboden des halbkreisförmigen Vorplatzes erhebt. Neben dem Eingang eine Schale mit eingelassenem Bethylus: ein Fruchtbarkeitssymbol.
b) Raum in einem Tempel von Mnajdra. Man beachte den Spion, der ihn mit einem anderen Raum verbindet; vielleicht steht er mit einem Orakelritus in Zusammenhang. Vielleicht stellte er auch die Verbindung zu einem isolierten Raum mit Nischentabernakel und einem Versteck her, was an geheime Riten, zum Beispiel an Initiationsriten, denken läßt.

77

78

80

79

77. Statuette einer weiblichen Figur, die ein Kind säugt. Sie geht auf das 4. Jahrtausend vor Christus zurück und stammt aus Ur in Mesopotamien (Irak).

78. 80. Rekonstruktion der Ausgrabung eines neolithischen Tempels, der bei Sabatinivka in Moldawien gefunden wurde. Gleichzeitig ist eine rituelle Szene dargestellt, wie sie sich vielleicht in dessen Inneren abgespielt haben mag. Man beachte die Feuerstelle und das Vorhandensein von Figuren und Gefäßen aus Terracotta. Im Tempel wurden diese Statuetten und Kultgegenstände gebrannt.

79. Vereinfachte Rekonstruktion eines moldauischen neolithischen Dorfes aus dem 6. Jahrtausend vor Christus. Wichtig für uns ist in diesem Zusammenhang die zentrale Stellung des Kultraumes, des Tempels.

17. Agrarmythen

81. Rekonstruktion der Zeichnung auf einer Standbild-Stele im Valcamonica, Italien. E. Anati, der Autor der Rekonstruktion, erkennt in den Standbild-Stelen der Bronzezeit (3200–2500 vor Christus) der Kultur der Camuner das Vorhandensein einer komplexen Weltanschauung. Eindeutig erkennen wir oben auf diesem Bild die Sonnenscheibe. In der Mitte sieht man Waffen, eine Halskette und Tiere, während unten gepflügt wird.

81

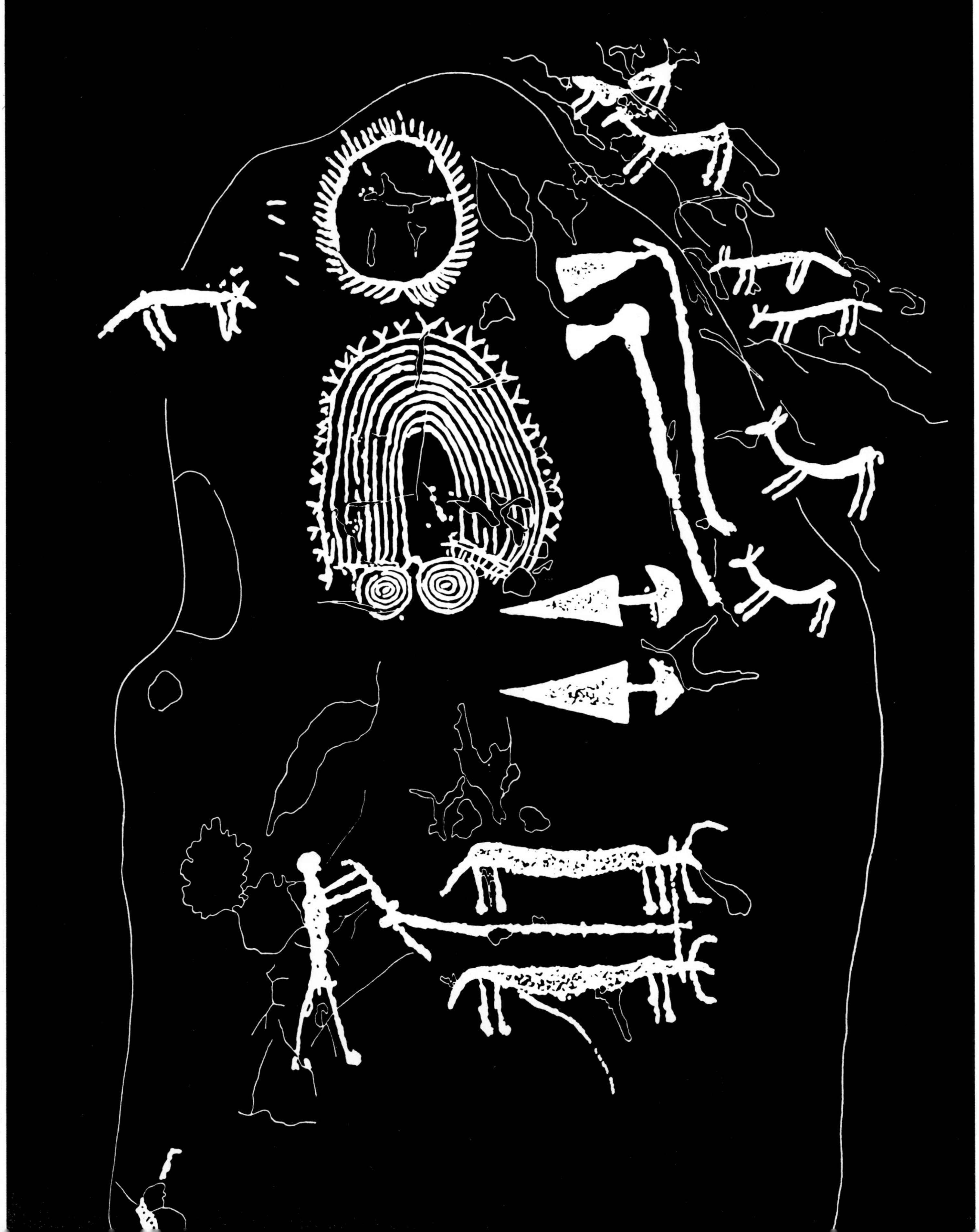

Im 10. Jahrtausend wird der Mensch im Nahen Osten zum »Gärtner der Welt«. Gegen 10 000 vor Christus nimmt die Kultur des Natoufien ihren Anfang und hält ungefähr zwei Jahrtausende an. Sie umfaßt ein Gebiet, das vom Nil bis zum Euphrat reicht und steht am Vorabend der neolithischen Kultur. Das Natoufien ist dadurch gekennzeichnet, daß die Höhlen verlassen werden und daß menschliche Gruppen sich zunehmend in Dörfern an Orten niederlassen, die zuvor noch nicht besiedelt wurden. Das Verlassen der Höhlen steht mit der Erwärmung des Klimas in Zusammenhang.

Die Dörfer des Natoufien liegen in der Ebene, doch am Fuß von Bergen (Ain Mallaha, Jericho), am Ufer von Seen oder Gewässern. Die Bevölkerung gewann ihre Nahrung durch Einsammeln wilder Getreidesamen, durch Jagd und Fischfang. Mureybet am Euphrat und Mallaha ergaben zahlreiche Reste von Fischen und Krebstieren. Die archäologischen Quellen zeigen, daß die erste Seßhaftwerdung an eine gewisse Mobilität bei der Nahrungssuche gebunden war. Die Untersuchung von Pollen, die in der Nähe der Dörfer gefunden wurden, zeigt uns, daß Gräser häufig vertreten waren. Das ist ein Zeichen einer ersten Ausdehnung der Bevölkerung (Mallaha, Mureybet, Cheik Hassan). Durch Seßhaftwerdung und den Bau von Dörfern legt der Mensch die Grundlagen für den Getreideanbau (J. Cauvin, 1978). Zahlreiche Entdeckungen der letzten Zeit in Palästina, Syrien und Israel bestätigen, daß die seßhafte Lebensweise der Landwirtschaft vorausging: Die Züchtung von Tier- und Pflanzenarten war die Folge davon. Die erste landwirtschaftliche Tätigkeit ist auf 8000 vor Christus zu datieren; im Osten beginnt damit das Neolithikum.

Die neue Ernährungsstrategie hat Auswirkungen auf das Verhältnis der Menschen zu den Tieren und den Pflanzen. Durch sie entstehen neue Begriffe: Feld, Pflanzung, Aussaat, Beobachtung des Wachstums und der Jahreszeiten, Ernte, Lagerung, Arbeit. Auf der Grundlage dieser veränderten Begrifflichkeit steht eine neue Symbolik. Das gilt auch für die Aufzucht von Haustieren. Während der technischen Weiterentwicklung entstehen die Bewässerung, neue Werkzeuge (Sichelschneiden, polierte Steine, Hacken, Pfeilspitzen) sowie ein neuer Umgang mit dem Feuer. Der Mensch wird Baumeister, Tier- und Pflanzenzüchter. Das führt zu einer tiefgreifenden Veränderung seiner Vorstellungen und geistigen Haltungen: Leben, Arbeit, Nahrungserwerb, Kräfte der Natur.

Vom Nil bis zum Euphrat werden Tiere domestiziert: Schafe, Ziegen, Schweine, Hunde. Es treten plötzlich auch Stricke, Netze, Schiffe und Keramik auf. Weil der Mensch seine Nahrung nun selbst produziert, verändert er auch sein Verhalten. Er stellt im Hinblick auf die jahreszeitlich zu verrichtenden Arbeiten einen Kalender auf. In direktem Zusammenhang mit den Rhythmen der Vegetationen entdeckt der Mensch das Mysterium der Geburt, des Todes und der Wiedergeburt. Die Beobachtung von Sonne, Mond und Sternen regt die Gedankenwelt des Bauern an, und die Erfahrung der kosmischen Zeit bringt ihn auf den Gedanken wiederkehrender Zeiten und kosmischer Zyklen. Dazu kommt die religiöse Aufwertung des Raumes: Wohnstätte, Dorf, bebaute Felder. Die bildende Kunst, die sich vom 9. bis zum 7. Jahrtausend vor Christus entwickelt, widerspiegelt diese tiefgreifende Veränderung des individuellen und kollektiven Seelenlebens.

Die großen Agrarmythen des Nahen Ostens und des Mittelmeergebiets haben ihre Wurzeln im Neolithikum. Der Mensch stellte sich die Gottheiten unter männlicher, weiblicher oder tierischer Gestalt vor. Um das Geheimnis des Wachstums des Getreides und der Vegetation sowie den Rhythmus der Jahreszeiten zu erfassen, schuf der Bauer eine heilige Geschichte von der Entstehung des Kosmos, der Tiere und der Pflanzen. Diese heilige Geschichte besteht aus kosmogonischen Mythen, die den Ursprung der Welt, der Berge, der Flüsse, des Menschen und der Frau, der Pflanzen- und Tierarten erklären. Die verschiedenen Agrarmythen sakralisieren die Frau als Schöpferin des Lebens, die Polarität zwischen Männlich und Weiblich, die bereits von den paläolithischen Jägern erahnt wurde, und den mythischen Urahn.

Die Agrarmythen entwickeln die Themen von der Mutter Erde, von der Sakralität des Lebens, der periodischen Erneuerung des Kosmos dank des Eingreifens übernatürlicher Mächte. Die Verbindung von Frau und Stier in der ikonographischen Symbolik des syrisch-palästinensischen Neolithikums ist ein unleugbares Dokument, das die Bedeutung der Agrarmythen des europäischen Neolithikums vom 6. bis zum 4. Jahrtausend beweist. Wir haben dafür zwei bemerkenswerte Beweise: Die vielen tausend kleinen Figuren, die Marija Gimbutas auf dem Balkan entdeckt hat und die zahlreichen Standbild-Stelen im alpinen Valcamonica bei Brescia in Norditalien. Bei diesen Gravierungen zeigt sich die soziale und religiöse Dreiteilung in Himmel, Krieg und Landwirtschaft, die das Ende des Neolithikums kennzeichnet.

82. Rekonstruktion einer Felsritzzeichnung aus dem frühen Neolithikum der spanischen Levante bei Barranco de Los Grajos in Murcia. Die Archäologin M. Gimbutas sieht darin eine rituelle Tanzszene mit Männern und Frauen. Links ist ein riesenhafter Phallus abgebildet. Es handelt sich hier um einen Fruchtbarkeitsritus.

83

84

85

86

87

88

83. Blick auf Lepenski Vir und das eiserne Tor der Donau in Serbien. Im Jahr 1965 begann man mit sensationellen Ausgrabungen auf den niedrigen Terrassen in Flußnähe.

84. 85. 89. Wie man auf diesen Bildern erkennt, entschied sich ein Volk von Jägern und Sammlern, das bisher in den rückwärtigen Höhlen gelebt hatte, stabile Häuser und Tempel im Freien zu errichten. Die Abbildung 84 zeigt ein Heiligtum unter dem Fels mit zwei Skulpturen. Ein weiteres Heiligtum mit Skulpturen ist auf der Abbildung 85 wiedergegeben, während die Abbildung 89 uns die Grundrisse eines zentralen Gebäudes von Lepenski Vir 1 mit ellipsenförmigem Altar und rechteckiger Feuerstelle zeigt.

89

86. 87. 88. Es handelt sich hier um drei Figuren aus Lepenski Vir, die ersten großen Skulpturen der europäischen Vorgeschichte. Diese Skulpturen haben teilweise menschen- und fischähnliche Züge und verdanken nach der Auffassung des Entdeckers von Lepenski Vir, D. Srejović, ihre Existenz einer Auffassung der Welt, die ähnlich jener war, die viele Jahrtausende später von den ersten europäischen Philosophen vertreten wurde, zum Beispiel von Thales, Heraklit und Anaximander. Nach dieser Anschauung würde das Wasser den Ursprung der Welt, des Lebens und der ersten Lebewesen darstellen, und die Skultpuren wären in Stein gehauene vergöttlichte Vorfahren. Die Menschen, Künstler und Priester von Lepenski Vir waren noch keine Ackerbauer, bildeten kulturell gesehen aber bereits eine neolithische Gesellschaft.

18. Der Kult der neolithischen Göttinnen

Aus dem Jung-Paläolithikum sind uns stilisierte weibliche Statuetten mit übertrieben dargestellten weiblichen Merkmalen erhalten geblieben. Ihre Verbreitung erstreckt sich von Sibirien bis zum Atlantik. Die deutschen Archäologen sprechen von Venusstatuetten, die französischen von »Vénus aurignaciennes«. Man betrachtet sie als Fruchtbarkeitssymbole, doch im Vergleich zur franko-kantabrischen Tierkunst wirken sie nur unbedeutend.

Einige Zeit vor dem Jahr 8000 und damit noch vor dem Auftreten der eigentlichen Landwirtschaft, treten in Mureybet am mittleren Euphrat kleine weibliche Figuren auf, die den Venusstatuetten des Paläolithikums ziemlich ähnlich sehen. Im Vergleich zu den Tierfiguren sind sie aber viel häufiger vertreten. Wir beobachten hier den Aufstieg der menschlichen Figur in der Kunst mit einer Vorliebe für die weibliche Form umgeben von symbolischen Darstellungen des Stiers (J. Cauvin, 1987). Die fruchtbare Frau und der Stier sind zwei Symbole, die der neuen landwirtschaftlichen Fruchtbarkeit vorausgehen und somit nicht zu deren Folgen zählen. Diese völlig neue Entdeckung ist grundlegend für das Verständnis der neolithischen Religion.

In Ramad im Gebiet von Damas erhalten die weiblichen Figuren um 6000 neue Züge: zunächst verlängert sich der Hinterkopf gegen hinten und gegen oben. Die Augen »werden durch Lehmkügelchen mit Einschnitten wiedergegeben, die sogenannten Schlangenaugen« (Cauvin, 1978). Diese Augenform breitet sich im 6. Jahrtausend allgemein aus: Byblos, Munhata, Palästina, Hassuna in Mesopotamien, schließlich im Iran. Es liegt auf der Hand, daß einer solchen konstanten Thematik im Nahen Osten ein Gedanke und eine Symbolik zugrunde liegen. Diese neue Symbolik tritt zu den Merkmalen hinzu, die auf die weibliche Fruchtbarkeit anspielen (stark entwickelte Brüste, Bauch einer Schwangeren). Sie lassen eine besondere Beachtung des Kopfes und der Augen erkennen. Cauvin zufolge wollten die Künstler damit die Seele der Frau beschwören.

Zwei Jahrtausende nach Mureybet wimmelt es in der anatolischen Stadt Çatal Hüyük vor weiblichen Statuetten, Fresken und Hochreliefs. Die systematische Untersuchung dieser reichlichen Quellen führte zu überraschenden Ergebnissen. Die Darstellungen zeigen eine königliche Frau bei der Geburt; sie ist die Erzeugerin der Menschen und der Tiere. Ihr zur Seite, aber untergeordnet, erscheint bisweilen ein bärtiger Mann auf einem Stier oder manchmal nur ein Stier allein. Göttin und Stier sind im Vergleich zur Umgebung überdimensioniert dargestellt. Nach Cauvin sind die beiden Symbole von Mureybet, Frau und Stier, zu echten Gottheiten geworden, und im Gegensatz zum horizontalen Universum der franko-kantabrischen Kunst stehen wir hier vor etwas Sakralem, das der Mensch als transzendent wahrnimmt: eine Göttin und einen Stiergott. Die Göttin ist die erste Gottheit mit menschlicher Gestalt. J. Cauvin meint somit, »man könne die Existenz einer Religion bis ins Neolithikum zurückverfolgen« (1987).

Die weiblichen Figuren, die im Nahen Osten von Damas bis Jericho und von Anatolien bis nach Mesopotamien verbreitet sind, kommen vom 6. Jahrtausend auch in Mitteleuropa vor, an den Küsten der Adria, in Kreta, Zypern, Malta und Mazedonien. Ihre Ausbreitung geht von 6500 bis 3500 weiter: Sesklo-Kultur in Griechenland; Kulturen in Italien mit Impressokeramik; Karanovo-, Boian- und Gumelniţa-Kulturen in Bulgarien und Rumänien; Starčevo- und Vinca-Kultur in Jugoslawien, Rumänien und der Tschechoslowakei; Lepenski Vir, Cucuteni-Kultur in Rumänien, Alfold, Lengyel und Tisza in Österreich und Ungarn. Dank der Ausgrabungen und Entdeckungen in Marija Gimbutas besteht das Material aus diesem »alten Europa« von ungefähr 30000 kleinen Figuren aus über 3000 neolithischen Fundstätten.

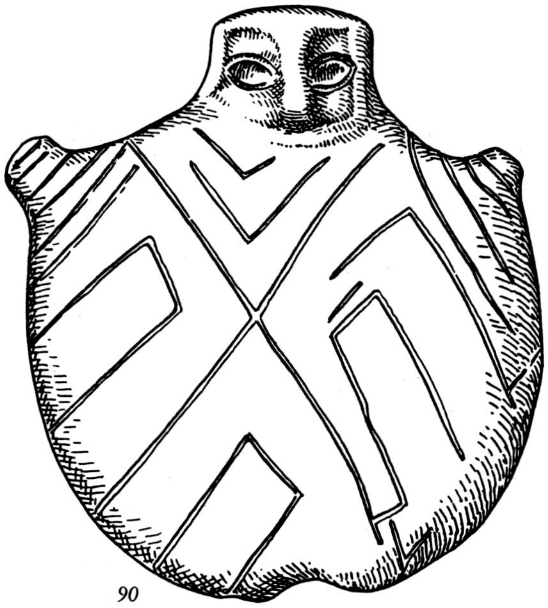

90

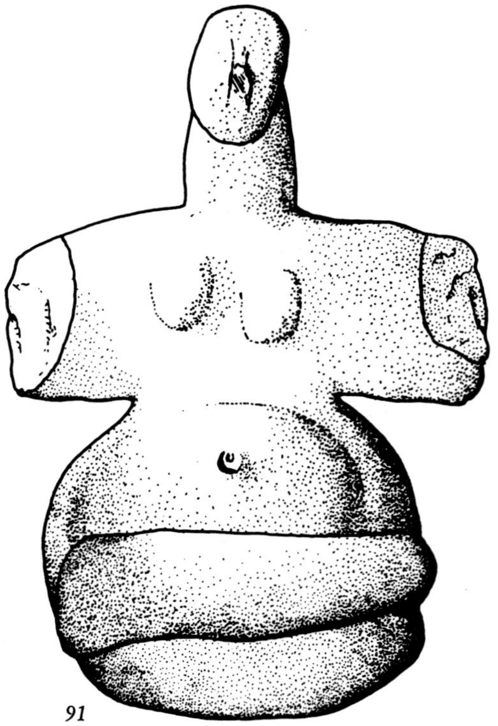

91

Die Entschlüsselung dieser Figuren aus Knochen, Steinen und Lehm, die im allgemeinen »Fruchtbarkeitsgöttinnen« genannt werden, die Untersuchung der darauf abgebildeten Ideogramme und Symbole, ihr Vergleich mit den Darstellungen auf Gefäßen und mit der Keramik erlauben es uns, von einem echten Pantheon dieser »alteuropäischen« Göttinnen zu sprechen: Vogelgöttinnen, Schlangengöttinnen, Vegetationsgöttinnen, große Göttin des Lebens, des Todes, der Wiedergeburt. Im Orient steht der Göttin auch eine männliche Gottheit zur Seite.

Die Masken, Symbole und Ideogramme stellen den Beweis für die Existenz von Ritualen und damit eines echten Kults dieser Göttin dar. Eine Bestätigung dafür liefern Statuetten von Anbetenden und Darstellungen von Kultszenen. Eine ähnliche mythische Symbolik zeigt uns, daß zur Zeit von Çatal Hüyük sich in Südost- und Mitteleuropa eine authentische neolithische Religion mit Riten und einem Kult der Göttin des Lebens und der Fruchtbarkeit ausbreitete. Damit stehen wir vor der Geburt der großen Pantheons des Mittelmeergebiets und des Orients.

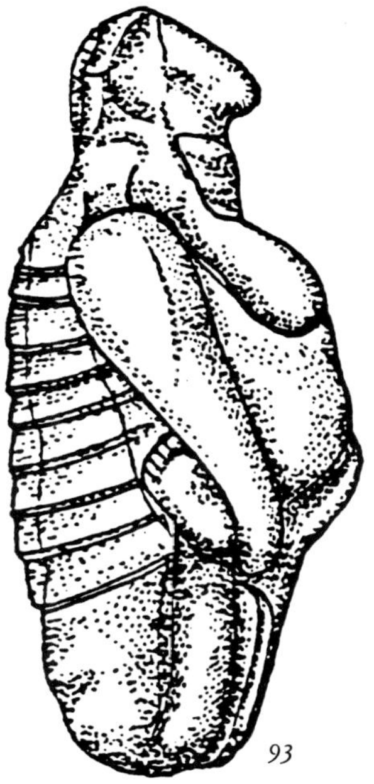

93

90. Vogelgöttin aus der Zeit um 5000 vor Christus, gefunden in Vinča bei Belgrad. Ein großes X unterteilt den Körper in vier Teile. Die Vinca-Kultur ist eine der zahlreichen Kulturen, die zu Beginn des Neolithikums und des Ackerbaus in diesem Gebiet zwischen dem Dnjepr und der Donau blühten. Die Vogelgöttinnen können zwei Naturen aufweisen: Sie spenden Leben, Wohlergehen und Nahrung oder bringen den Tod, wenn sie in Form von Geiern oder Nachtvögeln erscheinen.

91. Marmostatuette aus einer ägäischen Insel mit der Darstellung einer Schlangengöttin. Die Schlange ist nach M. Gimbutas, der bedeutendsten Erforscherin mediterraner neolithischer Gottheiten, ein Archetyp für Vitalität und Kontinuität des Lebens; sie bewahrt die Energie des Hauses und ist ein Symbol für das Familienleben.

92. Diese Göttin aus gebranntem Lehm mit dem Körper in Tempelform stammt aus Bitola in Macedonien.

93. 94. 95. Diese Vogelgöttin wurde auf Malta gefunden. Sie stellt ein eindeutiges Beispiel für eine Fruchtbarkeitsgöttin dar. Sie ist deutlich schwanger, und die neun Streifen auf dem Rücken und den Körperseiten stellen die neun Monate der Schwangerschaft dar. Wir befinden uns hier am Ende des 4. Jahrtausends vor Christus.

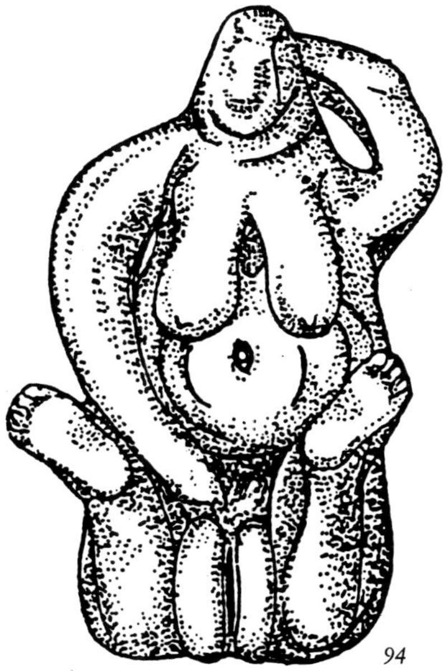

94

92

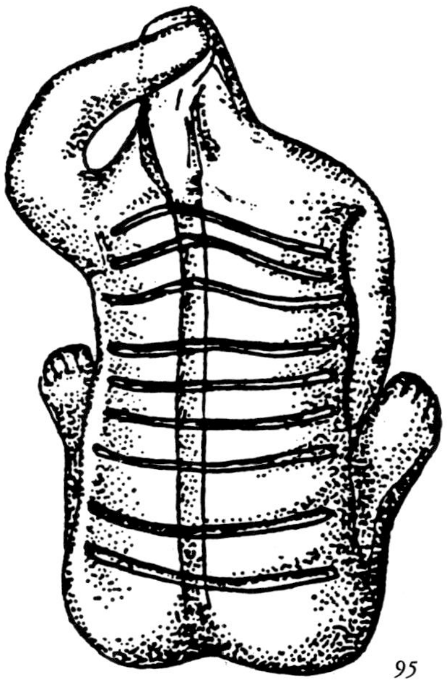

95

19. Felsinschriften, Menhire und Himmelskult

Malereien, Ritzzeichnungen und Gravierungen an Höhlenwänden und freistehenden Felswänden kommen auf allen Kontinenten vor und deuten auf eine Tradition hin, die zwischen dem Jung-Paläolithikum und der Bronzezeit nie unterbrochen wurde. In diesem kurzen Kapitel wollen wir nur die neolithische Felskunst behandeln, das heißt die Zeichnungen auf Felsen und die Dekoration von Standbild-Stelen.

Zahlreiche Felszeichnungen finden wir im Valcamonica, einem engen Tal der Lombardei nördlich von Brescia. Kurz vor 5000 beginnt die mittlere Warmzeit, das Atlantikum. Es ist durch eine Bevölkerungszunahme und durch die Einführung der Landwirtschaft gekennzeichnet. Diese ersetzt die Jagd und die Sammeltätigkeit der protocamunischen Zeit, deren Felszeichnungen sich praktisch auf Tierfiguren beschränkten. In den camunischen Perioden I und II A (5000 bis 3000 vor Christus) erfährt die Symbolik der Felszeichnungen eine tiefgreifende Veränderung in künstlerischer und ideologischer Hinsicht. Neben zahlreichen anthropomorphen Figuren in anbetender Stellung mit zum Himmel ausgestreckten Armen werden Sonnensymbole und himmlische Symbole immer häufiger. Überdies werden zahlreiche Schalen, kleine halbkugelförmige Vertiefungen, in die Felsen eingegraben: Sie lassen an Opferriten denken, vielleicht auch an die Darstellung von Sternbildern. Das Interesse für die Tiere ist verschwunden, obwohl die Umwelt immer noch voller wilder und gezähmter Tiere ist. Gegen 3800, zu Beginn der Periode II A,

96. Rekonstruktion der Zeremonie, bei der der Felsblock Nummer 1 von Cemmo im Valcamonica, Italien, bemalt wurde. Der Felsblock gehört zu einem Megalitkomplex (3200–2500 vor Christus) eines heiligen Ortes. Deutlich erkennen wir die Ritzzeichnungen, die hier mit Farbe gefüllt werden. Sie stellen Tiere und Dolche dar.

96

97

97. Diese ist eine der wichtigsten Standbild-Stelen des alpinen Raums. Sie stammt aus dem italienischen Valcamonica und aus der Zeit von 3200 bis 2500 vor Christus. E. Anati zufolge handelt es sich um ein klassisches Beispiel der Kosmogonie der Camuner. Oben ist die Sonnenscheibe abgebildet, in der Mitte die Erde, dargestellt durch die Waffen, mit Äxten zu beiden Seiten, wie wenn es sich um Arme handelte. Unten erkennen wir einen Gürtel, doch könnte es sich auch um das Zeichen des Wassers als Symbol des Übergangs zu einem anderen Leben handeln.

98

98. Rekonstruktion des Fundzustandes des Megalitdenkmals von Knockmany in Irland, angefertigt nach den ersten Fotografien. Die Megaliten befinden sich auf einem Hügel oberhalb der Ebene und zeigen eindeutige astrale Zeichen. Der Forscher Coffey meint, die Steine seien ursprünglich so gesetzt gewesen, daß man mit ihrer Hilfe die Sonnenwendtage und die Tagundnachtgleichen bestimmen konnte.

erscheinen Ochsen zusammengespannt in einem Joch. Diese Periode ist besonders reich an Figuren betender Menschen, die oft von Sonnensymbolen begleitet werden.

Diese Gruppen von Betenden sind auf nach Osten gerichteten felsigen Plattformen eingeritzt, und in dieser Richtung erheben sie auch ihre Arme. Man findet auch Zeichnungen von Idolen, von denen einige eine Höhe von zwei Metern erreichen. Diese Idole werden im Verlauf des 4. Jahrtausends zahlreicher und scheinen der Anfangsphase der ältesten Standbild-Stelen der Lunigiana, des Aveyron und des Tarn in Südfrankreich zu entsprechen (E. Anati, 1978). Im Verlauf der Periode II wird die Schaufelform immer häufiger. Idole und Schaufeln sind von Sonnenscheiben begleitet. E. Anati (1978) bemerkte, die Felszeichnungen von Idolen seien zu vergleichen mit analogen, in Europa im 4. Jahrtausend vor Christus weit verbreiteten Formen, vor allem in Frankreich, Italien und Mitteleuropa. Es muß die Tatsache betont werden, daß die betenden Menschengestalten und die Sonnenscheiben während der zwei Jahrtausende des Neolithikums im Valcamonica vorhanden sind. Dies deutet auf eine zentrale Achse der religiösen Ideologie hin. Der Religionshistoriker erkennt darin Anzeichen eines Sonnenkultes, der im Zentrum der Religion der Bewohner des Valcamonica gestanden haben mag.

Ein weiterer Zweig der Felskunst verdient unsere Aufmerksamkeit. Es sind die Standbild-Stelen Norditaliens (Südtirol, Valcamonica, Veltlin, Aostatal, Ligurien), Südfrankreichs und der Schweiz. Es sind von diesen Monumenten zwei Typen bekannt: Die Standbild-Stelen mit anthropomorpher Darstellung und die Standbild-Menhire, also Monolithen mit identischen Felszeichnungen. E. Anati stellt fest, daß eine gewisse Zahl dieser Standbild-Stelen in der Lunigiana an Orten entdeckt wurde, an denen man später mittelalterliche Kirchen errichtete (E. Anati, 1981). Das ist ein Hinweis auf die Permanenz des Sakralen. Einige davon wurden verstümmelt und blieben in der Krypta der christlichen Kirche erhalten; so hielt sich die Erinnerung an einen heidnischen Kult in den Volkstraditionen. Oft standen diese Standbild-Stelen auch nahe an Quellen, an Wasserläufen oder am Zusammenfluß zweier Bäche (Pontevecchio). In der Nähe des Fundortes stieß man bisweilen auch auf megalithische Baureste. Gewisse anthropomorphe Stelen sind männlich, andere hingegen weiblich, was an einen Bestattungskult denken läßt.

99

Im italienischen Alpengebiet zeigen diese Standbild-Stelen oft eine Dreiteilung. Oben erkennen wir eine Sonnensymbolik: eine große Strahlenscheibe ist von zwei kleineren Scheiben umgeben, was den Himmel, das Licht und die Wärme symbolisieren soll (E. Anati, 1968). In der Mitte sind Waffen dargestellt, unten Fruchtbarkeitssymbole und Symbole des Reichtums. Die Gesamtdarstellung läßt an eine Gottheit denken. Diese Dreiteilung, wie sie im Alpengebiet die Regel ist, wird anderswo weniger deutlich. Mit der Aufstellung dieser Monumente begann man gegen die Mitte des 4. Jahrtausends und fuhr damit bis in die Bronzezeit fort, also bis um 2500 vor Christus. Die Prähistoriker haben mehrere Hypothesen über die Bedeutung dieser dreigeteilten Kultstelen geäußert. Man dachte zum Beispiel an die Ankunft der Indoeuropäer in den Alpentälern um 3200 vor Christus. Das Vorhandensein einer Sonnensymbolik im Valcamonica mit betenden Figuren, die sich der Sonne zuwenden, deutet auf den Einfluß eines Astralkults hin.

Ein weiteres Monument des Neolithikums verdient unsere Aufmerksamkeit, nämlich der Menhir, der ab dem 5. Jahrtausend an den Küsten des Atlantiks bezeugt ist. Das bretonische Wort »Menhir« bezeichnet einen großen, in die Erde eingelassenen Steinblock. In der Bretagne gibt es heute noch die spektakulärsten Anordnungen von Menhiren, doch sind Menhire auf der ganzen Welt anzutreffen. Sie hatten Kultcharakter und standen mit Himmelserscheinungen, einem Astralkult, in Zusammenhang. Neben Locqmariaquer und Carnac in der Bretagne warf Stonehenge bei Salisbury im Süden Englands die meisten Fragen auf. Die Anlage stammt aus dem Neolithikum, wurde jedoch in zwei Anläufen während der älteren Bronzezeit erweitert. Die perfekte Ausrichtung nach der aufgehenden Sonne zur Zeit der Sommersonnenwende läßt dieses Monument immer mehr als Sonnentempel erscheinen.

Von der Bronzezeit an breitet sich der Sonnenkult im Osten wie im Westen immer weiter aus. Skandinavische Felszeichnungen zeigen Sonnenscheiben, deren Strahlen in Hände endigen. Die Strahlen gehen auf aufrechtstehende betende Figuren zu, die ihre Hände zur Verehrung emporheben. Der Mensch des Neolithikums zeigt eine besondere Vorliebe für Himmelserscheinungen. Diese Tendenz verstärkt sich noch während der Bronzezeit: In der Felskunst Skandinaviens wie der mediterranen Kulturen breiten sich die Sonnensymbole immer mehr aus. Die Bestattungsriten zeigen eine große Innovation: der Körper des Toten wird eingeäschert, um das spirituelle Element zu befreien, das nun in den Himmel auffahren kann. In West- und Südeuropa gibt diese neue Bestattungsart, die mit dem Astralkult in Zusammenhang steht, den Anstoß zu einer umfangreichen kulturellen und religiösen Neuentwicklung, die sich in der sogenannten Urnenfelderkultur äußert.

100

99. Rekonstruktion einer prähistorischen Felsmalerei der Chumash-Indianer im Gebiet von Santa Barbara in Kalifornien, Autor Campbell Grant. Grant vertritt die Ansicht, die Chumash-Kultur habe uns die komplexesten figurativen Darstellungen Nordamerikas hinterlassen mit phantastischen zoomorphen oder anthropomorphen Figuren mit doppelten Enden. Insbesondere treten Sonnenscheiben mit mehrfacher Umrandung auf.

100. Mögliche Szene aus einem Sonnenkult, Rekonstruktion einer Felsritzzeichnung im Valcamonica, Italien, durch E. Anati.

101. Von Baltzer aufgenommene skandinavische Felsritzzeichnungen. G. Camps macht darauf aufmerksam, daß die Sonnenscheibe mit Strahlen, die sich in Hände verwandeln, ein neolithisches Motiv darstellt, dem wir auch in Spanien und in Ägypten begegnen.

101

102

102. Rekonstruktion einer hypothetischen Sonnwendfeier an einem Ort wie Stonehenge in England. Priester und Astronomen beobachten, wie sich die Sonne genau in der Achse zum Eingang in den Megalittempel erhebt.

103. Der Grundriß zeigt den Megalittempel von Stonehenge zur Zeit seiner größten Ausdehnung.

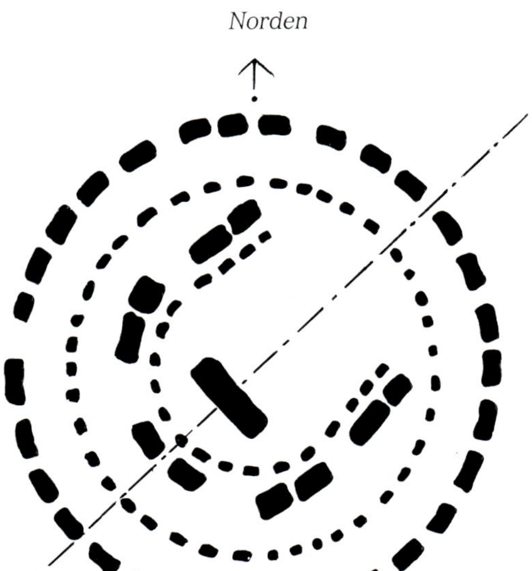

103

104. Diese Wand voller Felszeichnungen befindet sich bei Huashan am Ufer des Flußes Zuojang in der Provinz Guangxi, China. Wir erkennen viele Menschen während eines Ritus in der typischen Haltung der Betenden mit erhobenen Armen. Zwischen ihnen sind Sonnenscheiben gezeichnet.

104

20. Die Kultur des Industales und die prävedische Religion

Ausgrabungen im Industal, die 1922 begonnen wurden und bis auf den heutigen Tag weiter fortgeführt werden, legten eine bedeutende bronzezeitliche Kultur frei, deren Blütezeit von 2500 bis 1700 vor Christus dauerte. Die Archäologen und Historiker haben für sie mehrere Bezeichnungen: prävedische Kultur, Induskultur, Kultur von Mohenjo Daro und Harappa. Die Induskultur ist vor allem durch die beiden großen hervorragend organisierten Städte Mohenjo Daro, die alte Hauptstadt, und Harappa bekannt. Bis heute wurden aber an die dreihundert Stellen in Pakistan und Indien ausgegraben. Diese Kultur unterscheidet sich durch ihre Einheitlichkeit, durch eine Stadtarchitektur, die zum ersten Mal gebrannte Ziegel verwendete, durch eine fortgeschrittene soziale Organisation, durch eine blühende Landwirtschaft und durch eine Schrift, die sich bis heute verschiedenen Entzifferungsversuchen widersetzte. Die Entdeckung der Fundstätten von Mundigak und Mehrgarh (1974) zeigt uns, daß der Induskultur eine neolithische Kultur voranging, deren Anfänge auf 7000 vor Christus zu datieren sind. Zur Zeit untersuchen die Forscher Querverbindungen zwischen den Kulturen des Indus und des Euphrats. Was die Entzifferung der Schrift von Mohenjo Daro angeht, so verfügen die Spezialisten heute über 3500 Inschriften, mit denen sich die Universität Helsinki und die pakistanischen Museen beschäftigen. Ist diese Induskultur durch Kriege gegen 1700 vor Christus untergegangen? Oder durch die Invasionen der Indoeuropäer? Oder durch eine Naturkatastrophe, etwa ein Hochwasser des Indus? Vor allem diese zuletztgenannte Hypothese verdient heute Aufmerksamkeit.

Das Material, das in Mohenjo Daro und an den verschiedenen anderen archäologischen Fundstellen gesammelt wurde, liefert uns wichtige Elemente zum Verhalten des *Homo religiosus*. Zunächst gibt es Tausende kleiner Siegel, mit denen die Menschen Gegenstände kennzeichneten, sie beurkundeten und unter den Schutz der Gottheiten stellten. Dann folgen das dekorative Repertoire auf der Keramik, männliche und weibliche Figuren, religiöse Szenen, Tiere, Skelette und Gräber. Die Siegel verraten eine wahrhafte Beherrschung des Handwerks. Sie wurden aus

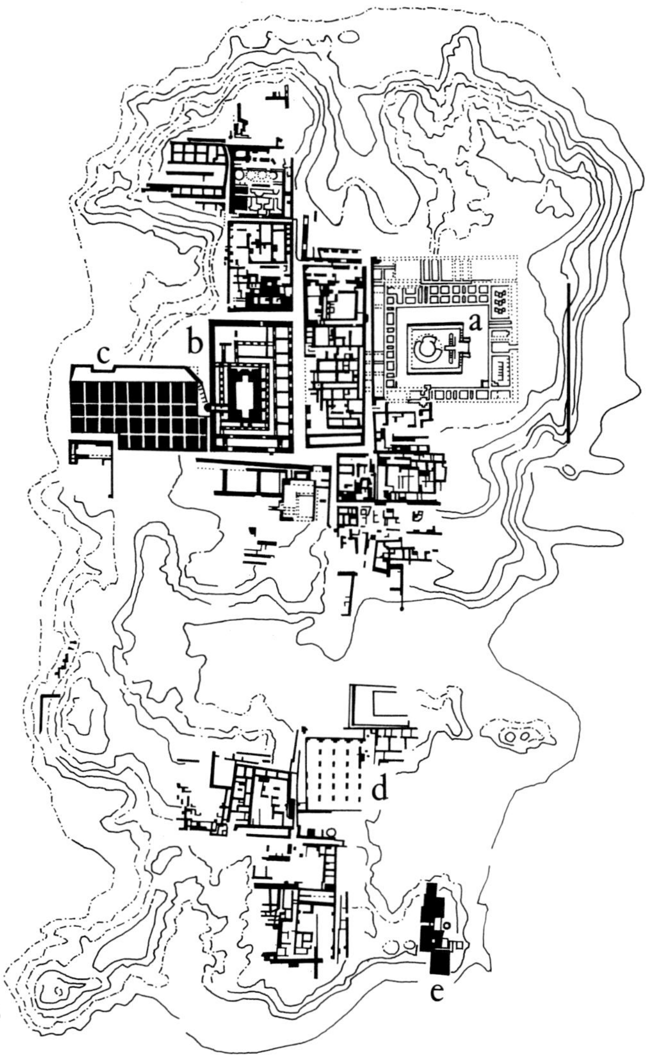

106

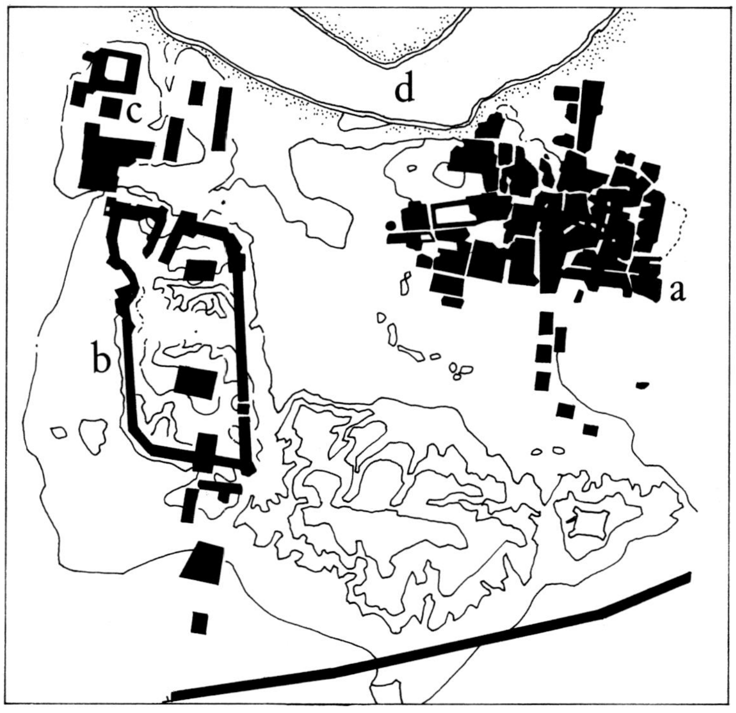

105

105. Übersichtskarte der Stadt Harappa im heutigen Pakistan. a) moderne Stadt; b) antike Zitadelle; c) antike Kornspeicher, die grundlegend waren für die Aufbewahrung des Getreides und für das gesamte hochkomplexe kollektive Leben; d) Fluß Ravi.

106. Plan der Zitadelle von Mohenjo Daro, Pakistan. Die Gebäude gehen auf die Zeit zwischen 2500 und 2100 vor Christus zurück. a) Stupa, ein Gebäude aus der Zeit um 200 nach Christus, errichtet von den Kushan Nomaden, die sich zum Buddhismus bekehrt hatten. Das Vorhandensein dieses Gebäudes erschwert die Ausgrabungen in diesem Teil der Zitadelle; b) Bäder, wobei die großen Schwimmbecken auch an rituelle und nicht nur an hygienische Funktionen denken lassen; c) Kornspeicher; d) Versammlungsort; e) Befestigungen. Der Eingang in jedes große Gebäude wurde von Bäumen beschattet; auch durch das viele kanalisierte Wasser muß sie wie eine Gartenstadt ausgesehen haben.

107

107. Reproduktion von Tierfiguren und Schriftzeichen auf einigen Siegeln. Tiere wurden sehr häufig dargestellt, und man kann annehmen, daß sie eine sakrale Bedeutung besaßen. Die Schrift ist noch nicht entziffert.

Steatit hergestellt, rechteckig oder quadratisch abgeschnitten, mit einem Schleifmittel poliert und tragen als Schmuck eine Figur und eine Inschrift.

Die Hauptfigur ist die Göttin; sie ist auf verschiedenen Siegeln dargestellt und auch in zahlreichen weiblichen Figurinen aus gebranntem Ton wiederzuerkennen. Ein Siegel aus Mohenjo Daro stellt eine außergewöhnlich rituelle Szene dar: Die Göttin trägt eine Krone aus zwei Hörnern als Zeichen für ihre Majestät und Macht; ihr zu Füßen liegt eine »Priesterin«, die einen Arm in Opfer- oder Gebetshaltung ausstreckt. Hinter ihr steht ein Ziegenbock mit menschlichem Gesicht, ein symbolisches Tier, das vielleicht mit der Fruchtbarkeit in Verbindung steht. Auf der Ebene darunter sind sieben junge Frauen mit kurzem Rock zu sehen. Die Theophanie der Großen Göttin erfolgt in einem Pepulbaum, einer Feigenart mit rotem Milchsaft und einem Symbol der Fruchtbarkeit. Ähnliche rituelle Szenen finden sich auch auf anderen Siegeln, was als Zeichen für eine gemeinsame Religion der Industalbewohner bewertet werden kann.

Andere Siegel zeigen einen in Yogihaltung sitzenden Gott mit einer Hörnerkrone auf dem Kopf und einem dreifachen Gesicht. Vor seinem Thron ziehen Steinböcke vorbei, und um ihn herum erkennen wir einen Tiger, einen Elefanten, ein Nashorn und einen Büffel. Die Hörner sind das Symbol der Macht, die Krone ist das Zeichen der Sonne, der Thron kennzeichnet die Majestät. Alle diese Elemente finden wir auch bei babylonischen Göttern.

Die Große Göttin und der Große Gott erinnern an die Symbolik, der wir bei Mureybet begegnet sind, und an die göttlichen Personen von Çatal Hüyük. Wir bewegen uns hier im Rahmen einer Fruchtbarkeitsreligion und ohne Zweifel eines reich bebilderten kosmogonischen Mythos. Die Siegel und die Statuetten erinnern an neolithische Figurinen Mitteleuropas und stellen vielleicht zweitrangige Gottheiten dar. Sind die sieben jungen Frauen nicht der rituelle symbolische Ausdruck der Verehrung der Großen Göttin, der Schöpferin des Lebens, der Beschützerin der Geburt und der Kindheit? Und gibt es in Indien nicht heute noch den Kult der sieben Göttinnen? Dies erinnert uns an die zahlreichen Funktionen der Großen Göttin von Mureybet bis zum Ende des Neolithikums im Nahen Osten und in Mitteleuropa. Der Göttin von Mohenjo Daro ist der Kult des heiligen Baumes zugeordnet, eines Symbols für die Fruchtbarkeit und das Leben. Die Figur eines Priesters ist dabei ein Hinweis auf einen Kult.

Die Entzifferung der Schrift wird uns eine Antwort geben auf diese Hypothese, die auf der Grundlage einer sehr reichen, dem neolithischen Asien wie Europa gemeinsamen Symbolik entwikkelt wird. Eine üppige Mythologie bildete die religiöse Grundlage des Denkens, der rituellen Handlungen und der Kulte. Ein Friedhof, der 1937 in Harappa gefunden wurde, zeigt Gräber mit ungewöhnlichen Ausmaßen, die viele Gefäße, Opfergaben, Schmuck, Perlen und Spiegel enthielten. Sie bezeugen, daß die Einwohner von Harappa an ein Leben nach dem Tode glaubten.

108. Siegel aus Steatit mit der Darstellung eines Einhorns und mit primitiven, noch nicht entzifferten Schriftzeichen. Das Siegel stammt aus Harappa und aus dem 3. Jahrtausend vor Christus.

108

110

110. Rekonstruktion einer Straße in einem Wohnviertel der Unterstadt von Mohenjo Daro. Sie erstreckte sich über mehrere Höhenschichten. Deutlich erkennen wir einen Wasserkanal, der fast alle Häuser mit Wasser versorgte.

111. Rekonstruktion der großen Kornspeicher von Harappa. Sie wurden auf erhöhten Plattformen errichtet und von rechtwinklig sich kreuzenden Straßen in Blöcke unterteilt.

109

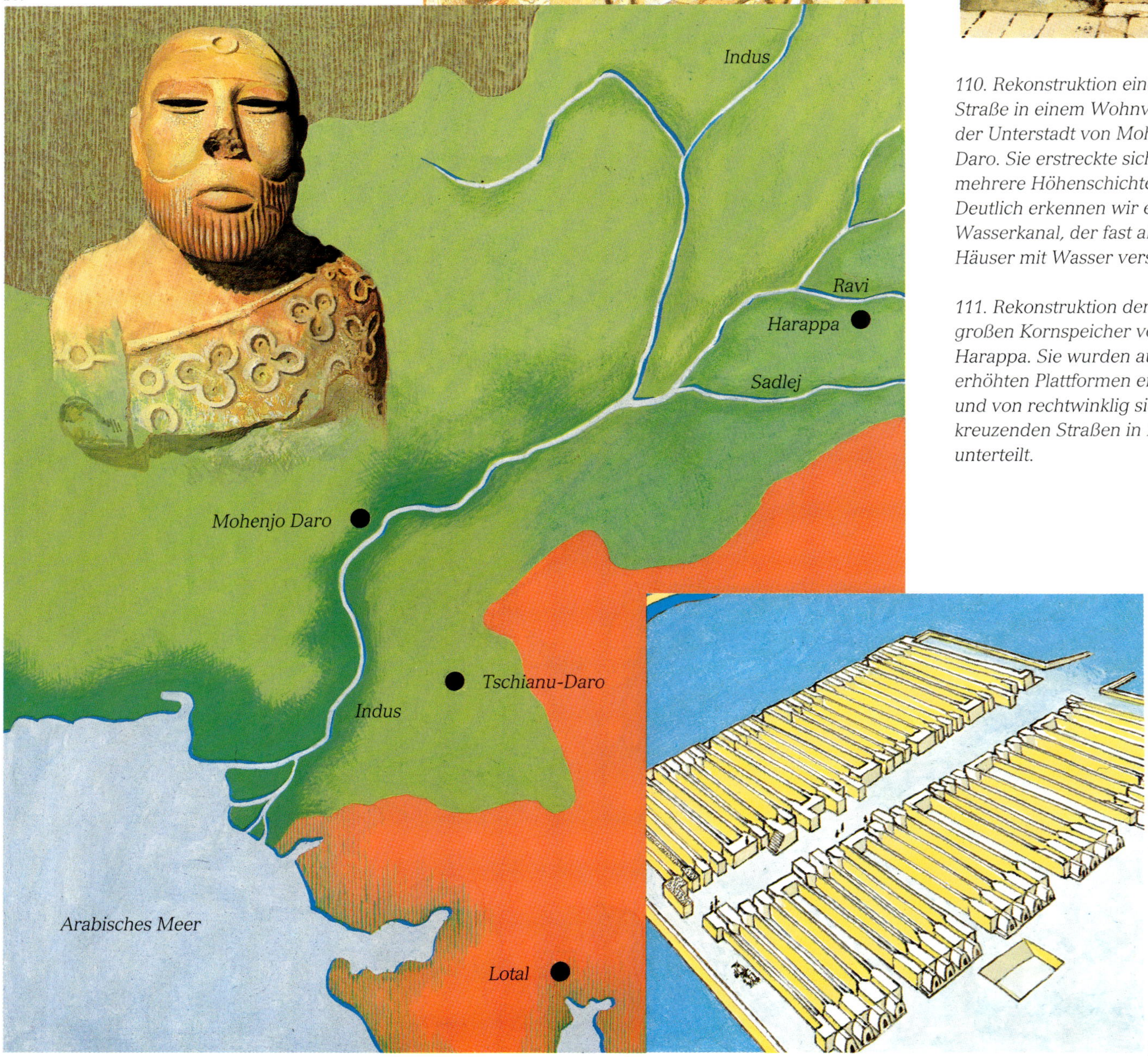

111

109. Geographische Karte der Industalkultur mit den wichtigsten Fundstellen. Heute liegt das Gebiet fast vollständig in Pakistan. In roter Farbe ist das Territorium des heutigen Indien dargestellt, während das Staatsgebiet Afghanistans gestrichelt wiedergegeben ist. In der Grafik sehen wir die sogenannte Statue eines Priesterkönigs aus Mohenjo Daro. Sie stellt eine der wenigen gefundenen Skulpturen dar.

115. Hypothetische Rekonstruktion der Stadt Mohenjo Daro zur Zeit ihrer größten Blüte gegen 2500 vor Christus. Im Vordergrund erkennen wir die befestigte Zitadelle mit den Kornspeichern. Wir bemerken auch Häuser von einer gewissen Größe. In der Unterstadt befanden sich die stark bevölkerten Viertel, in denen zahlreiche Arbeiter wohnten. Ihre Wohnungen bestanden aus nur zwei Räumen. Man beachte die große städtebauliche Modernität.

112. Bronzestatue aus Mohenjo Daro.
Wahrscheinlich stellt sie eine Tempeltänzerin dar.

113. Sehr schönes Steatitsiegel aus Mohenjo Daro
mit der Darstellung eines Einhorns.

114

112

113

114. Berühmtes Siegel mit der Darstellung eines Ritus. Im oberen Teil befindet sich eine geschmückte Göttin mit zahlreichen Armreifen zwischen den Ästen eines heiligen Baumes, einer Feigenart mit rotem Milchsaft. Vor ihr liegt ein betender und opfernder Mensch auf dem Boden. Hinter ihm folgt eine Ziege mit Menschenkopf. Im unteren Teil des Siegels bilden sieben weibliche Figuren mit langen Zöpfen und kurzen Röcken – in Südindien sind sieben Göttinnen noch weit verbreitet – eine religiöse Prozession.

115

116

116. Erdgeschoß einer Wohnung mittleren Typs in Mohenjo Daro. Man beachte das Eingangsvestibül und die kleine Pförtnerloge für den Hüter des Hauses. Der zentrale Hof war mit Ziegelsteinen gepflastert. Darunter verliefen die Terracottaröhren, welche das Abwasser der Duschen oder anderer hygienischer Einrichtungen im ersten Stock aufnahmen. Die Fenster der kleinen Zimmer wie der Toiletten und der Küche gingen auf den Hof. Die Räume der Hausbesitzer befanden sich im ersten Stock.

21. Seßhaftwerdung, Kultur und Religiosität

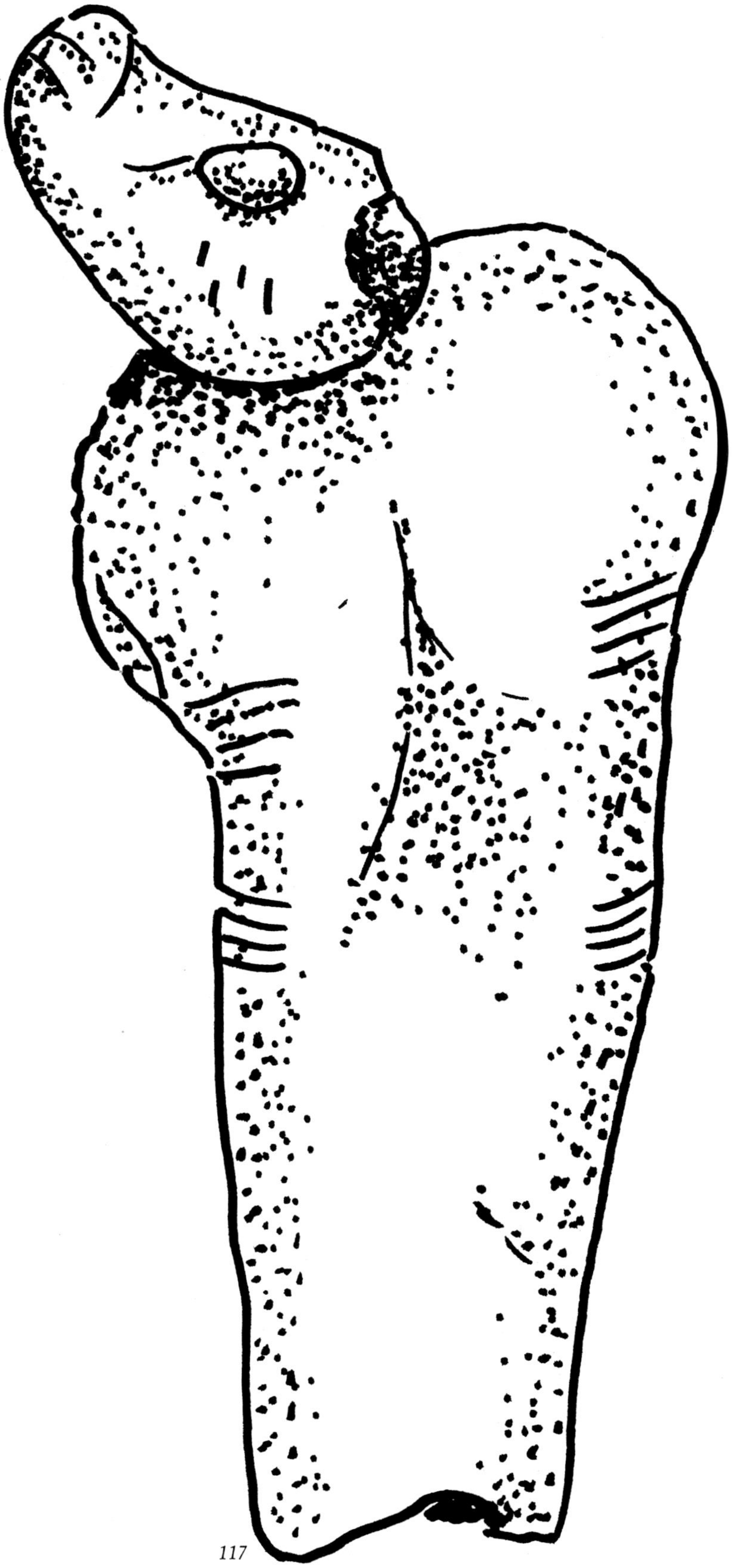

117

117. *Die Zeichnung gibt den knöchernen Handgriff eines Werkzeugs mit der Darstellung eines Tierkopfes wieder. Für die Künstler der Natoufien-Kultur stellten die Tiere ein wesentliches Thema dar.*

Im Nahen Osten unternahm der *Homo sapiens sapiens* den entscheidenden Schritt zum modernen Menschen hin. Dieses Geschehen spielte sich auf drei Ebenen ab: Seßhaftwerdung, Kultur und Religiosität.

Die Seßhaftwerdung

Die Seßhaftwerdung ist ein fortschreitender Prozeß. Der Mensch wird auf ein Stück Land fixiert. Er lebt in Ansammlungen von Häusern, die von menschlichen Gemeinschaften in einer stabilen Umwelt errichtet werden. Auf diese Weise entsteht das Bauerndorf, die Grundlage der künftigen städtischen Kultur (J. Cauvin, 1978). Wenn Populationen seßhaft werden, bedeutet dies folgendes: Sie müssen sich zu Gruppen zusammenfinden, sich seßhaft machen, sich schützen, sich ernähren, sich mit Werkzeugen ausstatten und bestimmte Überzeugungen haben. Dies setzt auch eine günstige Umgebung sowie klimatische, botanische und zoologische Bedingungen voraus, die das Überleben der Gruppe ermöglichen.

Seit Gordon Childe sahen die Archäologen und Prähistoriker die Nahrungsbedürfnisse als Hauptgründe für die Seßhaftwerdung und die kulturellen und sozialen Veränderungen innerhalb der Gruppen an. Anhand des Materials von kürzlich durchgeführten Ausgrabungen in Syrien, Palästina und im Libanon konnte Jacques Cauvin zeigen, daß sich die Produktion des Lebensunterhalts erst im 8. Jahrtausend einstellte. Die Entdekkungen von Ain Mallaha (Israel) weisen uns jedoch darauf hin, daß es schon vor der Produktion des Lebensunterhalts Dörfer gab. Damit sind die Forscher aufgerufen, das gesamte Material des 10. und 9. Jahrtausends und damit den Beginn des Natoufien und das Verlassen der Höhlen durch den Menschen des Paläolithikums kritisch neu zu untersuchen. Ain Mallaha beweist, daß dieses Dorf an der alten Wirtschaftsweise der Jäger und Sammler festhielt. Die dort gefundenen schweren Baustoffe und Gegenstände schließen jahreszeitlich bedingte Transporte und Umzüge aus, wie sie von Halbnomaden noch heute praktiziert werden. Überdies liefern uns die Dörfer Mureybet, Abu Hureyra und Mallaha aus dem Natoufien archäologische und ökologische Beweise für den Fischfang und das Einsammeln von Wildsamen, die damals sehr häufig waren: Emmer und Einkorn, Wildgerste, Linsen und Wicken. Ökologische Untersuchungen bestätigen den archäologischen Befund. Die ersten Dörfer des Natoufien im 9. Jahrtausend gehörten seßhaften Menschen; sie kannten aber noch keine Landwirtschaft, sondern lebten von den natürlichen Ressourcen der Umgebung, von Gräsern und anderen Samen, vom Fischfang und von der Jagd auf Tiere im Gebirge. Die Seßhaftwerdung ging der Landwirtschaft voraus. Erst im 8. Jahrtausend entstand aus diesen natoufienzeitlichen präagrarischen Dörfern am Jordan (Jericho), am Euphrat (Mrueybet) und in der Oase Damas (Tell Aswad) die Landwirtschaft.

Die Kultur

In einer Untersuchung über die Dörfer und die präneolithische Gesellschaft suchte Jacques Cauvin nach den Motivationen des Menschen, die zur Schaffung der Landwirtschaft, zur Domestizierung von Wildtieren und zur Erfindung neuer Technologien führten. Wer die architektonische Entwicklung der Wohnstätten verfolgt, kann von 10000 bis 6000 vor Christus eine kontinuierliche Vergrößerung der Dörfer konstatieren. Dies ist ein Beweis dafür, daß sich die Bevölkerung immer mehr konzentrierte. Durch genaue Untersuchungen kann man die Nahrungsressourcen dieser Siedlungen ausfindig machen. Von 8000 vor Christus an wird das Klima feuchter, was die Ausbreitung und Vermehrung der Gräser in benachbarten Steppen begünstigt. Die Landwirtschaft, die in jener Zeit entwickelt wurde, mußte direkt nicht einmal ein Ernährungsbedürfnis befriedigen, und die Aussage, sie sei als Anpassung an die Umwelt entstanden, trifft nicht zu. Wir müssen die Motivation vielmehr innerhalb der präneolithischen Gesellschaft suchen. Es geht darum, das Gleichgewicht in einer Gesellschaft zu erhalten, die sich aufgrund des Bevölkerungswachstums in einem Spannungszustand befindet. Das Auftauchen der Landwirtschaft scheint die Lösung zu sein: Die bebauten Felder schaffen den Ort für eine kollektive und gleichzeitige Arbeit.

Mit der Ausdehnung der rechteckigen Häuser und des Getreideanbaus beginnen diese Dörfer gleichzeitig mit der Aufzucht von Kleintieren und der Bewässerung. Gerade diese setzt die

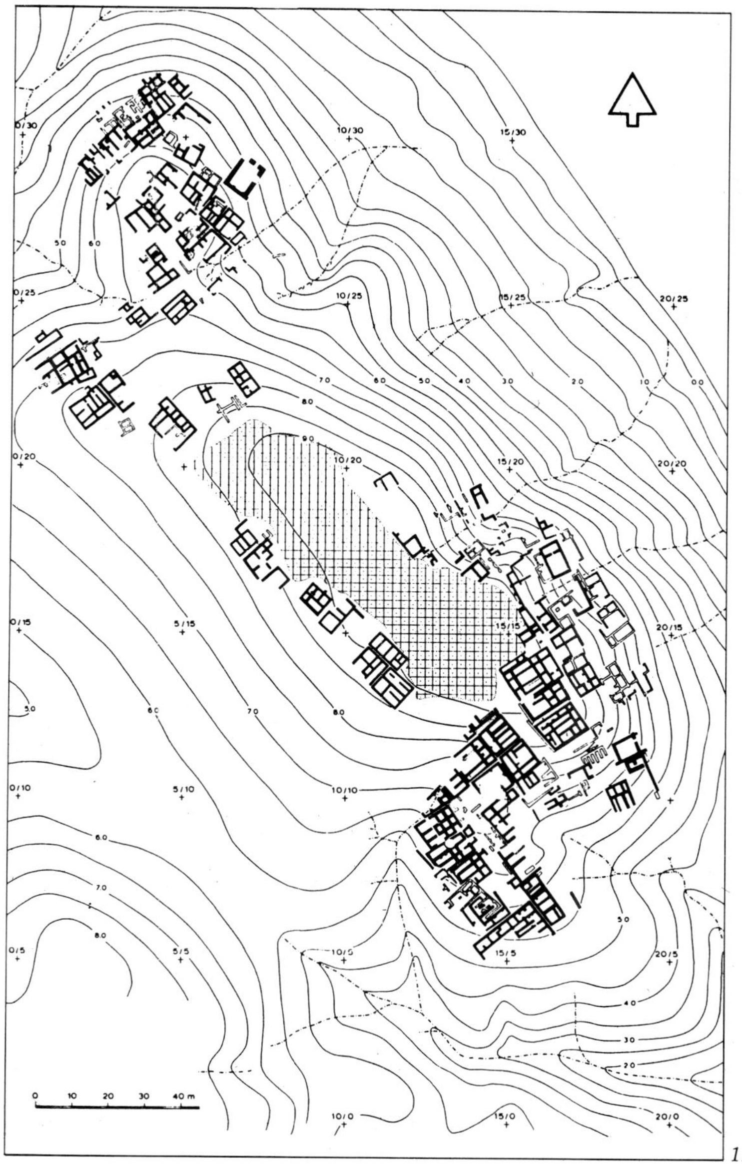

118

118. Plan des neolithischen Dorfes von Buqras auf dem rechten Euphratufer, nahe dem modernen Ort Deir ez-Zor in Syrien. Das Dorf gehört zur letzten Phase jenes Expansionsprozesses, der eine kulturelle Evolution des Menschen signalisiert. Man beachte die rechteckigen Häuser, deren Räume untereinander durch Türen verbunden sind. Kleinere Räume ohne Verbindungen dienen als Speicher. Die aufgefundenen Kunstgegenstände zeugen von kulturellem Niveau: ein Fresko mit Straußvögeln und viele Statuetten von Tieren und menschlichen Wesen.

119. 120. Eine Gruppe von Archäologen der Universität von Kalifornien unter der Leitung von M. Gimbutas entdeckte 1973 und 1974 ein neolithisches Dorf in Thessalien, Achilleion. Es existierte von der Mitte des 7. bis zur Mitte des 6. Jahrtausends vor Christus. Es wurden dort rund zweihundert weibliche Statuetten oft in Ritualgefäßen auf Altären in Tempeln (siehe Grundriß links) gefunden, was auf eine Religion mit weiblichen Gottheiten hindeutet. Rechts die Rekonstruktion von Höfen, die dem Kult dienten: 1) Herd, 2) Steinbank, 3) geneigte Plattform mit Löchern für das Feuer, 4) kreisrunde Feuerstelle. Die Aktivitäten kreisten um eine Göttin, die in hier aufgefundenen Statuetten als schwanger dargestellt wurde.

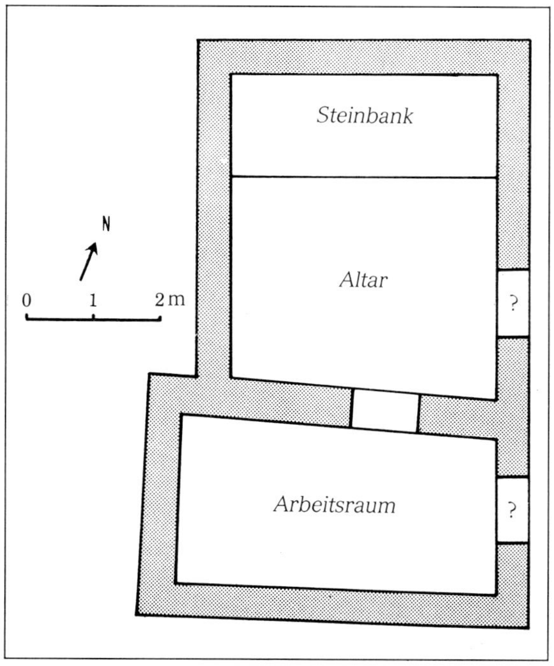

119

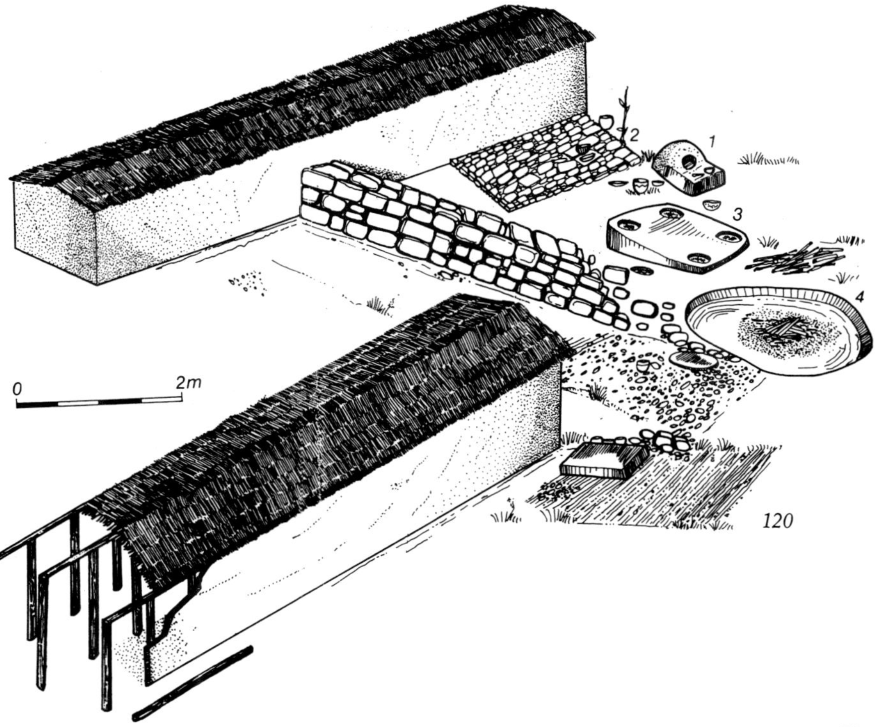

120

121

122

121. Rekonstruktion eines Hauses aus dem 8. Jahrtausend vor Christus, gefunden im Dorf Mureybet in Syrien. Der Grundriß ist kreisrund, und der Durchmesser beträgt sechs Meter. Das Haus ist im Inneren schon mit Mauern unterteilt. Sie grenzen den Herdbereich, den Schlafbereich und den Speicher für gelagerte Lebensmittel ab. Die komplexe tragende Struktur besteht aus Holz. Das Dach und die Wände sind aus ungebranntem Lehm vermischt mit Steinen und Stroh. Neben dem Haus lebte dauernd eine Herde aus Schafen und Ziegen: Der Bock wurde an einen Pfahl gebunden, um zu verhindern, daß die Weibchen sich entfernten. So entstand die Viehzucht.

123

122. Zeichnung einer der ersten kleinen Terracottafiguren, die in Mureybet gefunden wurden. Zeitlich liegt sie vor den ersten Erfahrungen als Ackerbauer. Mit den breiten Hüften und den Armen auf dem Bauch findet hier eine Fruchtbarkeitssymbolik Ausdruck.

123. Alabastergefäß in Form eines Igels aus Buqras.

124. Die Zeichnung gibt die Vorder- und die Rückseite der Maske der Schwangerschaftsgöttin wieder. Solche Masken wurden in den Höfen von Achilleion gefunden, wo die Göttin als Schutzherrin der häuslichen Tätigkeiten verehrt wurde.

124

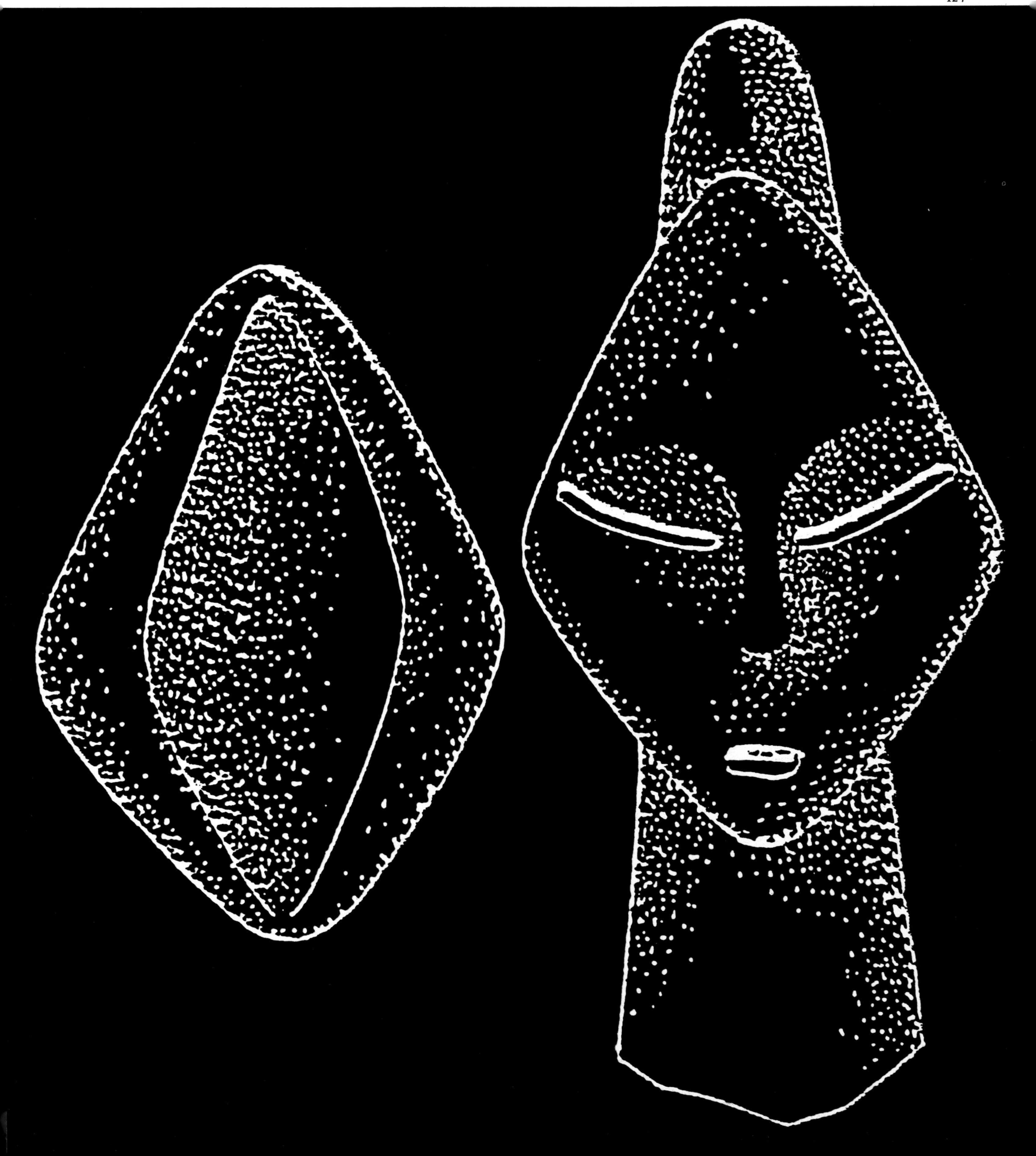

soziale Fähigkeit zur Organisation voraus. Zu diesen Gegebenheiten tritt noch die technologische Evolution: das Polieren der Steine, die Keramik sowie neue Werkzeuge. Nun ist der technische Fortschritt ein kulturelles Phänomen. So ist die Keramik das Ergebnis eines vertrauten Umgangs des Menschen mit den Eigenschaften des Tones und eines Beherrschens der Feuerungstechnik. Die ersten hergestellten Gegenstände sind Statuetten von Göttinnen und Gefäße. Polierte Steine und Keramik treten zunächst in einem ornamentalen oder religiösen Zusammenhang auf, das heißt mit einer eher symbolischen als praktisch orientierten Bedeutung. Jedenfalls sind alle Neuerungen und Erfindungen vom Beginn des Neolithikums an Zeichen und Ergebnisse einer tiefgreifenden geistigen Veränderung des Menschen.

Die Religiosität

Am Ende des Natoufien, am Vorabend der Entwicklung der Landwirtschaft, erleben wir die »Geburt der Götter«. Die Kunst der franko-kantabrischen Jäger war eine Tierkunst. Menschliche Figuren sind nur gelegentlich vorhanden; vor allem gilt dies für die Venusstatuetten des Paläolithikums. Aus dem Natoufien sind nur wenige anthropomorphe Kleinfiguren erhalten geblieben. Sie treten nur im 8. Jahrtausend auf, vor allem in der Euphratregion. Es handelt sich um weibliche Figuren, die um 8000 vor Christus häufiger werden. Die überbestimmten Formen dieser Figurinen und ihre Körperhaltungen sind symbolisch und bringen einen bestimmten Gedanken zum Ausdruck. Nach einer systematischen Untersuchung schreibt J. Cauvin ohne Zögern, daß zu Beginn des 8. Jahrtausends jene Figur in Erscheinung tritt, die schließlich zur »Großen orientalischen Göttin« wird. In Mureybet erscheint sie in dörflicher, seßhaft gewordener Umgebung, wo die Landwirtschaft noch nicht bekannt ist. Ihr Auftreten symbolisiert nicht landwirtschaftliche Fruchtbarkeit – diese wird erst später hinzukommen –, sondern eine neue Auffassung vom Göttlichen. Gegen 7000 vor Christus tritt eine zweite männliche Figur hinzu und begleitet bisweilen die Göttin. Wir müssen aber bis Çatal Hüyük im 6. Jahrtausend warten, um diesen Gott im neolithischen Pantheon wiederzufinden.

Bei den Jägern des Natoufien dominiert die Tierkunst. Gegen 8200 vor Christus findet man in Mureybet Stierschädel auf Sokkeln, obwohl der Stier noch nicht zur Nahrung des Menschen zählt. Damit müssen wir noch ein halbes Jahrtausend zuwarten (gegen 7700). Daraus können wir jedoch schließen, daß der Stier sehr früh eine Rolle in der religiösen Weltanschauung der Dorfbewohner von Mureybet gespielt hat. Lange bevor er gefangen wurde, beschäftigte er den Geist des Menschen, und dieser verschaffte ihm einen Platz in seiner Vorstellung vom Sakralen. Das ist der Anfang vom Stierkult, der sich später über den ganzen Nahen Osten verbreitete.

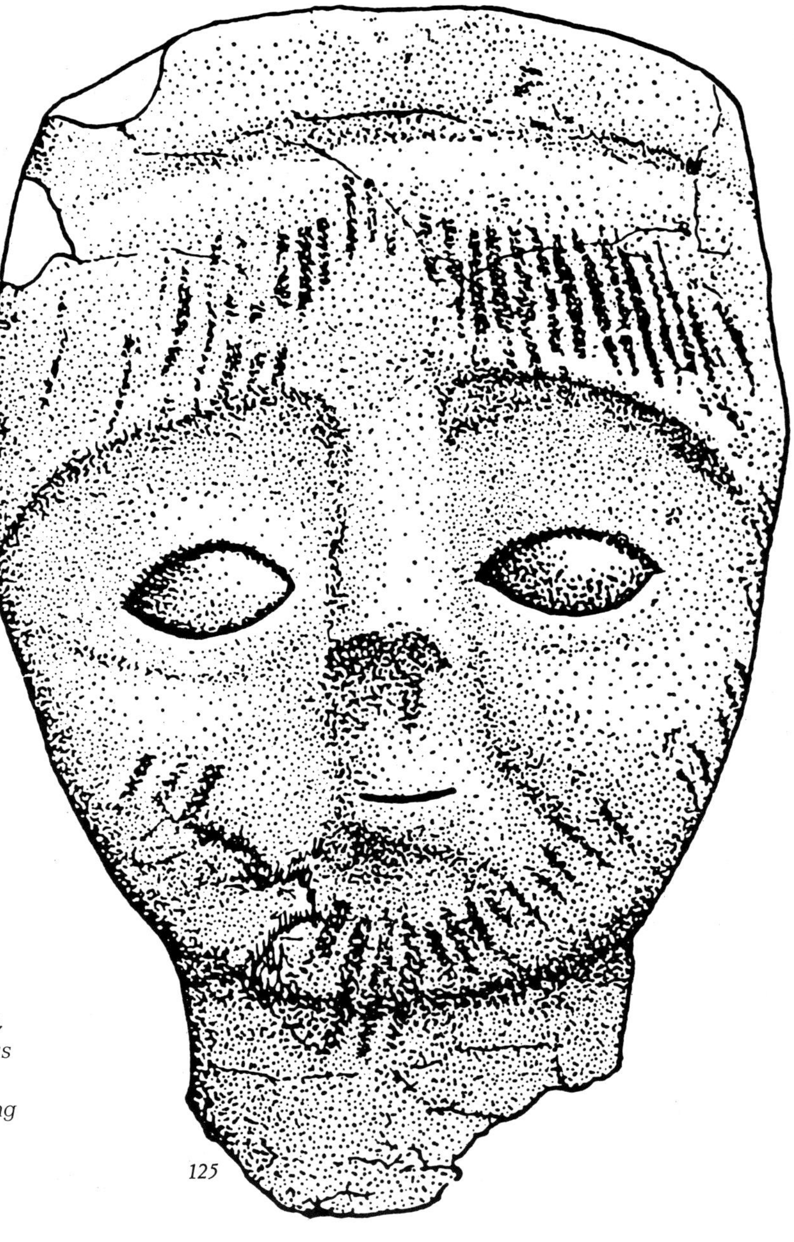

125. Jericho, Palästina. Gesicht einer Statue aus Lehm mit Augen aus Muscheln und roter Bemalung. Der Archäologe E. Anati vertritt die Ansicht, die neolithische Figur in Palästina sei aus der Natoufien-Kultur entstanden. In Jericho wurde lange vor der Entwicklung der Keramik und des systematischen Ackerbaus eine befestige Stadt erbaut.

125

22. Schriftlose Spuren. Die Botschaft prähistorischer Archive

Seit einem halben Jahrhundert machen die Archäologie, die Paläoanthropologie, die Paläontologie und die Palynologie (Pollenanalyse) spektakuläre Fortschritte. Sie konnten bisher eine Menge neues Material über die Ursprünge des Menschen und seine Kultur im Paläolithikum und im Neolithikum zusammentragen (F. Facchini, 1990). Die Funde, die man dem Boden entreißt, sind schriftlose Archive. Einige Paläoanthropologen (Coppens, 1982) glauben, der *Homo erectus*, der bereits symbolische Gegenstände anfertigte, habe sich einer Sprache bedient. Da diese nicht fossilisiert, blieb sie uns nicht erhalten. Aber diese Archive sind nicht stumm: Man muß nur ihre Botschaft entziffern.

Sie sagen uns zunächst, daß der Mensch der Schöpfer der Kultur ist. Sie begann mit der beidseitigem Bearbeitung von Steinwerkzeugen und der Wahl von Farben (F. Facchini, 1990). Seine Intelligenz, seine Beobachtungsgabe und seine Vorstellungskraft erlaubten es ihm, sich die Welt zu veranschaulichen und sie dann mit Hilfe der Kunst darzustellen, seine eigenen Kräfte zu vervielfachen durch die dauernde Erfindung immer effizienterer und den Bedürfnissen des Lebens immer besser angepaßten Werkzeugen, Werkstoffe soweit zu beherrschen, daß er eine bedürfnisgerechte Wohnstätte einrichten konnte, über die Natur zu herrschen und schließlich künstlerische Meisterwerke zu schaffen, deren schönste Beispiele die franko-kantabrischen Felsmalereien sind. Vom *Homo erectus* bis zum *Homo neolithicus* zeigt die außergewöhnliche kulturelle Zeitspanne von 1,5 Millionen Jahren, daß den Menschen eine *ratio seminalis* innewohnt, d. h. ein angeborenes und bleibendes Organisationsprinzip, das die Harmonie der bedeutsamen Etappen eines andauernden Wachstumsprozesses garantiert. Die Entfaltung dieser Möglichkeiten zeigt uns auch, daß das Symbol das Identitätsmerkmal des *Homo sapiens* ist.

Angefangen vom Menschen von Qafzeh bis zu den megalithischen Nekropolen erstrecken sich über eine Zeitspanne von ungefähr 100 000 Jahren die Spuren von Bestattungsriten, die uns zeigen, wie sich die Lebenden mit den Toten beschäftigten. Die Botschaft dieser Riten ist leicht verstehbar. Sie ist sehr dicht und hilft uns, den *Homo religiosus* des Paläolithikums zu begleiten. Die absichtlichen Opfergaben und Geschenke in den Gräbern, die respektvolle Behandlung des Schädels, die Geste der Lebenden, die den Leichnam auf ein Bett aus Blüten legen (Shanidar), die Stellung des Leichnams, die Sorge um den Schutz des Toten, der symbolische Charakter des Schmucks, die häufige Verwendung von Rotocker, die Beigabe von Gegenständen für das Leben im Jenseits und die Muschelschalen in den Augenhöhlen der Schädel bestätigen uns, daß der Mensch damals fest an ein Leben nach dem Tode glaubte. Dieses Phänomen erweist sich als universell. Im Neolithikum stellen die modellierten Schädel in Syrien und Palästina, die Schreine mit den Gräbern in Çatal Hüyük und Lepenski Vir und die megalithischen Nekropolen mit einer Schutzgöttin unbezweifelbare Anzeichen für diesen Glauben an ein Leben nach dem Tod dar.

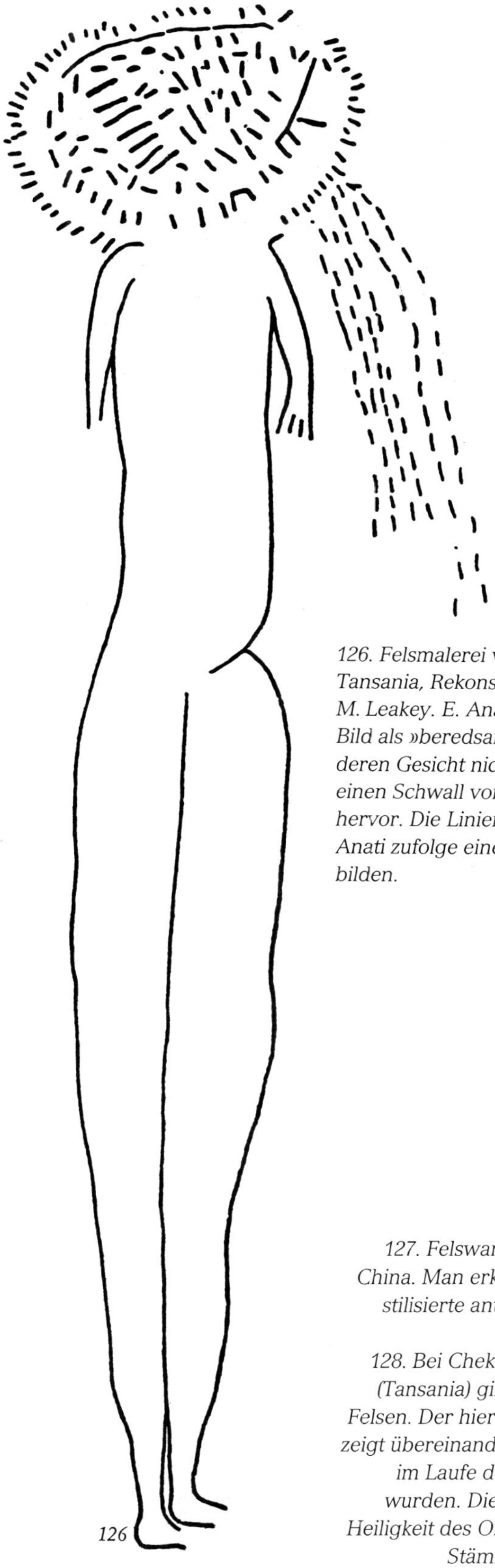

126

126. Felsmalerei von Chungai in Tansania, Rekonstruktion von M. Leakey. E. Anati bezeichnet dieses Bild als »beredsamen Geist«. Die Figur, deren Gesicht nicht zu sehen ist, stößt einen Schwall von Wörtern und Lauten hervor. Die Linien dieser Laute könnten Anati zufolge eines der Ideogramme bilden.

Folgende Seiten:

127. Felswand bei Hua'an in Fujian, China. Man erkennt Ritualmasken und stilisierte anthropomorphe Figuren.

128. Bei Cheke im Masai Escarpment (Tansania) gibt es sehr viele bemalte Felsen. Der hier abgebildete Ausschnitt zeigt übereinanderliegende Figuren, die im Laufe der Jahrtausende gemalt wurden. Dies ist ein Zeichen für die Heiligkeit des Ortes: eine oder mehrere Stämme kehrten im Lauf der Generationen immer wieder zurück, um die heiligen Wände zu bemalen.

127

128 ▷

Die franko-kantabrischen Jäger schufen eine wunderbare Tierkunst. Sie bezeugte eine Vorstellungskraft auf hohem Niveau, eine außergewöhnliche künstlerische Handfertigkeit und eine mythischen Denkweise, die uns verrät, daß der *Homo religiosus* die wesentlichen Elemente einer Kosmogonie und einer heiligen Geschichte der Ursprünge begreifen kann. Im Laufe des 9. und 8. Jahrtausends entwickelt der Mensch im Nahen Osten zunächst die ersten zaghaften Versuche aus dem Paläolithikum weiter, menschliche Figuren darzustellen. Diese werden mit der Zeit immer zahlreicher und breiten sich vom Euphrat bis zum Nil, von Anatolien bis in den Balkan und bis zur Donau vor. Zehntausende weiblicher Figurinen stellen die Große Göttin dar, die Mutter der Menschen und der Tiere.

Neben diesen weiblichen Figurinen, treten allerdings in geringerer Zahl männliche Darstellungen einer Gottheit von 8000 vor Christus auf. Zur selben Zeit verzeichnen wir die Anfänge der Landwirtschaft und eine tiefgreifende Neugestaltung der religiösen Symbolik. Der *Homo religiosus* nimmt eine neue Struktur des Sakralen wahr, die auch Auswirkungen hat auf die Religion des Neolithikums. Bis zum Ende des Paläolithikum sprachen wir von Religiosität. Seitdem der Mensch aber das Göttliche als ein transzendentes Wesen auffaßt, müssen wir von Religion sprechen. Im Lauf des Neolithikums stellen die vielen Tausende betender Menschen auf den Felsen des Valcamonica die ersten Bilder von Gebetsversammlungen dar. Zu Beginn des Neolithikums faßt der *Homo religiosus* das Göttliche nicht nur unter der Gestalt einer transzendenten menschlichen Person, sondern auch als Schöpfer des Lebens auf. Das ist kurz gesagt die Botschaft der Großen Göttin. Alles spricht dafür, daß die Religion der ersten Bauern matriarchalisch war.

In den Mythogrammen der Höhlen fanden wir die ersten Hinweise darauf vor, daß es sich um heilige Geschichten von den Ursprüngen handelte. Im Neolithikum geht diese religiöse Erinnerung in eine beträchtliche Zahl von Mythen ein. Sie erzählen von der Entstehung der Welt, vom Ursprung der Tiere, der Pflanzen und des Menschen, und es gibt auch eschatologische Mythen, von denen sich einige auf die Sintflut beziehen. Mircea Eliade (1979) gab eine beeindruckende Übersicht über die mythenbildende Aktivität des *Homo religiosus* des Neolithikums, und Jacques Cauvin (1986) stellte eine verlockende wissenschaftliche Hypothese auf: Die ersten Kapitel der Bibel (Genesis 2–4), die von der Vertreibung aus dem Paradies und dem Mord an Abel erzählen, seien nicht einfach ein Mythos mit spiritueller und moralischer Bedeutung, sondern der Bericht über ein tatsächliches Geschehen, das in der Erinnerung des nahöstlichen Menschen erhalten blieb.

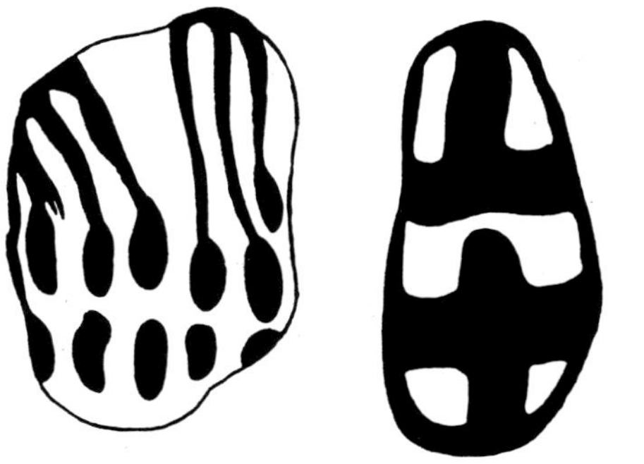

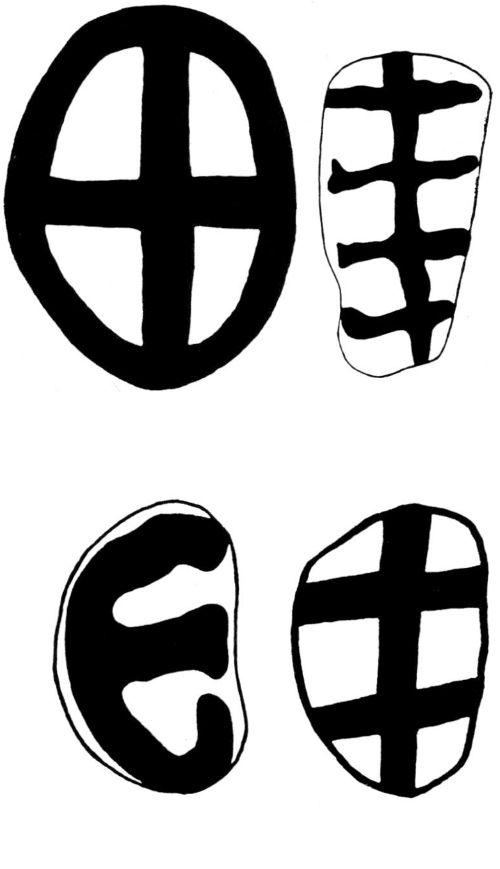

129

129. Reproduktion der Kiesel von Mas d'Azil, Ariège, Frankreich. Die Kiesel gehen auf das Mesolithikum zurück. Sie wurden 1887 im Innern einer Höhle entdeckt und lassen an ein primitives Alphabet denken. Der Vergleich mit ähnlichen Funden von den Alpen bis nach Australien führte H. Obermaier zu einer realistischeren Interpretation. Ihm zufolge sind die Kiesel »die Steine der Seelen« und stellen somit einen animistischen Ahnenkult dar. Es waren Steine, die ein Klan mit sich herumtragen und in seinen Wohnstätten aufbewahren konnte.

130

130. Handabdruck mit einem Ideogramm in der Mitte, Ritzzeichnung auf Fels von Yinshan, innere chinesische Mongolei. Die Aufnahme erfolgte durch Chen Zhao Fu, einem Spezialisten für prähistorische Felskunst. Die Zeichnung geht auf die mongolische Periode Chinas zurück und zeigt uns, wie sich bei Randvölkern die schriftlose Welt, dargestellt durch die Umrisse der Hand, mit der Welt der schriftlichen Zeichen mischt.

23. Die Religon der sumerisch-babylonischen Welt

Gegen 8000 vor Christus schuf der Mensch in Mureybet am Euphrat die ersten Bilder der Gottheit. Um 3000 entwickelten die Sumerer in Untermesopotamien die Keilschrift. Diese geniale Erfindung stellte den Ausgangspunkt für eine kulturelle und religiöse Explosion dar, die wir über eine halbe Million zugänglicher Quellen kennen (J. Bottéro, 1987). Als erste Schrift der Menschheit stellt die Keilschrift einen außergewöhnlichen Fortschritt des menschlichen Geistes dar. Sie ermöglicht es uns, ins Denken des mesopotamischen *Homo religiosus* einzudringen.

Die Sumerer gelangten im Lauf des 4. Jahrtausends nach Mesopotamien und übten sofort auf die bereits ansässige Bevölkerung dank der Errichtung der großen Stadtstaaten von Nippur, Eridu, Uruk, Lagash, Ur und Mari einen starken Einfluß aus (G. Roux, 1985). Der semitische Stamm der Akkadier kam aus dem Westen, vermischte sich mit den Sumerern und übernahm ihre Schrift, ihre Kunst und ihre Kultur. Die beiden Arten religiösen Denkens vermischten sich miteinander. Seit jener Zeit kann man von einer mesopotamischen Religion sprechen. Ihren Ausdruck findet sie in sumerischen und akkkadischen Quellen, zu denen seit ungefähr 2000 vor Christus noch babylonische Quellen hinzukommen.

Seit dem 8. Jahrtausend faßte der *Homo religiosus* des Nahen Ostens das Göttliche als personal und transzendent auf. Für seine Darstellung vervielfachte er die menschlichen Figuren. Diese Tradition wird von Sumerern, Akkad und Babylonien weitergeführt und erhielt ein neues Gepräge. Im Sumerischen wird das göttliche Wesen als *dingir* bezeichnet, im Akkadischen als *ilu*. Die Herkunft dieser Wörter kennen wir nicht, doch ihre Bedeutung ist uns dank der Skizze eines Sternes klar. Dieses Ideogramm steht stets vor dem Namen der Gottheit und bedeutet, daß diese sich weit oben im Himmel befindet. Die göttliche Welt wird als himmlische Welt aufgefaßt, und das Leben auf der Erde als ein Widerschein des Himmels. Seit jener Zeit wird die Astrologie zu einer religiösen Wissenschaft, die das Schicksal des Menschen mit dem Willen der Götter und Göttinnen verbindet. Das Göttliche teilt sich in Persönlichkeiten auf, die den vier großen Bereichen zugeordnet sind: Kosmos, Gestirne, Natur, Stadtstaaten. Die berühmteste nationale Gottheit ist der babylonische Marduk.

Im Gefolge protoneolithischer und neolithischer Traditionen stellen die Sumerer und die Semiten ihre Gottheiten in menschlicher Gestalt dar. Als Hauptmerkmal wird ihnen Licht und Glanz zugeschrieben. Diese strahlende Helligkeit kann zu einer ausstrahlenden Kraft werden, einer Lichterscheinung um das Haupt der göttlichen Statue herum, zu einem Lichthof, der schließlich von Indien, vom Iran und vom Westen aufgenommen wird. Das Funkeln wird von den Gläubigen wahrgenommen und erstreckt sich auch auf die Kleider und auf das Innere der Tempel und Heiligtümer. Von grundlegender Bedeutung ist der Ritus, bei dem die Statuen der Göttinnen und Götter gekrönt werden, denn er verleiht ihnen übernatürliche Macht (E. Cassin, 1968). Die Texte der Epen und der Gebete zeigen, daß der *Homo religiosus* in Mesopotamien dem Sakralen seine wahren Dimensionen ver-

131

131. Im 4. Jahrtausend vor Christus entwickelt sich in Mesopotamien die sogenannte Kultur von Uruk, die der Periode der großen sumerischen Kultur vorangeht. In dieser Zeit stoßen wir auf die ersten Städte mit komplexen zentralen Gebäuden, die sich mit Hilfe von Terrassen in beeindruckende Höhen erheben. Es handelt sich gleichzeitig um Regierungssitze wie um Stellen, an denen religiöse Kulte praktiziert wurden. Wir können diese Gebäude als Prototypen des sumerischen Tempels betrachten.

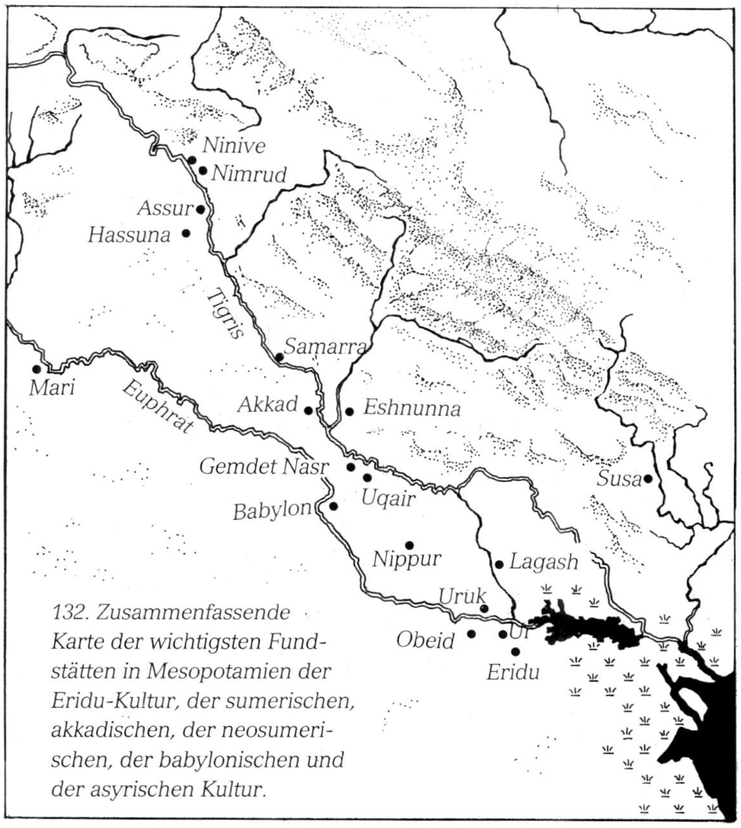

132. Zusammenfassende Karte der wichtigsten Fundstätten in Mesopotamien der Eridu-Kultur, der sumerischen, akkadischen, der neosumerischen, der babylonischen und der asyrischen Kultur.

132

133

133. *Rekonstruktion des Zikkurats, den König Ur-Nammu gegen 2100 vor Christus erbauen ließ. Dieses Gebäude symbolisiert das sumerische Wiederaufblühen. Der Zikkurat ist das Kultgebäude schlechthin; auf komplexe Weise erhebt es sich gegen den Himmel und eignete sich dadurch auch für astronomische Studien.*

134. *Die Fotografie zeigt, daß von den vier Plattformen des Zikkurats von Ur nur zwei übriggeblieben sind.*

134

135. In den sumerischen Tempeln wurden viele Statuetten gefunden, die wahrscheinlich als Ex-Votos aufgestellt waren. Diese zarte Szene mit einer männlichen und einer weiblichen Figur, die sich an den Händen halten, zeugt von einer menschlichen und religiösen Dichte, die mit der übermächtigen Monumentalität der Zikkurats fast einen Gegensatz bildet.

135

leiht: Transzendenz der Götter, heilige Architektur der Tempel, heilige Kunst der Statuen, Fülle der Rituale dank des Lichts, des Feuers und der Mittlerschaft von Priestern.

Das umfangreiche Material der Keilschrifttafeln überliefert uns Gedichte und Mythen über die Entstehung der Götter, des Kosmos und des Menschen. Diese erste heilige Geschichte, ein wahres Vermächtnis des Orients, hat den Redakteuren der biblische Überlieferungen als Archiv gedient. Wir finden in diesen heiligen Geschichten die ersten Versionen über die Schöpfung des Menschen und über die Sintflut. Der Mensch ist ein Geschöpf der Götter. Einigen Mythen zufolge hat er die Aufgabe, deren erstickende Fronarbeit zu übernehmen; er sollte die Pflanzen zur Vermehrung bringen, Getreide anhäufen und die Feste zu Ehren der Gottheiten organisieren. Der Mensch ist den Göttern völlig untergeordnet und steht ihnen zu Diensten. Mit Hilfe von Vorschriften und Beschlüssen (den *me*) legen die Götter das Schicksal jedes einzelnen fest. Den Menschen obliegt die Verpflichtung, diese göttlichen Beschlüsse anzunehmen und sie in absoluter Unterwerfung auszuführen. Hier finden ein gewisser Pessimismus und die sehr bedeutsame Weissagung Platz. Der Mensch ist den göttlichen Ratschlüssen unterworfen, und sein Leben erstreckt sich in linearer Zeit und geht mit dem Tod zu Ende, der das menschliche Wesen in das Königreich *Nergal* führt, wo es nur noch einen Schatten darstellt. Die Mesopotamier waren von der Existenz göttlicher Schicksalstafeln überzeugt und glaubten, dieses Schicksal manifestiere sich in natürlichen Erscheinungen. Das erklärt den äußerst komplizierte Eindruck ihrer religiösen Wissenschaft von der Weissagung (J. Bottéro, S. N. Kramer, 1989).

Der oberste Gott *Anu* hält von Anbeginn an das Königtum des Himmels inne und läßt es zum besten der Menschen auch auf die Erde herabsteigen. Der sumerische König, *Ensi* genannt, wird im Hinblick auf den Gott ausgesucht. Er nimmt von ihm Besitz und spricht dann als Zeichen des Wohlwollens und der Einsetzung in die Königswürde dessen Namen laut aus. Nach der Weihe zum König und Priester übt er den täglichen Kult durch blutige Opfer von Rindern, Schafen und Lämmern und durch Opfergaben von Milch, Butter, Honig, Brot und Früchten aus. Zusätzlich zu den Festen, die an jedem Neumond gefeiert wurden, und zu den Festen jedes einzelnen Tempels kannte Mesopotamien auch die Feierlichkeiten des *Akitu*. Sie fanden zu Jahresbeginn statt, bildeten den Anfangspunkt für die Erneuerung des Lebens und wurden mit außergewöhnlichem Pomp gefeiert. Jeder Gott wohnte in seinem Tempel, der stets terrassenförmig angelegt war und am selben geheiligten Ort dauernd wieder aufgebaut wurde. Die Götter bewohnten aber auch den Himmel, und die Priester holten sie dort während der Feste ab. Dies war dank der *Zikkurat* möglich, den mit Treppen versehenen Stufentürmen, welche den Zugang zum Himmelsgewölbe ermöglichten. Die zahlreichen, uns schriftlich erhalten gebliebenen Gebete ermöglichen eine Vorstellung von der Frömmigkeit des Königs, der Priester und des Volkes in Mesopotamien zu machen.

136

136. Als Erben der mesopotamischen Tradition begründen die Assyrer eine Staatsreligion, bei der der König den obersten Priester darstellt. In seiner Beziehung mit dem Göttlichen erniedrigt sich der König aber so weit, daß er sich niederkniet. Er erkennt damit an, daß er vor einem unermeßlich viel Größerem steht. Es gibt zahlreiche Darstellungen wie die hier abgebildete. Es handelt sich hier um einen Steinaltar aus dem 13. Jahrhundert nach Christus, auf dem sich König Takulti Ninurta vor dem Altar niederkniet. Der unsichtbare Gott ist durch eine Flammenzunge symbolisch dargestellt.

24. Die religiöse Botschaft des pharaonischen Ägypten

Die Religion ist sozusagen der Urgrund, dem die gesamte ägyptische Kultur entsprang: Kunst, Literatur, Naturwissenschaft, Medizin, Architektur, Astronomie, Geographie, Sprachwissenschaft, Politik, Verwaltung und Recht (S. Morenz, 1960). Sehr lange Zeit glaubten die Ägyptologen und Historiker, das ägyptische Wunder habe seinen Grund in einer sudanesischen Explosion zu Beginn des 3. Jahrtausends, als das Reich vereinigt und die Hieroglyphenschrift erfunden wurde. Doch nun haben die Archäologen umfangreiches neolithisches Material als Beweis eines archaischen Kultes der Lebensgöttin ausgegraben, parallel zu orientalischen Kulten (E. Baumgartel, 1948, 1960).

Die Bewohner Ägyptens haben nie aufgehört, bei der Betrachtung der Natur zu staunen: jeden Morgen den Sonnenaufgang; kein Regen, sondern das jährliche Anschwellen des Nils und die Überschwemmung des Talbodens mit beeindruckender Regelmäßigkeit; reichlich Wasser und fruchtbarer Schlamm als Garant für gute Ernten; eine schwarze Erde mit üppiger Vegetation unter einem stets leuchtenden Himmel. Mit den Wörtern *tep zepi,* »das erste Mal«, bezeichnete der Ägypter die Schöpfung ganz am Anfang, die er als Goldenes Zeitalter empfand. Damals entstand das Festland, das Licht, der Mensch, und das wilde Chaos verwandelte sich in die Ordnung des Kosmos.

Seit dem Beginn des 3. Jahrtausends versuchten Theologen dieses Mysterium aufzuhellen. In Heliopolis dachte man an *Atum-Re,* den Sonnengott und Schöpfer eines ersten Hügels. Jedes ägyptische Heiligtum wurde als eine symbolische Kopie dieses Hügels aufgefaßt; weitere Repliken sind die Pyramide und der Obelisk mit dem Pyramidion ganz oben. Die Theologen von Hermopolis nahmen eine ganze kosmogonische Symbolik zu Hilfe: Urhügel, Feuerinsel als Anspielung auf die Sonne, Weltenei, Gott in einer Lotosblüte. Die Hauptstadt der ersten Dynastie Memphis verehrte den Urgott *Ptah,* der mit seinem Herzen und seiner Zunge das sichtbare und das unsichtbare Universum ins Leben rief, die Lebewesen, die Gerechtigkeit und die Kunst. Er

137

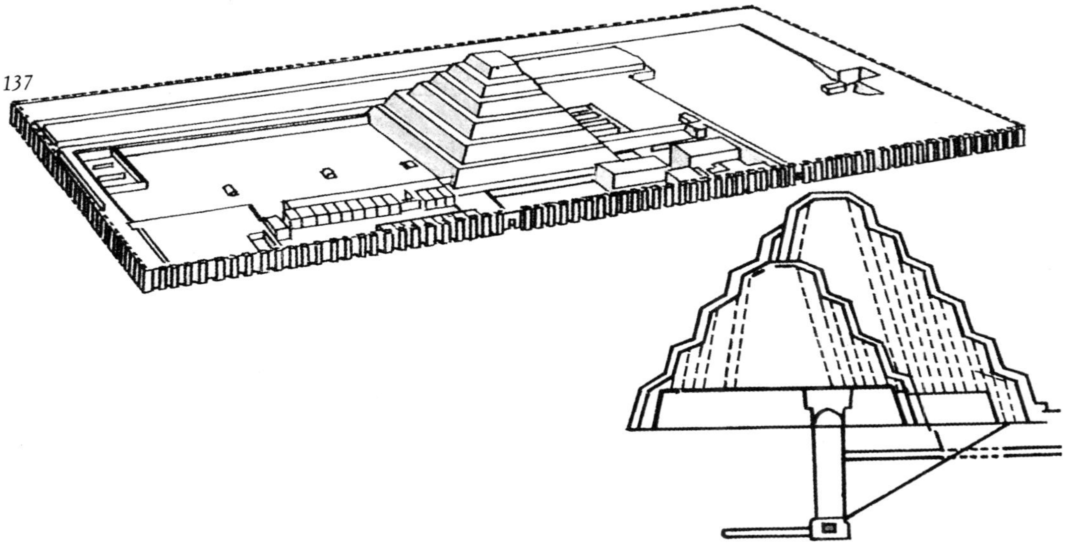

137. Gesamtansicht von Sakkara, 3. Dynastie, Memphis, Ägypten. Diese architektonischen Komplexe umfaßten das pyramidenförmige Pharaonengrab – in diesem Fall ist es das Grab des Pharaos Zoser (2649–2575 vor Christus) –, einen oder mehrere Tempel und zusätzliche Gebäude. In Ägypten wie auch anderswo erfüllen religiöse Denkmäler oft sowohl nützliche wie symbolische Aufgaben. Die Stufenpyramide begünstigte den Aufstieg des Pharaos zum Himmel, zur Sonne hin. Rechts davon sehen wir einen Schnitt durch die Pyramide mit der Grabkammer.

138

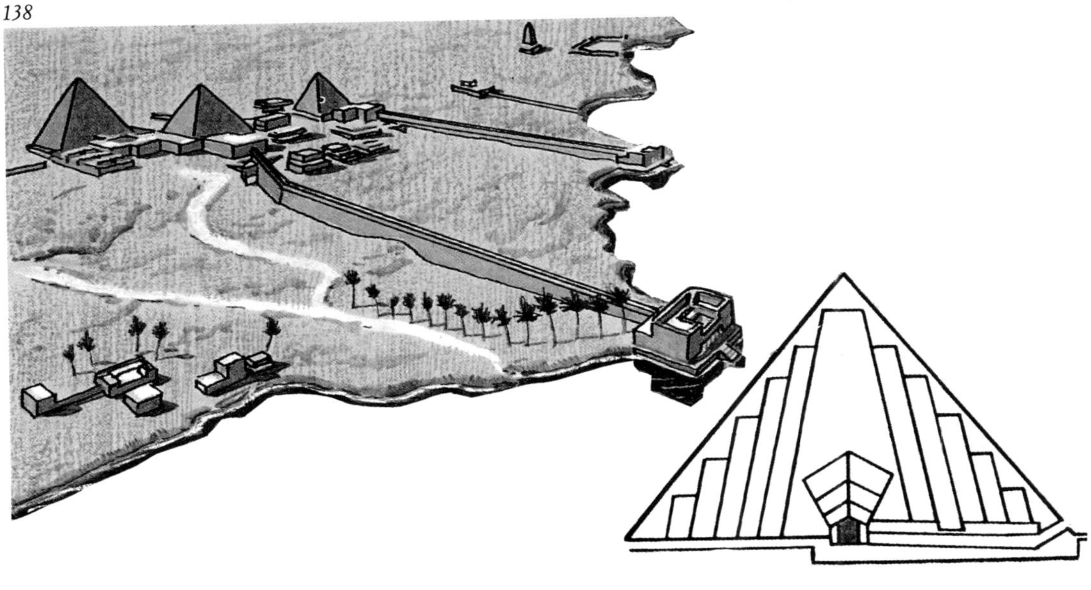

138. Komplex von Abusir, 5. Dynastie, mit den Pyramiden der Pharaonen Sahura (2458–2446), Neferirkare (2446–2426) und Niuserra (2416–2392). Rechts davon: Schnitt durch die Pyramide von Neferirkare. Einer der Tempel dieses Komplexes gilt als Kopie des Tempels von Heliopolis und beweist somit, wie stark der Sonnenkult verwurzelt war.

139

140

141

139. Karnak. Tempel des Gottes Amon (was »verborgen« bedeutet), 18. Dynastie. Große Statue, die in den Händen das Zeichen des Lebens ankh tragen. Das Thema des Lebens steht im Zentrum des ägyptischen Glaubens an die Existenz nach dem Tode.

140. Der falkengesichtige Horus, der Gott der Sonne und des Himmels, wurde auch in der prädynastischen Periode verehrt. Seine Inkarnation als lebender Horus erfolgt dann in Pharao, dessen älteste Bezeichnung »der Name des Horus« lautet. Wir erkennen ihn hier mit dem Zeichen ankh in Händen.

141. Ein weiteres Bild des Horus mit einer Geste, die dem Pharao im Felsentempel der Nefertari bei Abu Simbel Schutz gewährt.

142

142. Darstellung einiger der verbreitetsten ägyptischen Gottheiten. Es gab sehr viele davon und manche unter ihnen verschmolzen zu einer Figur. Amon, der Verborgene, der Erlöser der Gläubigen, Osiris der Totengott, Ptah der Schöpfer durch das Wort, Horus, der Himmelsgott, Toth der Gott der Weisheit und der Götterbote, Anubis, die Gottheit der Nekropolen, Chnum der Schöpfergott, der die Lebewesen auf der Töpferscheibe formt, Hathor die Liebesgöttin, Isis, die Inkarnation des Thrones.

schuf auch die Götter und wies jedem im Land und im Kosmos seinen Platz zu.

Die Ägyptologen haben insgesamt 753 Gottheiten gezählt: lokale göttliche Herrscher, kosmische Götter und Göttinnen, Götter der Weisen. Alle sind Inhaber einer Macht, die der Ägypter mit Hilfe von Bildern, Symbolen und Zeichen auszudrücken versucht. Daher rührt auch die offenkundige Fremdheit dieser Darstellungen. Der Begriff der Macht wird durch ein geschriebenes Zeichen wiedergegeben, das königliche Zepter. Die Gottheiten werden personifiziert und durch Träger der Macht dargestellt, was dem ägyptischen Pantheon ein merkwürdiges Aussehen verleiht: menschlicher Körper, Tier, menschlicher Körper mit Tierkopf. Der Ägypter faßt die Götter als persönliche Wesen auf und gibt ihnen Namen, die bedeutsame Merkmale zum Ausdruck bringen: *Amun* = der Verborgene; *Neith* = die Furchtbare; *Thot* = der Bote. Während seiner ganzen langen Geschichte hat Ägypten an der zweifachen Strömung der theologischen Denkweise festgehalten: der Koexistenz einer Reflexion über das Göttliche im Inneren mit einem im Kult gelebten Polytheismus.

Die Bewunderung der Schöpfung führte die Ägypter zur Entdeckung des Mysteriums des Lebens und seines sakralen Charakters, weil sich darin vor allem das göttliche Wirken ausdrückt. Das Leben steht unter dem Schutz der Götter und wird durch ein mysteriöses Symbol ausgedrückt, das Zeichen *ankh*, dem wir bereits in der Urgeschichte begegnen und das die koptischen Christen wiederaufnahmen (J. Ries, 1986). Dieses Zeichen des Lebens wird auf Tempelmauern, Grabstelen und Statuen eingemeißelt. Die Götter und Göttinnen reichen es dem König und den Toten, denen es auch unter den Nasenlöchern angebracht wird, um sie die Luft der Ewigkeit einatmen zu lassen. Normalerweise trägt der Pharao dieses Zeichen in der Hand. In Tell el-Amarna steht Amenophis IV. (1375–1357), der zum Verehrer des Gottes *Aton*, »Echnaton« wurde, zusammen mit seiner Gemahlin Nofretete vor der Sonnenscheibe und opfert ihr die Göttin *Maat*, das Symbol der Wahrheit und der Gerechtigkeit. Als Antwort darauf läßt der Sonnengott das Zeichen des Lebens auf das königliche Paar hinuntersteigen. Die Symbolik der Szene ist suggestiv und beinhaltet einen Großteil der königlichen Theologie: Der Gott

143. Karte des pharaonischen Ägypten. 1. Alexandria, 2. Sais, 3. Tanis, 4. Heliopolis, 5. Abusir, 6. Tura, 7. Heluan, 8. Memphis, 9. Meidum, 10. Beni Hassan, 11. El Amarna, 12. Esna.

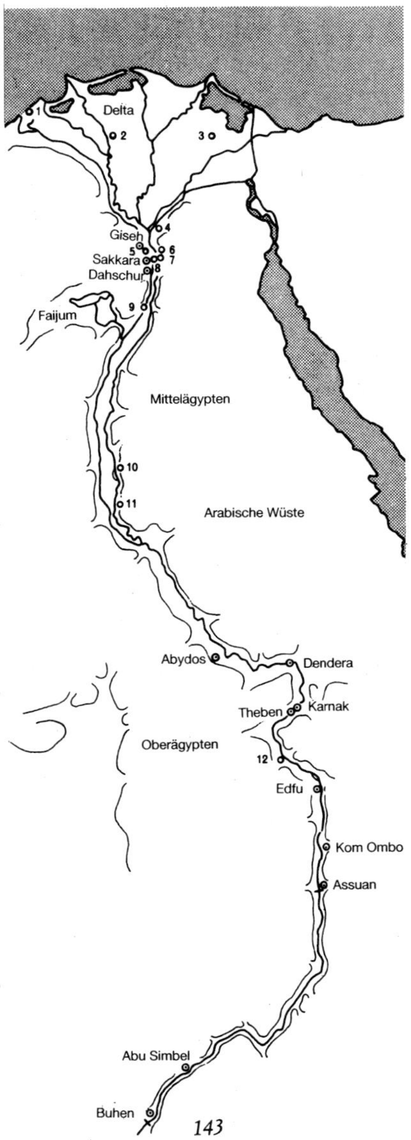

143

144. Szenen aus dem Totenbuch. In der linken Ecke: das Sonnenschiff mit dem Gott Horus. Auf dem Streifen oben: der Tote beim Urteil über ihn vor Horus, Osiris und dem Götterrat. Auf der großen Szene wird die Seele gewogen. Von links: der Gott Anubis führt den Toten zum Wiegen. Anubis führt das Wiegen durch, indem er auf einen Teller der Waage ein Gefäß stellt, welches das Herz des Totens und damit dessen Handlungen symbolisiert. Eine Feder auf dem anderen Teller der Waage stellt Maat, die Gerechtigkeit, dar. Unter der Waage erwartet ein gefräßiges Ungeheuer die bösen Seelen. Der Schreibergott Toth hält das Ergebnis fest. Die Seele, die für gerecht befunden wurde, wird in das duat geführt, das Jenseits.

144

145

145. Bei El Amarna, in einer Ebene nahe beim Nil und in einer Entfernung von ungefähr 300 Kilometer von Kairo, befinden sich die Ruinen der Stadt Akhethaton, die Echnaton als neue Hauptstadt wünschte. Ihre Grenzen werden von großen behauenen Stelen markiert. Die Zeichnung stellt das Relief in der Lünette einer dieser Stelen dar: Wir erkennen die königliche Familie, welche die Sonnenscheibe anbetet.

Aton ist der Schöpfer des Lebens, das königliche Paar ist für die Aufrechterhaltung und die Fortdauer des Lebens verantwortlich.

Menschliches Leben erfordert einen Körper, ein Herz und einen Geist. Bei ihrem Nachdenken über das Mysterium des Menschen kamen die Ägypter auf die Theorie von der Vereinigung der Lebenskräfte. Der Begriff *Ka* wird von zwei gegen den Himmel erhobenen Armen mit offenen Händen symbolisiert; es ist der Lebenshauch, die Lebenskraft, das Prinzip der Persönlichkeit, der göttliche und lebendige Anteil des Menschen. Mit dem Begriff *Ba* oder *Baï* bezeichnet man das individuelle Gewissen, das die Verantwortlichkeit begründet. *Akh* ist das unsterbliche Prinzip, das zum Menschen nach dessen Tod hinzutritt. Mit dem Körper *Zet* vereinigt, gewährleisten diese drei Elemente das Leben des Menschen bis zu dem Augenblick, da der Tod diese Harmonie durcheinanderwirft. Durch das Einbalsamieren, bei dem darauf geachtet werden muß, daß das Herz intakt bleibt, wird der Körper für die Ewigkeit wiederhergestellt. Man ermöglicht ihm damit den symbolischen Gebrauch des Mundes, der Nasenlöcher, der Augen und der Ohren. Auf das Herz der Mumie legt man das Totenbuch, das den Verstorbenen ins zukünftige Leben im Schoß der Unsterblichen geleiten soll, im Königreich des Gottes *Osiris* oder im Schiff des Gottes *Re*. Der Glaube an ein Leben nach dem Tode ist ein bleibender Bestandteil der ägyptischen Religion.

Die Ägypter sorgten sich um die Bewahrung der Schöpfung und des Lebens. Der Hüter dieses Geschehens ist der Pharao: Er ist *Horus*, der Herrscher der beiden Länder, Sohn des *Re*, Nachfolger des *Osiris*. Durch die doppelte Zeremonie der Krönung wird er Hirte wie *Osiris*, und seine Herrschaft ist ein göttliches Werk. Sein Thron stellt den Urhügel dar. Als Priester läßt er Tempel und damit Behausungen für die Götter bauen, und sorgt dafür, daß delegierte Priester den täglichen Kult durchführen. In jedem Tempel ist der *Naos* der Inbegriff des heiligen und verborgenen Ortes. Dort steht die Statue des Gottes, die Zelle des göttlichen Mysteriums, wo der Kult jeden Tag für das unaufhörliche Weiterbestehen des Lebens sorgt. Jeder Tempel ist eine Replik des Urhügels. Das Volk hat dort keinen Zugang, es steht auf dem Vorplatz und wartet, bis die Priester die Statue des Gottes oder der Göttin für eine feierliche Schiffsprozession bis zum Nil hinuntertragen.

Maat ist der Zustand der Schöpfung, der Natur und Ägyptens, der von den Schöpfergottheiten festgelegt wird. *Maat* ist die Wahrheit im Wort, die Gerechtigkeit im Handeln und das richtige Denken. Die ägyptische Religion ist weder eine Offenbarungs- noch eine Schriftreligion. Sie ist etwas Sakrales, gelebt von Menschen, die die Schöpfung und die Pracht des Himmels bewundern. Ihre Botschaft hinterließ im Denken der Mittelmeervölker tiefe Spuren.

25. China, Tao und Yin und Yang

146

Vom 6. Jahrtausend vor Christus an kennt China die Landwirtschaft. Die Bevölkerung lebt seßhaft in Dörfern, kennt das Polieren von Steinwerkzeugen und die Keramik. In den Gräbern dieser neolithischen Kultur fanden die Archäologen Gefäße und Nahrungsreste, beides Zeichen eines Glaubens an das Leben nach dem Tode. Unter der Shang-Dynastie (1751–1028 vor Christus), also in der Bronzezeit, bestätigen zahlreiche Quellen die Existenz einer Religion mit zwei Komponenten: Der eine Kult galt *Shang Ti*, dem Himmelsherrn, der über die kosmischen Rhythmen und über die Erscheinungen der Natur befiehlt, der andere den Ahnen, besonders denen des Königs und der Dynastie. Im Jahr 1028 besiegt Prinz Zhou den letzten Shang-König. Er

147

146. Das Symbol von Yin und Yang, welche die Erscheinungsformen des Tao darstellen. Yin und Yang sind die wichtigsten Gegensätze und Ergänzungen. Sie ermöglichen die Dynamik und die Harmonie des Universums und der Menschen.

147. C. Larre sagt: »Die Kosmologie des Taoisten stellt sich vor, daß jedes Individuum in absoluter Abhängigkeit vom Himmel und Erde entstanden ist. Der Taoist verehrt sie als seine eigentlichen Eltern.« Für die Chinesen wurzelt die Beobachtung des Himmels in der tiefsten Tradition: Im 13. Jahrhundert, während der mongolischen Herrschaft, wurde das berühmte Observatorium in Peking erbaut, von dem wir hier eine Reproduktion der großen Terrasse bringen. Die heute installierten Geräte stammen aus der Quing-Periode und damit der letzten Dynastie.

148

148. *Der Berg hat in China, J. Lagerwey zufolge, »niemals seinen Status als heiliges Stück Erde, als Mikrokosmos der großen Gesamtheit, verloren.« Wenn jeder Berg ein geheiligter Ort darstellt, so gibt es über ganz China verstreut fünf große taoistische Bergspitzen. Auf dem Berg Huashan in der Provinz Shaanxi (östliche Bergspitze) gibt es wie auf den anderen heiligen Bergen einen Weg, der die fünf Bergspitzen im Norden, Süden, Osten, Westen und im Zentrum symbolisiert. Das Bild zeigt eine Terrasse beim Ausgang des südlichen Himmelstores. Von hier aus kann der Pilger eine Botschaft zum Himmel senden.*

149. *Die Fotografie zeigt einen Abschnitt des heiligen Weges auf dem Berg Wudangshan in Hubei. Wir sehen den Tempel, der am südlichen Absturz gebaut wurde. Um ihn zu erreichen, muß man um den ganzen Berg herumgehen und das südliche Tor durchschreiten, das den Weg zum Himmel freigibt.*

149

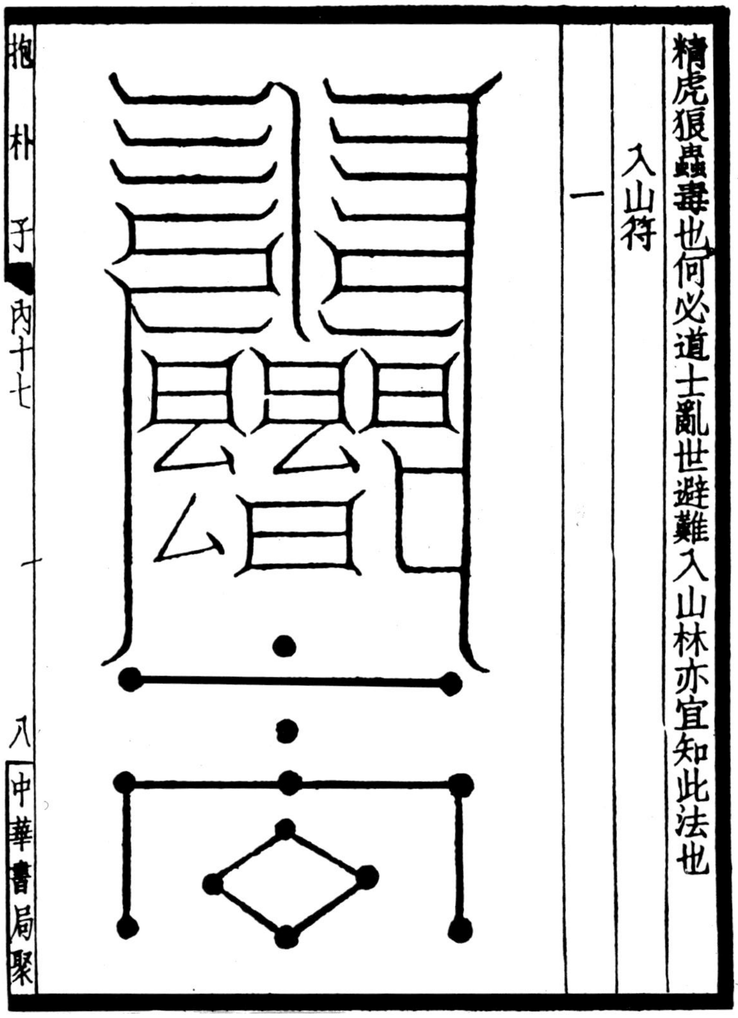

150

150. *Symbol aus dem 4. Jahrhundert, das die Eremiten verwendeten, um in den Berg »einzudringen«. Wer damals einen Berg bestieg, war zahlreichen Gefahren ausgesetzt. So wählten die Eremiten günstige Tage aus und trugen schutzbringende Symbole mit sich, wie dieses hier abgebildete.*

151

151. *Die chinesischen Schriftzeichen geben den »Urhauch« wieder. Es handelt sich um die lebensspendende Energie. Sie findet ihren Ausdruck in den Wolken, die vom Mutterberg ausgehen.*

152

152. *Das chinesische Schriftzeichen für »Höhle« setzt sich aus einem Element zusammen, das Wasser bedeutet und einem Element, das für alles Umfangreiche verwendet wird.*

proklamiert die Doktrin vom »göttlichen Auftrag« und begründet eine lange Dynastie (1028–256 vor Christus). Die Texte berichten von einem Himmelsgott *T'ien* (Himmel) oder *Shang Ti,* einem personalen und anthropomorphen Gott, der in der Mitte des Himmels residiert, alles weiß und die Dynastie beschützt. Auch der Ahnenkult hält weiterhin an.

Texte und Mythen erzählen von dieser weit zurückliegenden Epoche. In ihrem Verlauf hoben die Chinesen den Blick zum Himmel, bewunderten dessen Ordnung, spekulierten über die Natur des Kosmos und die Stellung des Menschen und erfanden eine Symbolik und Riten, die es dem Menschen möglich machen sollten, sich ins Universum einzupassen (Ch. Zheng, 1989). In diesen Riten erblickten die Chinesen das Geheimnis der universellen Harmonie. Die Riten stellten das Funktionieren des uralten Dreierbegriffs »Himmel, Erde, Mensch« dar, der dem gesamten chinesischen Denken unauslöschlich eingeprägt ist. Das Universum wird als riesiger Organismus aufgefaßt, der weder einen Anfang noch eine Ursache hat.

Diese ursprüngliche Auffassung vom Sakralen beruht auf dem Wechsel und der gegenseitigen Ergänzung zweier Pole, des Yin und des Yang. Es sind »gegensätzliche Prinzipien und Urgewalten, deren Wechselwirkung die Zukunft gestaltet«; sie treten in philosophischen Texten des 4. Jahrhunderts vor Christus auf (N. Vandier, 1965). Das duale Gegensatzpaar Yin und Yang bildet die Grundlage aller Dinge, ist das Symbol des Dauerhaften und ständiger Verweis auf das Gesetz des Universums. Wir können es uns als Gegensatz zwischen Schatten (Yin) und Licht (Yang) vorstellen. Zwei Berghänge, der eine im Schatten, der andere hingegen in der Sonne, geben uns eine Vorstellung vom statischen Aspekt von Yin und Yang. Den dynamischen Aspekt erkennen wir, wenn der Schatten,Yin, an die Stelle des Lichtes, Yang, tritt. Diese Symbolik der Polarität und des Wechsels ist bereits reichlich in der Ikonographie der Shang-Dynastie (1751–1028 vor Christus) vertreten. Sie stellt die Gesamtheit der kosmischen und der menschlichen Ordnung dar. Yin und Yang sind untrennbar und stellen nur Erscheinungsformen des Tao dar. Darunter versteht man das Prinzip der Einheit, ein geheimnisvolles Absolutes.

Die alten Mythen spielen auf die paradiesische Natur der Anfangszeit an, während der Himmel und Erde einander nahe waren. Ihre Trennung erfolgte aufgrund eines rituellen Fehlers. Daher erklärt sich die chinesische Sehnsucht nach den Ursprüngen und der Wunsch, diese ursprüngliche Einheit *(houen-touen)* wiederherzustellen. Als Zeitgenosse des Konfuzius (551–479 vor Christus), eines Weisen, der am Ahnenkult und an den traditionellen Riten festhielt und eine Ethik der Tugend begründete, inspirierte sich Lao-tse an archaischen Mythen und stellt in seinem Werk *Tao-te ching* (Buch des Weges und seiner Kraft) das Tao an die oberste Stelle. Es ist das Absolute, Unaussprechliche, die Quelle allen Seins, das Lebende und Schöpferische, entstanden vor dem Himmel und vor der Erde. Das Tao ist der Weg, der Pfad, die Kunst, Himmel und Erde miteinander in Verbindung zu bringen. Tao ist ein immanentes Prinzip universeller Ordnung.

Als Resultat einer langen Entwicklung bildet der Taoismus eine bestimmte Einstellung gegenüber dem Leben (Cl. Larre, 1977). Er beruht auf dem Prinzip des Tao, auf dem Yin und Yang und wird auf komplexe Weise von alten chinesischen Riten beeinflußt und überlagert. Der Taoismus ist ein Weg, auf dem sich Philosophie, Ethik und Religiosität kreuzen. Zu Beginn unserer Zeitrechnung tritt eine neue Form auf, eine taoistische Heilslehre, die ihren Gläubigen verspricht, sie zur Unsterblichkeit zu führen. Der Anhänger des Taoismus, der *tao-che,* glaubt, daß im menschlichen Körper Gottheiten und Geister als Träger des Lebens ihren Sitz haben.

26. Indoeuropäische und indische Religionen

Im Lauf des 3. Jahrtausends wanderten Gruppen von Eroberern vom Indus bis zum Atlantik. Sie hatten ursprünglich eine gemeinsame Sprache, zeigten eine gewisse kulturelle und spirituelle Einheitlichkeit und eine analoge Sozialstruktur. Die Nachfahren dieser Kolonisatoren, die man als Indoeuropäer, gelegentlich auch als Arier bezeichnet, sind die italisch-keltischen, die indoiranischen, die deutschen und skandinavischen, die hellenischen, anatolischen, slawischen und kaukasischen Völker. Zur Bezeichnung der Gottheit verwendeten sie das gemeinsame Wort *deiwo-*, das sich auf ein persönliches, lichtvolles Wesen bezieht. Dieses Wort entstammt der Wurzel *dei-* für »glänzen, Licht aussenden«. Aus diesem Wort entstanden auch die Begriffe für »Himmel« und »Tag«. Seit jener Zeit ist die Religion der archaischen Indoeuropäer eine Himmelsreligion, in der der Himmel das zentrale Element darstellt. Georges Dumézil zeigte, daß sich die indoeuropäische Gesellschaft in drei Funktionen artikulierte: dem Sakralen, dem Krieg und der Fruchtbarkeit. Jeder dieser Bereiche wurde von Männern mit wohl definierten Tätigkeiten repräsentiert: Priester, Krieger, Ackerbauern und Viehzüchter. Ihre Theologie war dreigeteilt: es gab höchste Götter, Kriegsgötter und Fruchtbarkeitsgötter (Dumézil, 1958).

In Indien hat sich das indoeuropäische religiöse Erbe am besten entwickelt. Als Abschluß einer langen mündlichen Tradition wurden zu Beginn des 1. Jahrtausends vor Christus die vier Veden redigiert. Sie zeugen vom Kult der 33 Gottheiten, die den drei Funktionen zugeteilt waren. Die vedischen Götter *Varuna* und *Mitra* wachen über die kosmische Ordnung und hüten die Wahrheit und das Recht. Beide sind himmlische Gottheiten. *Varuna* ist der Hüter des *rita*, der Ordnung des Weltgefüges; *Mitra* hingegen ist der Gott des Vertrages und damit der Ordnung zwischen den Menschen. Die beiden Götter ergänzen einander und gehören zusammen. *Varuna* regiert über die Nacht, *Mitra* über die Sonne und den Tag. *Vishnu* ist der immanente Gott, die Macht, durch die der Kosmos existiert. Er gilt als Symbol des ewigen Lebens. *Shiva* ist die Zeit, die diesem Universum als Lebenszeit gegeben ist; er zerstört aber auch dieses Universum. Als Schöpfergott vernichtet Shiva die Welt und schafft eine neue; er ist der Gott der zyklischen Zeit und der ewigen Wiederkehr, die Indien ihren Stempel aufgeprägt hat.

Im dynamischen Zentrum dieser Mythologie steht der Gott *Agni*, das Feuer, der Götterbote, das himmlische Feuer, das Opferfeuer, das Feuer des häuslichen Herdes. Als Bote hat er den Auftrag, für die dauernde Verbindung zwischen den Göttern und den Menschen zu sorgen. Der indoeuropäische *Homo religiosus* war beeindruckt vom Feuer, das vom Himmel auf die Erde herabstieg. Als Erben dieses Denkens sahen die indischen Brahmanen im Opfer ein kosmogonisches Prinzip. Der Lobgesang an Purusha (Rigveda X, 90) schreibt den Ursprung des Kosmos dem Opfer von Purusha zu, dem Urmenschen. Die Kultsymbolik beruht auf der Annahme, daß das himmlische Feuer (Sonne,

153

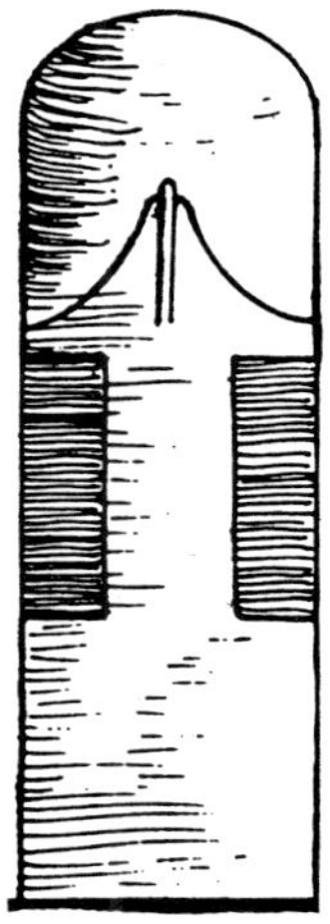

154

155

153. 154. 155. Die häufigsten visuellen und plastischen Bilder des Hinduismus stellen nach S. Kramrish in der von Eliade herausgegebenen Enzyklopädie der Religionen Vishnu, Schiwa und Devi dar. In dieser Reihenfolge sind sie auch hier abgebildet. Links: Vishnu Trivikrama, Steinskulptur, Bengalen. In seiner fünften Inkarnation durchquerte Vishnu mit drei Riesenschritten den Kosmos und besiegte den Dämon Bali. In der Mitte: Darstellung des wichtigsten Objekts im Schiwakult, des Linga. Dieses Sanskritwort bedeutet Zeichen oder Phallus. Linga symbolisiert die biologische, psychologische und kosmische Schöpfung. Rechts: Devi ist die große Göttin, die das schöpferische, als weiblich verehrte Prinzip darstellt. Ihre hauptsächliche Wiedergabe erfolgt als Durga, die ihre Macht beweist, indem sie den Büffeldämon besiegt. Dies erzählt uns die hier abgebildete Steinskulptur aus Bhubaneswar, Orissa, Indien.

157

156. Große Statue des Schiwa-Mahesvara (Schiwa mit drei Köpfen) vor der Hinterwand des Hauptsaales im Felsentempel von Elefanta, Indien, 6. Jahrhundert nach Christus. Obwohl die ältesten Veden das Adjektiv für »freundlich« oder »wohlwollend«, aber nicht den Eigennamen Schiwa kennt, sieht die postvedische Welt in Schiwa die wichtigste göttliche Figur neben der Vishnus.

157. Der frontale Zugang mit den imponierenden Pfeilern im Felsentempel von Badami, Indien, 6. Jahrhundert nach Christus.

156

Blitz) und das Feuer auf der Erde identisch sind. Sie durchdringt die gesamten hinduistischen Riten. Das Opfer nimmt in der Gesellschaft eine zentrale Stellung ein und wird mit drei Feuern gefeiert. *Garhapatya,* das Feuer des Hausherrn, der Stütze des Opfers; *ahavaniya,* das die Aufgabe hat, mit der Flamme die Gaben der Menschen zu den Göttern zu bringen; *dakshinagni,* das Feuer, das Wache steht gegen die Feinde. Diese drei Feuer bringen die indische Gesellschaft in Kontakt mit den Göttern. In den Ursprüngen von Rom, die ebenfalls von dieser theologischen und sozialen Dreiteilung geprägt waren, nahmen die drei Feuer eine besondere Stellung ein (Dumézil, 1966). Jede Feuerstätte, die den Zusammenhalt der Gesellschaft konstituiert, stellt einen heiligen Raum dar. Der Hausherr muß am Morgen und am Abend die Flamme, die unter der Asche glimmt, wieder zum Leben erwecken: Das ist das *agnihotra,* durch das *Agni* eine Verbindung zwischen der Familie und den Göttern herstellt.

Zur Zeit der Niederschrift der *Brahmanas* (religiöse Texte des 8. Jahrhunderts vor Christus) führt die Mystik des Opfers und der Unsterblichkeit aufgrund dieses Opfer die Vorstellung eines Schöpfergottes ein: *Prajapati* ist der Herr der Geschöpfe und selbst der erste Opfernde. Durch diese Theologie und die entsprechenden Riten wird das Opfer zum zentralen Element in der brahmanischen Religion Indiens. Sein Ziel ist die Wiederherstellung des Kosmos, der durch die zyklischen Veränderungen erschöpft ist. Für den Brahmanismus hält das Opfer den Kosmos am Leben. *Prajapati* ist der Schöpfergott, das Opfer selbst, aber auch das Jahr, das durch den Altar symbolisiert wird. Dank seines Opfers sorgt er dafür, daß die Jahreszeiten aufeinanderfolgen, und gewährleistet die Fruchtbarkeit des Bodens, der Tiere und der Menschen. Diese Mystik des Opfers wiederholt sich in Indien auf ewig durch die Verbrennung des Leichnams.

Im 6. Jahrhundert vor Christus stellen die vedischen Upanischaden die letzte Phase des *shruti* oder der »Offenbarung« dar. Es handelt sich dabei um die ewige Wahrheit, die ursprünglich die *rishi* vernahmen, mythische Personen, die der Proklamation des Veda beiwohnten. In den Texten der Upanischaden treten philosophische Spekulationen an die Stelle von Riten, und es kommt zu einer echten Verinnerlichung des Opfers. Das *karma* ist die Frucht der Handlungen des Menschen; es gibt ihm die Gewißheit, daß jede gute Tat ihn der endgültigen Erlösung näher bringt, und ihn vom *samsara* befreit, der ewigen Wiedergeburt in einen menschlichen Körper.

Im 4. Jahrhundert, am Vorabend der Erschütterung durch den Buddhismus, entwickelt sich das *bhakti,* eine volkstümliche Religion der Hingabe und Frömmigkeit, die sich auf die Götter *Shiva, Vishnu* und *Krishna* beziehen. Begründet wird diese Lehre durch das Epos *Bhagavadgita,* den »Gesang des Erhabenen«. Von diesem Zeitpunkt an breiteten sich die »Offenbarung« *Krishnas,* die Darstellung der Gottheiten, die künstlerische Blüte und der Bau von Tempeln aus.

158

159

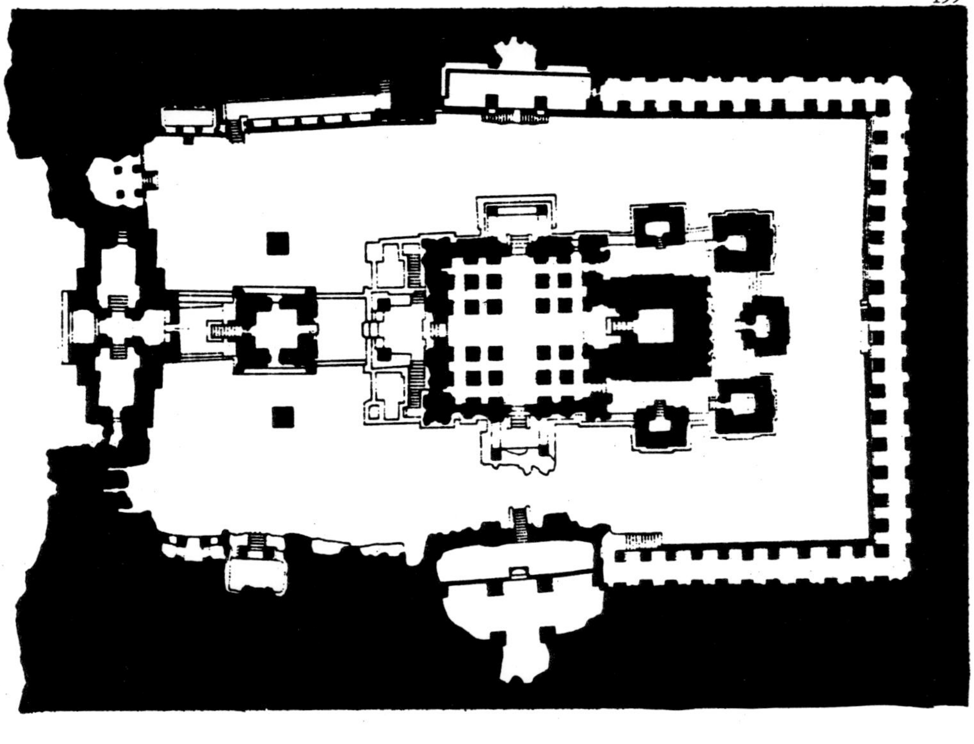

158. 159. Das Felsheiligtum von Ellora, 180 Kilometer nordöstlich von Bombay, stellt durch den Umfang und die Zahl der Skulpturen den größten in Felsen eingegrabenen Tempelkomplex Indiens dar. Der Granitberg Kaila ist der mythische Sitz des Gottes Schiwa. So kam man auf die Idee, nicht einen Tempel zu bauen, sondern ihn in den Berg einzugraben. Der Aufenthaltsort Schiwas sollte der Stein seines eigenen Berges sein. Die Arbeiten in Ellora wurden im 8. Jahrhundert nach Christus begonnen und in der Mitte des 9. Jahrhunderts abgeschlossen. Seitenansicht (oben) und Grundriß (unten) von Ellora. Das Muttergestein ist schwarz eingezeichnet, die ausgehöhlten Teile sind weiß.

27. Die Botschaft Zarathustras

Seit dem Ende des 2. Jahrtausends siedeln indoeuropäische Völker im Iran. Wir finden dort zahlreiche Spuren einer Dreiteilung der Götterwelt und einer Dreiklassengesellschaft. Der Priester und Prophet Zarathustra, griechisch auch Zoroaster genannt, lebte zu Beginn des 1. Jahrtausends vor Christus im Nordosten des Landes in einer feudalen Gesellschaft und einer von Landwirtschaft und Viehzucht geprägten Umwelt. Er wendet sich gegen die Opferung von Rindern und nimmt eine Reform der alten Religion in Angriff. Er unterdrückt den Opferkult und ersetzt ihn durch eine spirituelle Gabe; er hütet das Feuer als Symbol der Wahrheit und gibt seine Lehre als Offenbarung aus, die er vom obersten Gott *Ahura Mazda* erhalten habe. Von dieser Lehre sind uns siebzehn Lobgesänge, die *Gàthàs,* erhalten geblieben; die Kompilatoren des *Avesta,* des heiligen Buches des Irans, stellten sie als Bestandteil zur Schriftensammlung *Yasna,* was »Opfer« und »Verehrung« bedeutet.

Im alten indoeuropäischen Erbe fand Zarathustra die Vorstellung eines persönlichen Gottes, eines Lichtwesens, sowie die Auffassung von den drei göttlichen Funktionen: des Sakralen, des Krieges und der Fruchtbarkeit. Der Reformator weist auf einen Gott hin, der im Licht wohnt und dessen Kleid der Himmel ist: Es ist *Ahura Mazda,* »der weise Herr«, der alles sieht und alles weiß. Er ist von sechs Erzengeln umgeben, die sich die drei göttlichen indoeuropäischen Funktionen aufteilen, allerdings in einem völlig vergeistigten Zusammenhang. Der Parsismus, der nach dem Tod des Propheten entsteht, nennt diese Engel *Amesha Spenta* (»unsterbliche Wohltäter«). *Vohu Manah* (»gutes Denken«) und *Asha* (»Wahrheit, rechte Ordnung«) hüten das Sakrale und teilen es zu und ähneln einem leuchtenden Feuer: Sie nehmen an der Schöpfung teil, helfen *Ahura Mazda* dabei, die Welt zu lenken und die Menschen zu belehren. *Kshathra* (»Reich, Herrschaft«) kämpft den mystischen Kampf gegen das Böse und die Lüge und arbeitet mit *Ahura Mazda* bei der Errichtung seines Reiches zusammen. *Armaiti,* die »gute Gesinnung«, opfert ihre Kräfte im Dienste der Gläubigen auf. *Haurvatat* (»Gesundheit«) und *Ameretat* (»Unsterblichkeit«) stellen die Belohnung für den frommen Menschen dar.

Angesichts des Problems des Guten und des Bösen, der Wahrheit und der Lüge stellt Zarathustra zwei Prinzipien einander gegenüber. *Spenta Mainyu* ist der »gute Geist«, der Ursprung des Lebens, die treibende Kraft hinter menschlichen Handlungen, der mit *Ahura Mazda* untrennbar verbunden ist. Auf der anderen Seite steht *Ahra Mainyu,* der »böse Geist«, der Feind der Wahrheit, der Täuscher, der Zerstörer der Ordnung und des Glücks, umgeben von den *daêva,* den Dämonen. Der Mensch steht vor der unausweichlichen Wahl zwischen dem Guten und dem Bösen. Diese Wahl ist ein Gebot des »weisen Herrn«: Es gibt zwei Gebote, nämlich die Erhaltung des Lebens und der Kampf gegen das Böse. Gute Handlungen stellen einen Lobgesang für *Ahura Mazda* dar und verschaffen den Menschen ein langes Leben und Belohnung. Die Lüge und schlechte Taten werden die gerechte Strafe empfangen. So entstehen zwei Gemeinschaften von Menschen: die Treuen und die Ungläubigen.

Zarathustra kündigte eine Veränderung der menschlichen Bedingungen und eine Veränderung der Welt *(frasho-kereti)* an. Sie besteht in der Abschaffung der zyklischen Zeit. Seine Theologie, die auf den »weisen Herrn« ausgerichtet ist, sein Lobpreis der Wahrheit, die Hervorhebung der Weisheit und des Wissens bezeugen die Neuheit dieser religiösen Botschaft. In der prophetischen Botschaft der *Gathas* erkennt man anhand der Lobgesänge auch die Bedeutung des Kults. Zarathustra nimmt eine Stellung in der prophetischen Bewegung ein, die im Lauf des 1. Jahrtausends vor Christus die Menschheit inspiriert und einen wahren Wendepunkt darstellt.

160. Darstellung des obersten Gottes Ahura Mazda mit dem geflügelten Rad, das den Himmel symbolisiert.

160

161. Oben: Rekonstruktion eines Gebäudes in der Umgebung der Königsgräber von Naqsh-I-Rustam südöstlich von Susa, nicht weit von Persepolis entfernt. Viele Forscher betrachten das Gebäude als Feuertempel (6. bis 5. Jahrhundert vor Christus). Unten: Ein Feueraltar an demselben Fundort, allerdings in einer späteren Epoche (3. Jahrhundert nach Christus). Die stehende Figur wurde ausgehend von einer Goldtafel des 6. Jahrhunderts vor Christus rekonstruiert und stellt einen Priester dar, der dem Feuerkult dient.

161

162

162. Der Palast des Darius in Persepolis. Archäologische Reste der Ostseite der Treppe, die ganz mit Flachreliefs geschmückt war und die zum großen Audienzsaal führte. Links und rechts sind im Vordergrund Wachen abgebildet. Wir sehen auch das Bild des Löwen, der den Stier reißt, ein Symbol für den Triumph des Guten über das Böse, eines der zentralen Themen der Botschaft von Zarathustra.

28. Die Offenbarung Gottes und die monotheistischen Religionen

Die Religion Israels

Unser Gang durch die Geschichte zeigte uns den Menschen auf der Suche nach Gott. Im 3. Jahrtausend vervielfachte der *Homo religiosus* Mesopotamiens die Bilder der Götter und gab ihnen ein menschliches Antlitz. Die Texte zeigen, daß sich der Mensch vor allem »seinem Gott« verbunden fühlte, der ihm zu einem Weggefährten wurde und dessen Gebote er erfüllte. Zu Beginn des 2. Jahrtausends findet in Mesopotamien ein Ereignis außergewöhnlicher historischer Bedeutung statt: Gott offenbart sich Abraham und wählt ihn als Stammvater des Volkes Israel (H. Cazelles, 1989). Er verspricht ihm zahlreiche Nachkommenschaft, und nach dieser göttlichen Auserwählung fühlt sich Abraham seinem Gott ganz nahe. Er geht mit ihm seinen Weg und ist mit ihm durch einen unbedingten Glauben verbunden. Aufgrund seines Erscheinens in der Geschichte wird dieser Gott »der Gott Abrahams, Isaaks und Jakobs«. Unter dieser Bezeichnung kennen ihn die Patriarchen. Die Geschichte wird somit zu einer heiligen Geschichte, von der in einem Buch berichtet wird, der Bibel, dem heiligen Buch Israels.

Einige Jahrhunderte darauf bringt die Theophanie Gottes im brennenden Dornbusch einen Wendepunkt der Religion Israels. Gott offenbart sich Moses, der aus Ägypten geflohen ist, in einem Feuer und sagt ihm: »Ich bin der Gott deines Vaters, der Gott Abrahams, der Gott Isaaks und der Gott Jakobs.« (Exodus 3, 6). Im Laufe dieser Theophanie enthüllt dieser personale Gott Abrahams und der Patriarchen seinen Namen, Jahwe: »Ich werde mit dir sein« (3, 12). »Ich bin der Ich-bin!« (3, 14). Gott enthüllt Moses diesen Namen als Unterpfand seiner Präsenz für das Volk. Zu diesem Zeichen eines Bundes fügt er hinzu, daß die Erde, auf der Moses steht, geheiligt sei. Die Bibel erzählt in der Folge von einer Reihe von Geschehnissen, die sie als von Jahwe bestimmt darstellt: die Entsendung des Moses nach Ägypten, das Passahfest Israels, der Auszug ins gelobte Land, die Erscheinung Gottes am Sinai, der Bund zwischen Jahwe und seinem Volk. Der Gott der Patriarchen wird zum Gott des Bundes; er nennt Israel »mein Volk«. Bei den Theophanien in der Wüste manifestiert sich Jahwe als Herr der Natur (Regen, rauchender Berg) und als befreiender Gott. Auf dem Berg offenbart der Gott des Bundes, der Gott des Volkes Israel, seinem Volk sein Gesetz und seine Gebote. Das Wesentliche dieser Offenbarung ist in den Zehn Geboten zusammengefaßt. Die jüdische Tradition betrachtet das mosaische Gesetz (Thora) als endgültige Grundlage der Religion und des sozialen Lebens des Volkes Israel.

163

163. Mit dem Wort »Tempel« (vom Griechischen témenos, heiliger Bezirk) bezeichnen wir den sinnbildlichen Ort der Theophanie des Göttlichen. Der Tempel von Jerusalem wurde zum erstenmal von Salomo 965 vor Christus auf einem Hügel errichtet. Die Priester bewahrten darin die Bundeslade mit den Gesetzestafeln auf. Die Bundeslade galt seit den Zeiten von Moses als der sakrale Gegenstand schlechthin, als ein Symbol der Präsenz des unsichtbaren Gottes inmitten seines Volkes. So erlangte der Tempel einen absoluten Wert für die Religion Israels. Hier ist der Tempel von Jerusalem dargestellt, wie ihn Herodes der Große (von 20/19 bis 10/9 vor Christus) wieder aufbauen ließ. Über das ungefähre Aussehen des Tempels wissen wir durch die Angaben von Iosephus Flavius und des Traktats Middot (Maße des Tempels) der Mischna Bescheid.

Der Jahwe-Kult verwirft die heidnischen Opfer, die Götzenbilder und die landwirtschaftlich bestimmten Riten. Der Glaube wird zum neuen Grundgesetz des *Homo religiosus*. Angesichts der kosmischen Gotteserscheinungen faßt der Gläubige die Erscheinung Jahwes und die Sakralität der »göttlichen Person«, also des lebendigen Gottes, der sich in der Geschichte offenbart, so auf, daß die Geschichte selbst zur Gotteserscheinung wird. Jahwe verwirft jede Darstellung, die in als Geschöpf, in Gestalt eines männlichen oder weiblichen Wesens, als Sonne, als Mond oder als Stern zeigt (Deuteronomium 4, 16–19). Die Psalmen lobpreisen die Macht Jahwes, des Schöpfers des Himmels und der Erde, des Lichtes und der Menschen; sie nehmen das Thema der Genesis (9, 4) wieder auf. Jahwe schuf den Menschen nach seinem Ebenbild. Der Kult des einzigen Gottes wird in einem einzigen Tempel auf dem heiligen Berg Sion gefeiert.

Die Propheten sind Botschafter des Bundes Gottes; sie tragen zur Vertiefung seiner Erkenntnis und des Glaubens bei den Anhängern bei. Im 9. Jahrhundert erhebt Elia seine Stimme als unerbittlicher Verfechter des Jahweglaubens und als Gegner syrischer Kulte. Gegen 740 hat Jesaja im Tempel eine grandiose Vision, die ihn dazu führt, die Heiligkeit Gottes, der auf einem hohen und erhabenen Thron sitzt (6, 1), zu proklamieren. Mit einer lapidaren Formel unterscheidet er die Heiligkeit des Gottes Israels von der Sakralität heidnischer Religionen. Das Heiligkeitsgesetz (Leviticus Kap. 17–26) erfordert ein bestimmtes Verhalten: geweihte Priester, Opfergaben, Sabbat, heilige Feste und ein heiliges Volk nach dem Vorbild der Heiligkeit Jahwes. Im Namen der Heiligkeit Gottes werden moralische und juristische Vorschriften erlassen. Jahwe selbst gab seinem Volk das Heiligkeitsgesetz, wie er ihm auch die Weisheit verlieh, die seine Erziehung vollendet. Die Psalmen bilden den Widerhall des Glaubens, der Heiligkeit und der Weisheit der Gläubigen.

Bereits in Genesis 49, 8–12 ist die Rede von einem König, dem die Völker gehorchen werden: Dies ist die Wurzel des königlichen Messianismus. In Deuteronomium 18, 15–22 kündigt Moses an, daß Gott aus der Mitte seines Volkes einen Propheten entstehen lassen wird, der ihm ähnlich sein wird: Dieser Text begründet den prophetischen Messianismus in Israel. Jesaja spricht vom »Diener Jahwes«, der durch sein Leiden die Ankunft des Königreiches Gottes vorbereitet. Er kündigt auch die Geburt des Immanuel an (Jesaja 7, 14). Die erneuerte Welt wird von einem König im Namen Jahwes regiert; er wird der »Gesalbte des Herrn« sein. Daniel (7, 13) spricht vom Menschensohn, einer himmlischen Gestalt, die von Gott Macht über alle Völker erhält. Damit bestätigt er die endgültige Königsherrschaft Gottes, und Israel erwartet nun einen messianischen König. Die Essener von Qumran lebten in dieser Erwartung eines priesterlichen und königlichen Messias, eines Sohnes Davids.

164. Mosaikfußboden der Synagoge von Beit Alfa in Palästina (518 bis 527 nach Christus). Oben erkennen wir die Bundeslade und den siebenarmigen Leuchter (menorah), das Symbol der jüdischen Religion. Unten ist das Opfer Isaaks, in der Mitte der Tierkreis dargestellt.

165. Die Zeichnung gibt die Vision des Propheten Ezechiel von der Wiederauferstehung der Toten wieder, wie sie auf die Wände der Synagoge von Dura Europos am Euphrat in Syrien dargestellt ist. Sie ist eine der ältesten Synagogen und enthält einen komplexen Zyklus von Wandmalereien.

164

165

Jesus Christus und die christliche Religion

166

166. Christus und die Samariterin am Jakobsbrunnen, Gemälde in einer Katakombe vom Ende des 4. Jahrhunderts, die 1955 unter der Via Latina in Rom gefunden wurde. Das Thema wurde schon in anderen sehr alten Katakomben dargestellt: Das Wasser stellt ein bedeutendes Symbol für das Leben und den Tod dar und erinnert an die Taufe, das Zeichen der Wiedergeburt des Christen.

167. Folgende Seite: Kapharnaum, dessen archäologische Reste sich in Tell Hum befinden, liegt am nordwestlichen Ufer des Sees Tiberias (Palästina) und stellt das Zentrum der Aktivität von Jesus Christus in Galiläa dar. Bei einer Ausgrabungskampagne, die 1968 begann, legten Archäologen bewohnte Viertel und ein Haus (hier im Bild) frei, das bereits im 1. Jahrhundert nach Christus dem christlichen Kult diente und als Haus des Petrus gilt.

167

von seinem Vater. Er tut dies immer wieder und ausdrücklich. Die Erzählung von der Verklärung nimmt bei Markus (9, 2–10), gleich nach dem Bekenntnis des Petrus in Caesarea, eine zentrale Stellung ein. Der Bibelkritik erscheint der Bericht von der Verklärung als das Zeugnis eines beträchtlichen Schocks, den sie bei den Anwesenden, Petrus, Jakobus und Johannes, auslöste. Sie verstanden nun, daß diese Offenbarung eine Wiederholung der Offenbarung vom Sinai war und daß sie enthüllte, daß Jesus der Sohn Gottes war: »Dieser ist mein geliebter Sohn.«

Der Tod von Jesus stürzte seine Jünger in eine völlige Krise. Doch einige Tage später verkündigen sie fest und entschieden seine Auferstehung. Diese Verkündigung hat ihren Ursprung in der Ostererfahrung der Apostel und der Jünger, die ihnen die Gewißheit gab, Jesus, den Sohn Gottes, dem sie vor seiner Passion und seinem Tod gefolgt waren, erneut zu erfahren. Für die Apostel findet der Glaube an Gott in der Auferstehung Jesu seinen letzten Grund, seine Kraft und seinen Inhalt.

Jesus und seine Botschaft

Die Ursprünge des Christentums liegen in Jesus von Nazareth, denn die christliche Religion stellt sich als die von ihm gegründete dar. Für den modernen Historiker mit seinen Quellen ist die christliche Bewegung in Palästina entstanden. Das setzt die historische Existenz von Jesus voraus, von dem die Evangelien sprechen. Mehrere kürzlich gemachte Entdeckungen scheinen die Meinung gewisser Exegeten zu unterstützen, die Redaktion der ersten Texte, darunter des Markusevangeliums, sei gegen Mitte des ersten Jahrhunderts erfolgt. Historisch gesehen wurzelt die ganze Tradition der Evangelien in den Ereignissen, welche die Gruppe der Zwölf miterlebten. Jesus hatte sie um sich geschart, damit sie bei ihm blieben und nachher in alle Welt hinauszögen, um zu predigen (Markus 3, 13–19). Durch ihr Zeugnis kennen wir die Botschaft, welche das Christentum begründete (Ch. Perrot, 1979).

Die synoptischen Evangelien stellen die Wiederaufnahme der Ankündigung eines Messias an den Anfang des öffentlichen Lebens. Nach der Taufe von Jesus im Jordan schreibt Markus (1, 10): »Und sobald er aus dem Wasser heraufstieg, sah er die Himmel sich zerreißen und den Geist wie eine Taube auf sich herabschweben.« Die prophetische und christologische Dimension dieses Textes ist eindeutig. Sie wird bestätigt durch den Titel Menschensohn, den Jesus beansprucht (Matthäus 10, 23; Lukas 22, 68). In seinen ersten Predigten kündigt er das Kommen des Reiches Gottes an, das nahe sei (Markus 1, 15). Er verkündigt auch, die Zeit der Erfüllung sei gekommen (Lukas 4, 28–29). Seine Jünger verstehen sehr wohl, daß Jesus gleichzeitig der Messias und der Prophet ist, der das Königreich ankündigt. In ihren Augen ist seine Ankunft die des Königreichs der Himmel.

Die Gleichnisse Jesu bilden die einfache Weise der Ankündigung des Reiches Gottes, und die Wunder werden als Zeichen, als wirksame Gesten der Errichtung des Himmelreiches gegeben. Gleichnisse und Wunder bedingen sich gegenseitig. Jesus selbst sprach von den Wundern als Zeichen des Himmelreiches (Matthäus 11, 5). Das unmittelbare Bevorstehen des Reiches Gottes verband er explizit mit seiner Wundertätigkeit (Matthäus 12, 28; Lukas 11, 20). Seine Wunder eröffnen die Umwandlung der gegenwärtigen Welt. Jesus tritt als jemand auf, der einen neuen Heilsweg eröffnet, und schon vor seiner Auferstehung bekennen ihn seine Apostel als Sohn Gottes.

Die Bindung zwischen Jesus und »seinem« Gott drückt sich durch die Beziehung zwischen Vater und Sohn aus. Jesus spricht

Kirche und christliche Lehren

In der Apostelgeschichte finden wir ein zusammenhängendes Bild der ersten dreißig Jahre, während derer sich christliche Gemeinden in der jüdischen und hellenistischen Welt ausbreiteten. Die Kirche erlebt ihren Aufstieg. Die Paulusbriefe stellen die ersten Quellen einer Theologie, einer Christologie und einer Ekklesiologie dar, den die griechischen, lateinischen und östlichen Kirchenväter weiterentwickeln werden. Im Zentrum der Lehre von Paulus steht der auferstandene Jesus, der Urheber der Erlösung der Menschen. Er ist der Herr, der neue Adam am Anfang einer erneuerten Menschheit; er macht aus dem Christen einen neuen Menschen. Die Taufe ist das Eintrittstor zur Kirche. Die Eucharistie bewirkt, daß Christus in der kirchlichen Gemeinschaft präsent ist; sie bewirkt auch, daß der Leib Christi, der die Kirche ist, wächst. Die Auferstehung von Christus ist das Unterpfand für die Auferstehung der Christen. Der Christ nimmt am göttlichen Leben teil, das vom Vater durch den Sohn im Heiligen Geist kommt. Sein gesamtes Leben sollte davon geprägt sein.

Im Verlauf der vier Jahrhunderte, die zwischen der Apostelgeschichte und dem *Gottesstaat* des Augustinus von Hippo liegen, breitet sich die christliche Kirche nach Osten und Westen aus. Sie betrachtet sich als das wahre Israel, als die Erbin der Verheißungen des Heiligen Bundes und der Prophezeiungen, grenzt sich gegen die Thora und die Riten des Judentums ab. Im Gegensatz zur Synagoge entwickelt sich eine neue religiöse Kunst, die christliche Kunst. Gegenüber dem Widerstand und den Angriffen von seiten der Heiden verteidigen die Apologeten die christlichen Lehren und Praktiken und sparen nicht mit Kritik an den Götzenbildern und deren Kulten. Die griechischen Kirchenväter verwerfen aber nicht den Wert der Ideen der Platoniker und der Stoiker. In Alexandria begegnet der christliche Glaube der antiken Kultur. Im goldenen Zeitalter der Kirchenväter legt Lactantius die Grundlagen des christlichen Humanismus, während Eusebius von Caesarea die erste Kirchengeschichte verfaßt. Im Zentrum der theologischen Diskussionen, die auch Gelegenheit bieten, Dogmen herauszuarbeiten, entsteht eine Heilsgeschichte, die gleichzeitig eine Theologie der Kultur und eine Theologie der Geschichte darstellt. Das ist die Botschaft von Augustins Werk *De civitate Dei*.

Auf der Grundlage des Passahfestes, das Jesus vor seiner Passion in Jerusalem mit seinen Aposteln gefeiert hatte mit dem ausdrücklichen Befehl, darin fortzufahren, erlebt der christliche Kult seinen Aufstieg im Rahmen der Eucharistie und der Erinnerung an die Auferstehung von Jesu. Sie wird von der ersten christlichen Generation auf den Tag festgelegt, der auf den Sabbat folgt. Es ist der Sonntag, der Tag des Herrn. Vom 2. Jahrhundert an ergeben sich Konfliktsituationen durch Lehren, die mit der apostolischen Tradition nicht übereinstimmen. Als Antwort darauf entscheiden Bischofssynoden über die richtige Lehre der Kirche. Kurz nach der Anerkennung des Christentums durch Kaiser Konstantin versammeln sich die großen ökumenischen Konzilien, die im Westen und Osten Gültigkeit besitzen. Dies geschah 325 in Nizaea, um das Dogma von der Dreifaltigkeit Gottes gegen Arius zu definieren, 381 in Konstantinopel, um das christliche Glaubensbekenntnis (Nizänokonstantinopolitanum) zu präzisieren, 431 in Ephesus, um Maria als Gottesgebärerin und Gottesmutter zu definieren, 451 in Chalkedon, um das christologische Dogma zu definieren, wonach Jesus wahrer Gott und wahrer Mensch ist. Diese vier Konzilien legten definitiv die Grundlagen für den christlichen Glauben der Kirche.

168

168. Die Zeichnung gibt ein Fresko vom Ende des 2. Jahrhunderts wieder, das sich in den Grabkammern der Katakomben des heiligen Calixtus in Rom befindet. Das Gemälde zeigt einen Fisch und einen Korb voller Brot. Diese eucharistischen Symbole sind in vielen Grabstätten des Frühchristentums vorhanden. »Das Brotbrechen« war in der Tat die wichtigste Handlung des christlichen Ritus; der Fisch galt als Symbol von Jesus Christus.

169

169. Der Stich zeigt das Innere des Petersdomes in Rom vor dem Neubau. In der christlichen Basilika steht H. P. L'Orange zufolge »alles im Dienste des Inneren«, wo »das Licht das haupsächliche Element darstellt und die oberen Teile des Gebäudes in strahlendem Licht erscheinen, ganz im Gegensatz zum Halbdunkel des Gebietes darunter, wobei in den Seitenschiffen das Licht noch schwächer wird.«

Der Islam, Religion und Gemeinschaft

Die Entstehung des Islam, der dritten abrahamitischen Religion, steht in engem Zusammenhang mit zwei arabischen Städten, Mekka und Medina, und dem Propheten Mohammed aus der Dynastie der Haschemiten. Als Sucher Gottes *(hanif)* und Karawanenführer trifft er mit Juden und Christen zusammen und hat um 610–612 auf dem Berg Hira bei Mekka eine Offenbarung (Koran 53 und 96): In dem Bewußtsein, daß er mit einer prophetischen Mission betraut wurde, beginnt Mohammed, bestimmte Wahrheiten zu verkünden, welche die Grundlage der islamischen Botschaft bilden: die Macht des einzigen Gottes und seine Güte; die Notwendigkeit, daß der Mensch im Hinblick auf das Jüngste Gericht zu Gott zurückkehrt; die Antwort des Menschen durch Anbetung Gottes und durch Dankbarkeit; Glauben und Gebet; Schutz der Waisen und der Armen. Aufgrund des Wider-

170. Die drei Bilder stellen einige grundlegende Elemente der islamischen Religiosität dar. In der Mitte steht der Name Allahs, des einzigen Gottes; er ist ein Gegenstand der Verehrung und wird in unzähligen kalligraphischen Variationen wiedergegeben. Links ist die Lektüre des Korans dargestellt, rechts das Niederwerfen auf den Boden, ein charakteristischer Augenblick des alltäglichen islamischen Gebets.

171. Reproduktion eines türkischen Manuskripts mit der bildnishaften Darstellung der Kaaba, jenes kleinen würfelförmigen Gebäudes, das sich im Inneren des heiligen Bezirks in Mekka befindet. An der Ostmauer in der Kaaba befindet sich der schwarze Stein, der von den islamischen Pilgern verehrt wird.

170

171

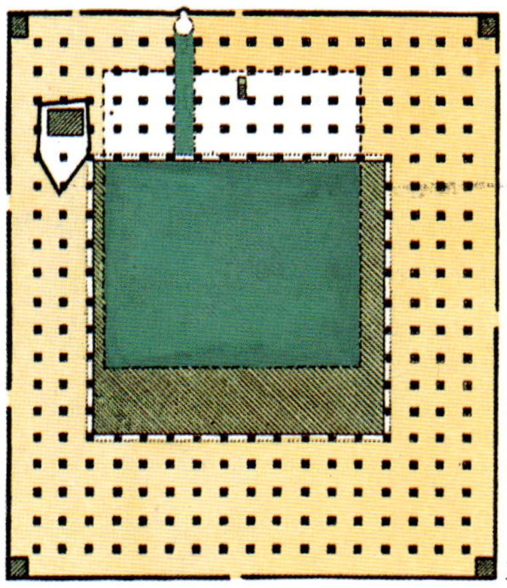

172

172. Plan der Umwandlung des Hauses des Propheten in Medina in eine Moschee. Medina gilt im Islam als die Stadt schlechthin, weil sie Mohammed Gastfreundschaft gewährte. Die Umwandlung in eine Moschee erfolgte während der Ommajadenzeit im 8. Jahrhundert nach Christus.

173. Seite aus einem türkischen Kodex im Museum für türkische Kunst in Istanbul. Sie stellt die Begegnung Mohammeds mit einem monotheistischen Hirten dar.

صودن ایچدی کوردیکم اول صو قاردن صووق شکردن شیرندن اول اوغلان
ایتدی یا محمّد شمدی بلدمکه سنك الله تعالی قتنده قربك واردر
منزلك عظیم ایمش دعاك مستجاب ایمش امّا یا محمّد بنم ایکی درلو حاجتم
دخی واردر اکر اول ایکی درلو حاجتمی روا قلورسك اول ایکی اکسوکم

stands der plutokratischen und polytheistischen Bewohner von Mekka, verläßt er die Stadt am 16. Juli 622 *(hidjra)*, um Zuflucht zu suchen in der Oase Yathrib (Medina). Dort gründet er den Islam als Religion und als Gemeinschaft *(umma)*. Von 624 an befiehlt er seinen Gläubigen, in Richtung Mekka *(gibla)* zu beten, das er am 1. Januar 630 erobert. Mohammed stirbt 632 nach einer Pilgerfahrt nach Mekka. Seine Nachfolger (Kalifen) verleihen dem Islam seine endgültige Form: Abu Bakr (632–634) organisiert die ersten militärischen Eroberungen; Omar (634–644) fährt mit der militärischen Expansion fort und schafft die ersten Institutionen; Othman (644–656) vom Stamm der Omajjaden führte ein wahres Feudalsystem ein und veranlaßte die Redaktion des Korans, des heiligen Buches des Islam; Ali (656–661), der Schwiegersohn des Propheten, erhebt sich gegen die Omajjaden, verläßt Arabien und läßt sich in Kufa nieder. Seine Anhänger waren die ersten Schiiten.

Für den Religionshistoriker ist der Koran das Tagebuch von Mohammed, des Reformers und Begründers einer Religion, doch für den Moslem stellt er das Wort Gottes dar, das dem Propheten offenbart wurde. Dieser verkündigte es, und die Gläubigen nahmen es auf. Der Koran anerkennt die Thora und das Evangelium als zwei frühere Offenbarungen. Die *Sunna* stellt die Lehre vom Verhalten dar und wird von der orthodoxen Tradition gestützt. Sie bestimmt über das Leben des Gläubigen. Als *Hadith* bezeichnet man mündliche Äußerungen, die dem Propheten zugeschrieben werden; auf diese Weise bieten sie Zeugnis über die Entwicklung des Islam. Gestützt auf das *fiqh*, das islamische Rechtssystem, das die Vorschriften des Koran auf das praktische tägliche Leben überträgt, und die *Sunna* bezeichnet *Scharia* die Gesamtheit der zu befolgenden Wege. Sie gilt als Ausdruck des göttlichen Gesetzes, das aus dem Menschen einen wahren Moslem macht. Die *Scharia* heiligt das tägliche Leben, verleiht ihm seine Einheitlichkeit und paßt es dem Willen Allahs an. Die islamische Theologie *(kalam)* findet Antworten auf die Fragen nach dem Wert der Handlungen, der Beziehungen zwischen Glaube und Werken und nach der menschlichen Freiheit, die dem göttlichen Gesetz unterworfen ist.

Die Religion des Islam ist ein unbeugsamer Monotheismus: Allah ist der einzige Gott, der Schöpfer, Richter und Vergelter. Seine Herrschaft ist universal (Koran, 112), doch ist dieser allmächtige Gott auch barmherzig, nachsichtig und mild gegenüber seinen Anhängern. Er ist der Ganz Andere, der Einzige. Die Propheten sind *nabi*, Gesandte Gottes, und *rasul*, Warner von seiten Gottes. Der Koran preist Noah als ersten Warner, der den Menschen gesandt wurde, sowie Abraham, den Prototypen des Glaubens an den einzigen, den ersten Hanifen, den Wiederhersteller der Kaaba in Mekka und Inspirator des Glaubensbekenntnisses, der *shahada*. Verehrt wird auch Moses, der das Volk aus Ägypten herausführte (keinerlei Hinweis auf das Osterlamm), ferner der Prophet Jesus, der Sohn der Maria, den sie jungfräulich empfangen hatte, der Messias, Verkünder des Evangeliums, ein *rasul* und *nabi*. Der Islam ist ganz auf den Koran zentriert. Er enthält die definitive Offenbarung, die den Menschen über Mohammed zuteil wurde. Für die Moslems ist Mohammed *nabi*, der Prophet, der die Botschaft verkündigt, *rasul*, der die Aufgabe hat, die Gemeinde *(umma)* zu organisieren und *nadir*, der letzte Warner Gottes. Eines der islamischen Dogmen handelt vom Gericht Gottes nach dem Tode, von der endgültigen Auferstehung (Koran, 75) und vom Jüngsten Gericht, dem die Belohnung (Paradies) oder die Strafe (Hölle) folgt.

Der Islam kennt kein Priestertum: Sein Kult ist das persönliche Gebet und das Gebet der Gemeinde. Das Leben des Moslems stützt sich auf fünf Säulen: Die *shahada* ist das Glaubensbekenntnis gegenüber dem einzigen Gott und dem Propheten. Das rituelle *(salat)* Gebet fünfmal am Tag ist Ausdruck des monotheistischen Glaubens und bildet den Gottesdienst des wahren Gläubigen: Wenn es in der Moschee verrichtet wird, stellt es ein wahres Zeugnis der Anbetung durch die Gemeinde dar. Von Anfang an neigte sich Mohammed den Armen und den Waisen zu: Auch das gesetzlich festgelegte Almosen *(zakat)* und das freiwillige Almosen *(sadaqa)* entfalten eine wahre Heilswirkung. Die vierte Säule ist das Fasten zur Zeit des Ramadan, des Monats der Offenbarung; in dieser Zeit sollte das Gewissen des Moslems und seiner Gemeinde wieder wachgerüttelt werden. Schließlich ist noch die Pilgerreise zu den heiligen Orten von Mekka zu nennen, eine wahre Rückkehr zu den Quellen. Dem Pilger werden dabei alle Sünden erlassen und er wird zu einem Vorbild und einem von Allah besonders gesegneten Zeugen seines Glaubens.

174. Eine außergewöhnlich elegante Seite aus einem der ältesten handgeschriebenen Koranmanuskripte in kufischer Schrift, 9. Jahrhundert, Abbasidenzeit.

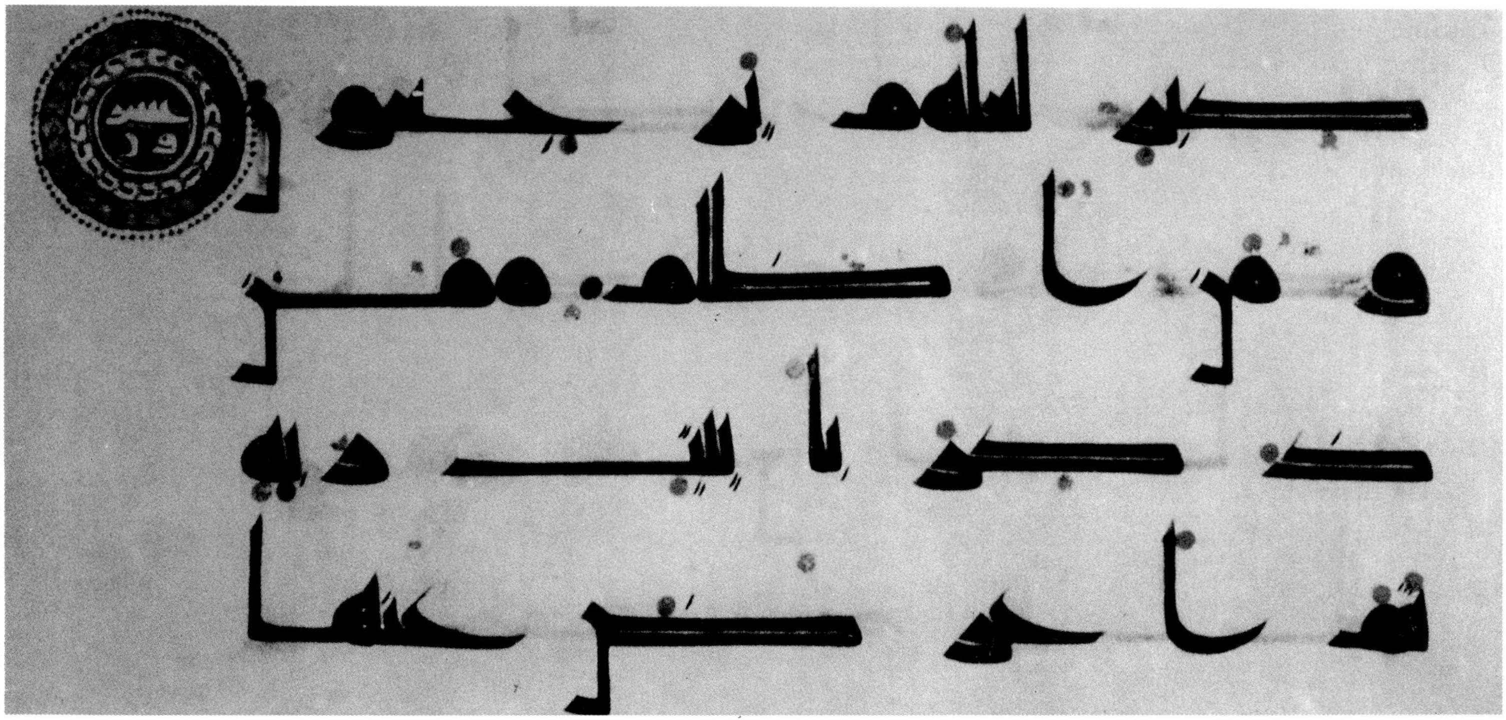

174

Dritter Teil

Der religiöse Mensch: Verhalten und Interpretation

29. Diskurs über die Methode

Von diesem langen Weg des Menschen seit seinem Auftreten bis zu dem Augenblick, in dem er eine göttliche Offenbarung empfängt, haben wir hier eine Auswahl wichtiger Fakten getroffen, sozusagen Spuren, die aus vielen Jahrtausenden bis zu uns gelangt sind. Wir kennen sie aufgrund von Quellen, die selbst Werke des Menschen sind, und sie fordern uns zur Interpretation auf. Mit anderen Worten: Diese unbezweifelbaren Dokumente der menschlichen Geschichte erlauben es uns, den Menschen einem Verhör zu unterziehen, um die Gründe für sein Verhalten und die Motivationen für seine Zeichen und Handlungen zu verstehen.

Religionsgeschichte und Anthropologie des Sakralen

In all seinen Veröffentlichungen hob Mircea Eliade die drei Wege oder Verfahren des Religionshistorikers hervor (D. Allen, 1982). Der erste Weg ist der des Historikers im engen Sinn. Es geht hier darum, alle Ressourcen der Heuristik und damit der Materialsammlung sowie der Kritik und Analyse dieser Dokumente zu nutzen, wobei jede Quelle nach ihrer Eigenart und ihren besonderen Dimensionen behandelt werden muß.

Jedes religiöse Dokument muß überprüft werden, inwiefern es wirklich religiös ist und welchen Stellenwert es im Kontext eines religiösen Phänomens einnimmt. Der Phänomenologe benennt und klassifiziert die Dokumente (Opfer, Gebet und so weiter) und versucht dann, ihr Wesen und ihre Struktur zu verstehen. Dabei muß er die kulturhistorische Bedingtheit jedes Dokuments und auch das Verhalten des Menschen berücksichtigen, der diese Erfahrung des Heiligen erlebt hat oder erlebt. Die Phänomenologie stellt somit den zweiten Weg der Forschung dar.

Die Arbeit des Phänomenologen mündet in den dritten Weg: den der Hermeneutik, welche die Tatsachen und die Phänomene als Bedeutungsträger untersucht und interpretieren will. Auf diese Weise wird der Sinn der historischen Fakten deutlich. Die Hermeneutik ist die Wissenschaft der Auslegung.

Der hermeneutische Ansatz führt den Historiker zur Begegnung mit dem Urheber dieser Tatsachen, das heißt dem Menschen selbst. Das bedeutet, daß die Hermeneutik die Intervention der Religionsanthropologie fordert. Diese hat in der Tat die Aufgabe, sich mit dem Menschen in seiner Eigenschaft als Schöpfer und Verwender der gesamten sakralen Symbolik zu beschäftigen. Die erst vor kurzem entstandene Religionsanthropologie gehört zur Anthropologie der symbolischen Systeme, mit denen sich die Arbeiten von C. G. Jung, H. Corbin, G. Dumézil, M. Eliade, A. Leroi-Gourhan und G. Durand beschäftigten (J. Ries, 1989).

Die vergleichende Forschung

Die Phänomenologie und die Hermeneutik bedienen sich der vergleichenden Erforschungen religiöser Phänomene. Die ersten Versuche in dieser Hinsicht gehen auf die hellenistische Zeit zurück, die gekennzeichnet war durch das Zusammentreffen der orientalischen Religionen mit den Religionen der Mittelmeerwelt. Nachdem im 19. und 20. Jahrhundert der Umfang des religiösen Erbes der Menschheit erst richtig klar wurde, erfuhr die vergleichende Forschung eine starke Entwicklung (H. Pinard de La Boullaye, 1929). Dank der Arbeiten von M. Eliade und G. Dumézil konnte sich die historisch-vergleichende Methode neuen Perspektiven öffnen.

G. Dumézil beschränkte sich in seinen Forschungen auf die Gesellschaften und die Religionen indoeuropäischer Völker und ging von einer grundlegenden Feststellung aus: auf der einen Seite von beeindruckenden Übereinstimmungen im sakralen Vokabular und auf der anderen Seite von homologen Gegebenheiten im soziologischen und religiösen Bereich, was als Beweis eines Erbes anzusehen ist, das aus den drei Funktionen besteht: Herrschaft, Krieg und Fruchtbarkeit. Mit Hilfe eines Vergleichs der Ursprünge versuchte Dumézil »ein möglichst genaues Bild eines besonderen Systems zu erhalten, das zu einem großen Teil in einer gewissen Zahl historisch attestierter Systeme überlebt hat« (Dumézil, 1943). Diese Methode führt zu einem Schema, das auf den historisch nachgewiesenen Systemen beruht, und projiziert es dann in die Vorgeschichte, um die dunklen Epochen des Ursprungs zu erhellen. Dank dieses Vergleichs konnte Dumézil die Strukturen des religiösen Denkens und der sozialen Auffassung der Indoeuropäer bestimmen.

Mircea Eliade erweiterte diese Methode und wandte sie auf die gesamte Religionsgeschichte an. Er verwendete sie gleichzeitig mit dem typologischen Vergleich, der die grundlegenden Elemente der Religionen (Symbole, Mythen, Riten) und die kulturhistorischen Wachstumsprozesse im Laufe der Geschichte herausarbeiten soll. Er widmete sich dem Studium religiöser Phänomene, erforschte mit ihrer Hilfe aber das Verhalten des Menschen und die Bedeutung seiner Gesten, seiner Haltungen, seiner Symbole, seiner Mythen und Riten. Diese gleichzeitig phänomenologische und hermeneutische Forschung erlaubte es, Konstanten des menschlichen Geistes und des menschlichen Bewußtseins deutlich zu machen. Eliade nennt sie Archetypen, denn sie finden sich unter verschiedenen Formen überall. Ausgehend von religiösen Phänomenen machte er sich auf die Suche nach grundlegenden Äußerungen und Übereinstimmungen, um die Leitlinien des Verhaltens, die Strukturen des Denkens, die symbolische Logik und das geistige Universum des *Homo religiosus* aufzudecken.

Diese doppelte vergleichende Forschung führt uns zum Studium der Verhaltensweisen und der historischen Dokumente, die diese Verhaltensweisen bezeugen.

30. Die Erfahrung des Heiligen

Eine universelle Erfahrung

Im Gegensatz zu den soziologischen Theorien, welche die Universalität des Sakralen zwar zugestanden, es aber mit dem *mana* identifizierten (Kapitel 5), erörtert Rudolf Otto das Heilige mit Hilfe dreier Werkzeuge: der Intuition als Kenntnis vom religiösen Phänomen, dem Glauben als Erfahrung des Mysteriums, dem religiösen Erbe als historische Grundlage. In seinen Augen findet das Heilige eine Erklärung nur in der gelebten Erfahrung (Otto, 1917). Im Verlauf von vier Etappen begreift der Mensch eine mysteriöse Realität, das »Göttliche«: Zunächst das Gefühl, ein Geschöpf zu sein, dann ein gewisser Schrecken *(tremendum),* dann das Gefühl, einem Mysterium gegenüber zu stehen und schließlich die Faszination der Entdeckung *(fascinans).* Das Heilige hat drei Gesichter. Es ist zunächst das lebendige und innerste Prinzip aller Religionen: das Numinose. Es ist aber auch ein Wert an sich und ein Wert für den Menschen: Man nennt es das *sanctum,* das Heilige. Als Kategorie a priori und erste Gegebenheit stellt das Heilige eine besondere Fähigkeit dar, die es möglich macht, das Göttliche zu erfassen: Es steht am Anfang der inneren Religion und der Offenbarung Gottes in der Geschichte, das heißt verschiedener Religionen der Menschheit.

Mircea Eliade übernahm diese Analyse und entwickelte sie vor dem Hintergrund der Universalität des Sakralen in der menschlichen Erfahrung weiter. Er macht das Sakrale zur Grundlage jeder religiösen Erfahrung und zum zentralen Element der Religionsgeschichte (Eliade, 1965). Nach Eliade manifestiert sich das Sakrale als eine Macht, die ganz anders ist als die Ordnung der Natur: Mit dem Begriff Hierophanie bezeichnet er diese Erscheinungsform, die sich immer in Gegenständen oder Personen dieser sichtbaren Welt zu erkennen gibt. Jede Hierophanie

175. Die Statue des sogenannten Adoranten von Larsa, einer babylonischen Stadt im Süden des Euphrats, heute im Louvre in Paris. Das Niederknien ist das Zeichen für die Abhängigkeit des Menschen angesichts des Göttlichen.

176. Kultur von Lavinium, Ausdruck der Religiosität der Bevölkerung des Latiums vor der Zeit Roms. Terracottastatue einer Person, die einer Gottheit ein Geschenk darbringt.

177. Felszeichnungen auf der Roccia die Naquane, Valcamonica, Italien. Eine Reihe von Betenden aus der neolithischen Phase der Kultur der Camuner. Das Bild stellt eine richtige Versammlung von Betenden dar.

175

176

177

besteht aus drei Elementen: einer unsichtbaren, mysteriösen, göttlichen Realität; einem Gegenstand oder einem natürlichen Lebewesen, das als Mittler dient; einer sakralen Dimension, die durch die Tatsache der Manifestation der Transzendenz mit Hilfe einer kontingenten Realität entstand. Der *Homo religiosus* ist jener Mensch, der sich als Zeuge von Hierophanien empfindet und der die Erfahrung des Sakralen lebt.

Ein an die Kultur und die Glaubensvorstellungen gebundenes Phänomen

Das Heilige wird von den Religionshistorikern zwar studiert, ist aber nicht ihre Erfindung. Forschungen der letzten Zeit zeigen, daß der Mensch der Hochkulturen die Terminologie des Sakralen geschaffen hat, um eine spezifische Erfahrung wiederzugeben, als deren Zeugen er sich versteht. Die Analyse seiner Rede über das Sakrale verrät uns, daß er das Gefühl verspürte und weiterhin verspürt, daß eine geheimnisvolle, aber wirksame Macht zugegen ist, die sein Verhalten bestimmt. Die überreiche Dokumentation des Vokabulars des Sakralen sowie die Konvergenz der Wortbedeutungen in den verschiedenen Kulturen stellen ein beeindruckendes Material dar, um das niemand herumkommt (J. Ries, 1978–1986).

Auf dem Lapis Niger, der 1899 in Rom entdeckt wurde und in die Ursprungszeit von Rom zurückdatiert, finden wir das Wort sakros. Es drückt einen Gedanken und ein Verhalten aus, das im ganzen Verbreitungsgebiet der indoeuropäischen Wanderungsbewegungen zu finden ist (J. Ries, 1982). Die Wurzel *sak-* steht am Ursprung des Sprechens über das Sakrale und ergibt im Lateinischen das Verb *sancire*. Es bedeutet »Gültigkeit, Realität verleihen« und »etwas unternehmen, damit eine Sache Wirklichkeit wird« (H. Fugier, 1963). So führt das Heilige zu den Grundlagen des Realen und berührt die grundlegende Struktur der Wesen und der Dinge. Diese Auffassung finden wir auch bei den Hetitern, in Indien, im Iran und in Germanien wieder. Eine ausgeprägte Entwicklung erfuhr sie im Denken der Griechen.

In Sumer erscheint das Sakrale als untrennbar von der Kosmogonie. In der babylonischen Welt und bei den Westsemiten tritt das Sakrale immer in einem religiösen Kontext auf und bedeutet für den Menschen das Herannahen der Gottheit, der er sein Opfer darbringt oder sich sogar selbst opfert. Von den ersten Bauten an ließen die Menschen in Ägypten den Wunsch erkennen, das Göttliche im Stein festzuhalten und es der Vergänglichkeit der Dinge dieser Welt gegenüberzustellen: Das Heilige bleibt dort über drei Jahrtausende hinweg allgegenwärtig.

In den drei großen monotheistischen Religionen ändert sich die Stellung des Heiligen, weil der Mensch sich einem einzigen Gott gegenübersieht. Dieser ist personal und transzendent und spricht nicht mehr durch Orakel, sondern offenbart sich den Menschen und fordert von seinen Anhängern Glauben. Das Sakrale erweitert sich dann durch den Begriff der Heiligkeit, der das Verhalten des Menschen betrifft. So macht die Erfahrung des Heiligen eine tiefgreifende Änderung durch. Das Heilige der Bibel ist nicht mehr identisch mit dem kananäischen Heiligen, denn Jahwe prägt die Geschichte der Patriarchen, den Exodus, den Bund, die prophetische Bewegung und den Kult. Im Islam, der gleichzeitig Religion, Kultur und Gemeinschaft ist, findet das Heilige seinen Ursprung in Allah, dessen Willen das gesamte Leben des Moslem bestimmt.

Das Heilige des Christentums ist das Heilige des lebendigen Gottes, der uns durch die Mittlerschaft von Jesus Christus vergegenwärtigt wurde. In diesem Heiligen messianischer Ordnung betritt der Mensch den Weg des Heils, der die Schöpfung zu ihrer vollen Entfaltung führt: Heiliges und Heiligkeit sind hier untrennbar. Der Lehre des Neuen Testaments zufolge zeigt sich das messianische Heilige auf vier Ebenen: Jesus Christus als Mittler, das Heilige der sakramentalen Zeichen, das pädagogische Heilige und die Heiligung des Alltäglichen.

178. Felsmalerei bei Huashan, Guangxi, China, Wiedergabe durch Chen Zhao Fu. Es ist ein ritueller Tanz vor zwei Hunden dargestellt, die wahrscheinlich als heilig galten. Die Körperhaltung der Menschen ist charakteristisch für Betende mit erhobenen Armen.

178

31. Das Symbol und die Symbolsprache

Symbol und Vorstellungswelt

Das Zeichen und das Symbol sind zwei wesentliche Elemente der Vorstellungswelt des Menschen. Unter Vorstellungswelt (französisch imaginaire) versteht G. Durand (1992) »die Gesamtheit der Bilder und ihrer Beziehungen, die das gedankliche Kapital des *Homo sapiens* darstellen.« Ein Zeichen ist eine Realität, die ihren eigenen Bestand hat, die aber sei es durch Konvention, sei es durch eine naturgegebene, ihm innewohnende Beziehung eine andere Realität wachruft: Der Rauch ist das Zeichen des Feuers. Alle Zeichen sind Mittel zur Kommunikation zwischen Menschen.

Das Symbol ist ein Zeichen. Die alten Griechen bezeichneten als *symbolon* einen Gegenstand, der in zwei Stücke geteilt wurde. Die beiden Teile werden von zwei verschiedenen Menschen aufbewahrt und sollen dazu dienen, die beiden Träger zu erkennen: Identität, Garantie, Unterpfand, Zeugnis, Allianz, einigende Kräfte. Das Symbol ist ein Zeichen, das eine unsichtbare Realität beschwört, mit der es den Menschen verbindet, indem es bewirkt, daß seine Erkenntniskraft vom Sichtbaren auf das Unsichtbare übergeht. Das Symbol eröffnet den Zugang zu einem Gebiet, das jenseits des unmittelbar vorhandenen Raumes und der unmittelbar vorhandenen Zeit liegt: Es eröffnet den Zugang zum Unsichtbaren. Es hat somit eine Bedeutungsstruktur, die zu dem führt, was gemeint ist. Der Bedeutungsträger gehört der unsichtbaren und der sichtbaren Welt an: Baum, Himmelskuppel, Sonne. Jedes Symbol hat eine sichtbare Grundlage, ein Profil der Identität. Die Wirklichkeit, auf die das Symbol hinweist, ist zunächst unsichtbar und unbekannt und es stellt das Ziel der Entdeckung dar, die der Mensch machen muß.

Gilbert Durand (1992) hat die Rolle der anthropologischen »Verbindung« *(trajet)* bei der Symbolbildung deutlich gemacht. Am Anfang stehen die Anstöße der kosmischen Umwelt und der gesamten Umgebung, doch diese unterliegen den subjektiven Regungen des menschlichen Seelenlebens. Zwischen diesen beiden Polen findet ein unaufhörlicher Austausch statt, der die Antriebskraft zur kreativen Vorstellung bildet. Diese andauernde anthropologische »Verbindung« zwischen den subjektiven Regungen und den objektiven Einflüssen von außen ist typisch für den Menschen. Aufgrund dessen konnte G. Durand sagen, daß »das Symbol die Identitätskarte des *Homo sapiens* darstellt.« Die Welt der Symbole ist die ausschließliche, nur dem Menschen vorbehaltene Domäne.

Funktionen des Symbols

Die Forschungen von G. Bachelard, C. G. Jung, G. Durand, M. Eliade, P. Ricoeur und J. Vidal klärten die Funktionen des Symbols. Man muß vom symbolischen Apparat ausgehen, der

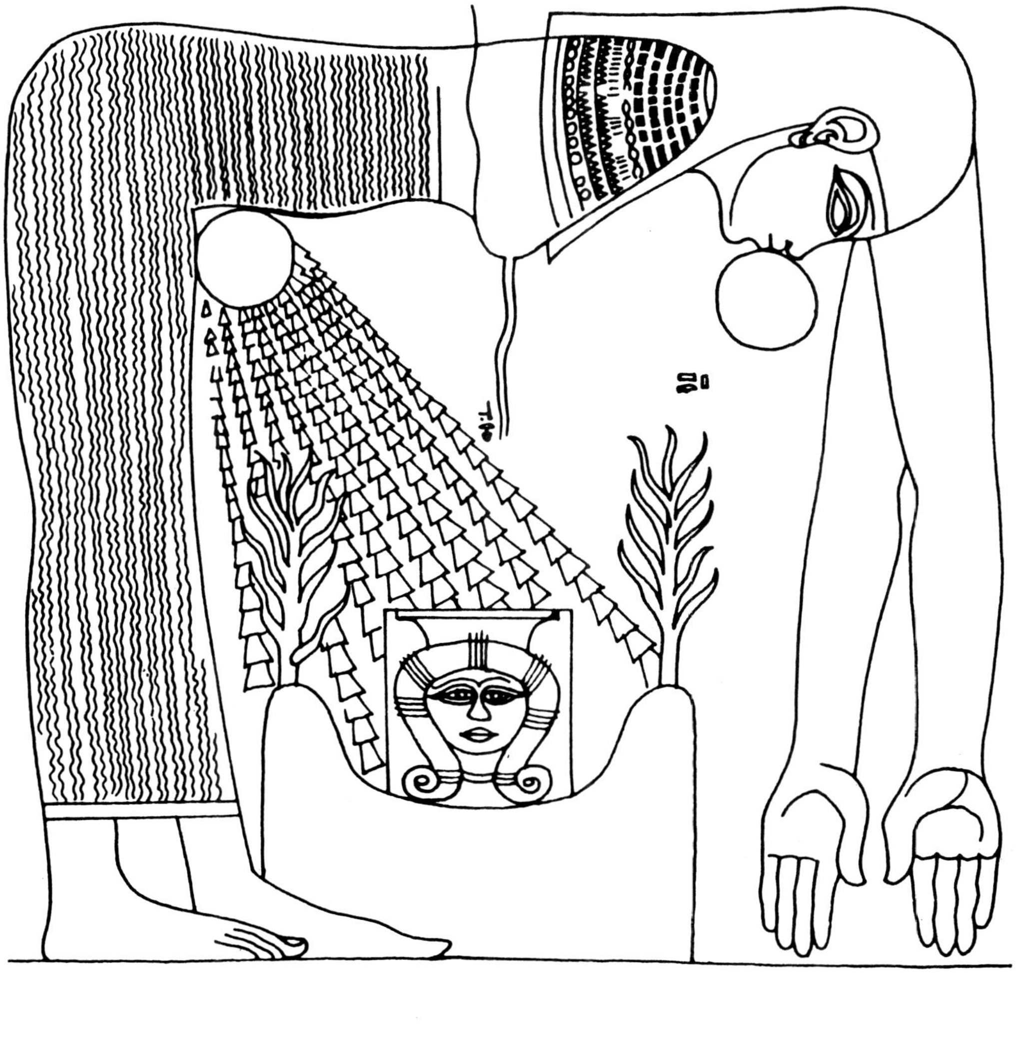

179

179. Reproduktion einer Darstellung im Inneren des Tempels von Dendera in Ägypten. Die Figur, die mit ihrem Körper einen Bogen formt, symbolisierte für die alten Ägypter die Himmelskuppel. Die Himmelsgöttin ließ jeden Morgen die Sonne aufgehen, die auf dieser Darstellung den Hathortempel beleuchtet.

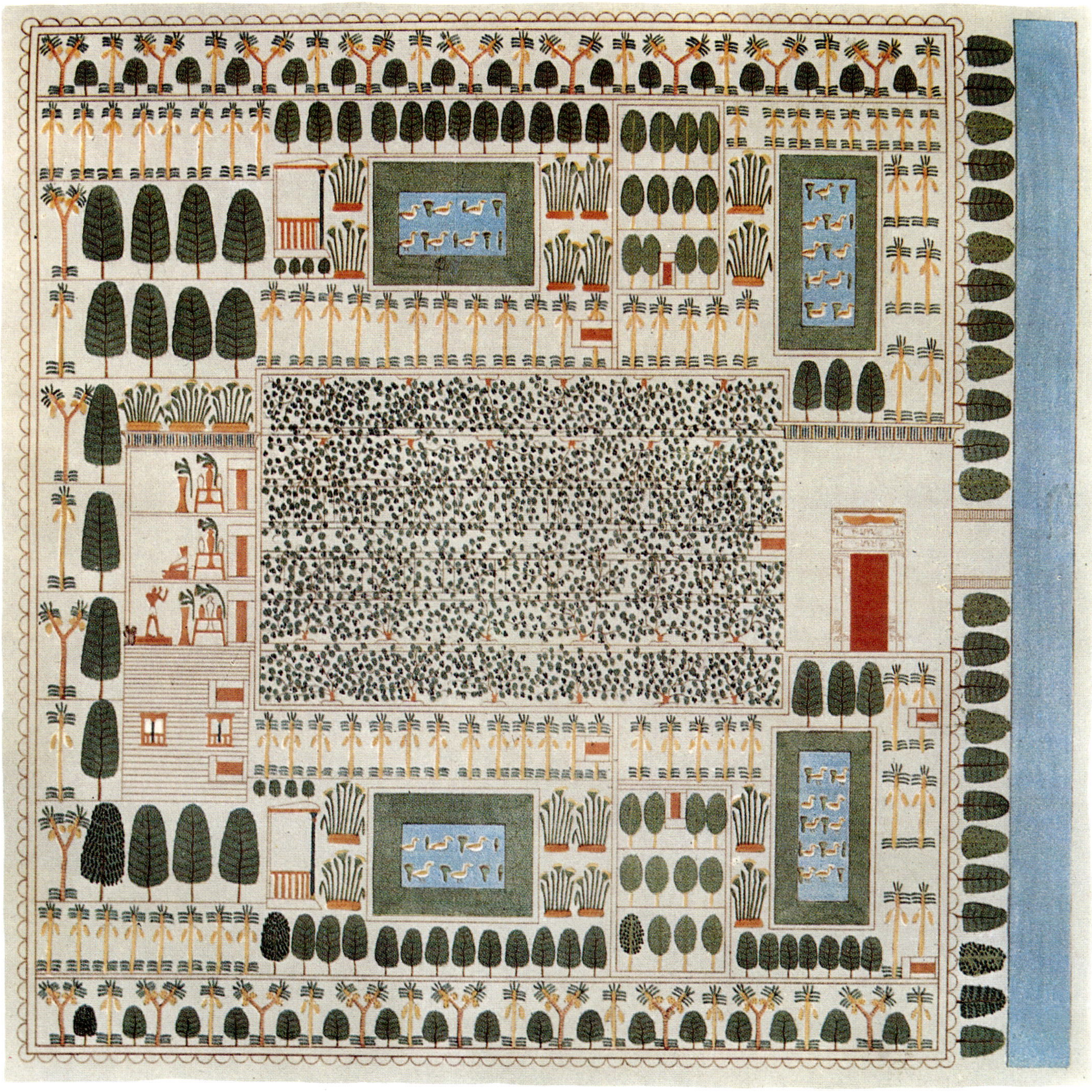

180

180. Vor ungefähr 3500 Jahren ließ ein ägyptischer Würdenträger des Neuen Reiches in seinem zukünftigen Grab in Theben ein Fresko mit der Darstellung eines Gartens und dem gesamten Bedeutungsinhalt, den er ihm zuschrieb, anbringen. Wir stehen hier vor dem symbolischen Prototyp des Gartens, eines geordneten Ortes mit Wasser und Pflanzen. Er ist ein Zeichen der ursprünglichen Harmonie all dessen, das lebt und das das Leben des Menschen ermöglicht. Als Gegensatz dazu steht die Unordnung, in die die Natur an sich fallen würde.

181. Der berühmteste Monolith der aztekischen Kultur, der »Sonnenstein« mit einem Durchmesser von 360 Zentimetern, der sich heute im Museo Nacional de Antropología, Mexiko City, befindet. Das Flachrelief stellt mit Symbolen und Glyphen die Struktur des aztekischen Kalenders dar. Das Gesicht in der Mitte ist eine Mischfigur aus Tonatiuh, dem Sonnengott, und Tlatecuhtli, dem monsterähnlichen Gott der Erde. Die aztekische Kultur lebte unter dem Alptraum, die Sonne, die alles Leben auf der Erde ermöglicht, würde nicht mehr zurückkehren. So waren die Azteken bereit, alles zu opfern, selbst die besten Söhne des Volkes, um dieses tragische alptraumhafte Geschehen hinauszuschieben.

181

aus allen möglichen Gesten und Handlungen des Menschen und aus den ersten, universellen Bildern (Himmelskuppel, Sonne usw.) besteht. Die Bilder, die von den Gegenständen ausgehen, wecken das Bewußtsein des Menschen und führen ein Element der Einheitlichkeit ein, das zu einer Dynamik führt. Der Mensch wird zum Schöpfer. Die gesamte Kultur und alle Kulturen der Welt sind Schöpfungen, deren Wurzel in der symbolischen Vorstellungskraft des Menschen liegen. Die Kreativität des menschlichen Geistes (bildende Kunst, Dichtkunst, Literatur, Architektur) beruht auf dieser biologischen Funktion des Symbols.

Das Symbol spielt auch eine wesentliche Rolle beim Funktionieren des menschlichen Seelenlebens. Es stellt eine Verbindung zwischen dem Bewußtsein und dem Unbewußten her, einem reichen Gebiet, auf das das Bewußtsein – ohne Symbole – keinen Zugriff hätte. Schließlich verleiht das Symbol dem Bewußtsein die Kraft, die Energien des Unbewußten zu leiten und bis zu den Wurzeln der Archetypen selbst vorzudringen. Als Archetypen bezeichnen wir ursprüngliche, universal gültige Bilder. Sie stellen unerläßliche Wurzeln für die Vitalität des *Homo sapiens* dar. Die Archetypen sind für das Bewußtsein das, was die Wurzeln für die Krautpflanzen und die Bäume darstellen.

Auf eine dritte Funktion wies J. Vidal (1990) hin. Das Symbol gibt dem Bewußtsein ein Mittel, um eine Verbindung mit den Energien des »Überbewußten« herzustellen, dank der Öffnung auf den Archetyp des Göttlichen hin. Für den Menschen bedeutet dies die Entdeckung der Existenz einer Transzendenz, des Ganz Anderen, mit dem er in Verbindung treten kann. Wir stehen in der Erfahrung des Heiligen, in der der Mensch sich als Faktor der Einheit, aber auch als Faktor der Verbindung zwischen Himmel und Erde begreift. Insgesamt ist das Symbol für den Menschen unumgänglich, um eine Erfahrung des Heiligen machen zu können.

Homo religiosus und Symbolsprache

Dank der anthropologischen »Verbindung«, die einen unaufhörlichen Austausch auf der Ebene der Vorstellungswelt zwischen dem Seelenleben des Menschen und den äußeren Impulsen aus dem Kosmos darstellt, kennt der *Homo sapiens* ein permanentes Wachstum. Das ist das Geheimnis des Wachstums des Menschen im Lauf der Geschichte. Über das Symbol spricht die Welt mit ihm und enthüllt die Modalitäten des Realen, die an sich nicht erkennbar sind. Das führt uns dazu, die Stellung der Symbolsprache in der Erfahrung des Sakralen ausführlich darzulegen.

In jeder Hierophanie oder Erscheinung des Heiligen sind drei Elemente untrennbar enthalten, die das Wesen dieser Erscheinungsform des Heiligen in der Natur bilden: das Unsichtbare, das die Erscheinung des Unsichtbaren vermittelnde Medium und die sakrale Dimension. Der Mittler kann ein Stein, ein Baum, ein Berg, eine Höhle, ein Fluß, ein Mensch (Prophet, Priester, Schamane) sein. Dieser Mittler stellt den sichtbaren Teil des Symbols dar, und durch ihn geschieht die Erscheinung des Unsichtbaren, die Offenbarung. In der Symbolsprache spielt der Mittler eine entscheidende Rolle. Ein sprechendes Beispiel für die Symbolsprache als Sprache der Offenbarung finden wir in der Beschreibung des künftigen Jerusalem (Geheime Offenbarung 9, 18–28). Der Text vervielfacht die Zahl der Edelsteine, um die Umwandlung der neuen Schöpfung anzudeuten. Die Botschaft ist dicht: Licht, Freiheit, Vollendung und Fülle. Das Symbol des heiligen Berges ist in allen Religionen von Bedeutung, besonders aber in der biblischen Offenbarung, wo Theophanien normalerweise auf Bergen stattfinden (Sinai, Karmel, Horeb, Sion).

In einer beeindruckenden Studie über die symbolische Funktion einer ganzen Reihe von Hierophanien hat Eliade ihre Sprache und ihren Aussagegehalt für den *Homo religiosus* aufgezeigt. Er behandelt darin die Sonnenkulte, die Mondmystik, den Symbolismus des Wassers, die heiligen Steine, die Symbole der Fruchtbarkeit, der Erneuerung der Vegetation, des Raumes und der heiligen Zeiten (Eliade, 1986). Am Ende dieser langen Studie, die das Wesen seines Buches »Die Religion und das Heilige« ausmacht, kommt er zum Schluß, daß die authentische Struktur und Funktion der Symbole als Fortsetzung der Hierophanien und als autonome Offenbarungsformen grundlegende Gegebenheiten für das Verständnis der Erfahrung des Heiligen darstellen.

182. Beispiel eines Ursprungsmythos aus dem Codex Boturini, einem aztekischen Manuskript aus der Zeit nach Columbus. Er wird von links nach rechts gelesen. Ein Volk verläßt die Heimatstadt Aztlan, die auf einer Insel in der Mitte eines Sees liegt. Im Jahr »1 Messer« (das heißt im 1. Jahr) beginnt die Wanderung in Wellen. Die Menschen begegnen dem Kriegsgott Huitzilopochtli in einer Höhle des Berges. Es sind acht Stämme, die von vier teomamaque angeführt werden. Es handelt sich dabei um religiöse Führer, welche die Symbole der Götter tragen. Sie errichten einen Tempel für den Kriegsgott, doch der Baum darüber zerbricht, was ein übles Vorzeichen bedeutet. Sechs weinende Figuren bitten das Bildnis des Gottes um Rat. Der Anführer des aztekischen Volkes folgt dem göttlichen Ratschlag und trennt sich von den übrigen. Die Azteken fahren in der Wanderung fort, immer noch angeführt von den teomamaque. Schließlich gelangen sie an ihr Ziel, eine neue Insel in einem See.

182

32. Der Mythos als Erklärung für die Ursprünge

Mythos und Mythographie

Homer (*Ilias* und *Odyssee*) und Hesiod *(Theogonia, Werke und Tage)* liefern im achten Jahrhundert vor Christus die ersten Dokumente der griechischen Mythologie. Sie beschrieben darin die Entstehung der Götter und des Kosmos, der durch ihre Handlungen gebildet wurde. Zwei Jahrhunderte später kritisieren die ionischen Philosophen (Thales, Heraklit) diese Theogonie und diese Kosmogonie und stellen an den Anfang aller Dinge ein Prinzip: Für Heraklit aus Ephesus ist es der *Logos,* eine göttliche Intelligenz. Platon (428–347 v. Chr.) systematisiert die Kritiken an den populären Mythen, doch er selbst schafft eigene philosophische Mythen, um den Menschen Bilder von der Wahrheit zu vermitteln. Im dritten Jahrhundert säkularisiert Euhemeros die Mythen: er macht daraus legendäre Erzählungen, die sich auf historische Persönlichkeiten und auf reale Ereignisse beziehen. Diese Theorie nehmen auch die christlichen Apologeten und die Kirchenväter auf, um die Nichtexistenz der heidnischen Götter zu beweisen. Doch die neoplatonische Richtung reagiert sehr heftig darauf: Für Plutarch, Maximus von Tyros, Plotin und Porphyrios ist der Mythos ein Bild, das die Wahrheit widerspiegelt. Es bewahrt das Mysterium, weiht den Menschen aber doch in die göttlichen Geheimnisse ein (Pépin, 1976).

Nach den langen Jahrhunderten des Mittelalters, in denen man sich damit begnügte, die Mythen zu bewahren (Seznec, 1980) nimmt die Renaissance das Material der antiken Welt wieder auf und vergleicht es mit den Erzählungen von den Ursprüngen, wie wir sie in der Bibel finden. Diese vergleichende Arbeit geht im Jahrhundert der Aufklärung weiter. In seiner *Scienza Nuova* (1725) sucht G. B. Vico in den Mythen einen Schlüssel zum Verständnis der Kulturen, der Zivilisationen und der alten Religionen. Dank der Mythen erkennt er die drei Zeitalter der Menschheit (Kindheit, Jugend, Erwachsenenalter), und in den Mythen entdeckt er eine Symbolik, die ewige Wahrheiten widerspiegelt. Im Laufe des 19. Jahrhunderts folgen die Entdeckungen in dichter Folge aufeinander und führten zur Bildung der großen mythologischen Materialsammlungen der Völker, die im 20. Jahrhundert vervollständigt werden. Die von Vico begonnene Hermeneutik der Mythen geht weiter. Die Hermeneuten der Romantik wollen darin eine gemeinsame Sprache des Menschengeschlechtes erblicken. In dieser Symbolsprache, die eine Wahrheit und verschiedene Wahrheiten ausdrückt, suchen sie auch nach einer Botschaft. Schelling (1945) insistiert auf dem prophetischen Gehalt des Mythos, der in seinen Augen im Prozeß einer Offenbarung Platz findet, welche die Menschheit erleuchtet. In den mythographischen Forschungen des 20. Jahrhunderts haben die Geschichte, die Phänomenologie und die Hermeneutik niemals aufgehört, ein Feld zu beackern, das seit Jahrtausenden bereit liegt. Abgesehen von den Wissenschaftlern, die auf der Suche nach einer Sprache sind – was bei Cl. Levi-Strauss der Fall ist –, haben Hermeneuten, im Besitz eines umfangreichen Materials, mehrere Schlüssel zur Interpretation geliefert und die Botschaft der Mythen neu erhellt. So erscheint das Werk von M. Eliade, von G. Dumézil und von P. Ricoeur entscheidend für die Hermeneutik der Mythen (H. Limet und J. Ries, 1983).

Wesen und Aufgabe des Mythos

M. Eliade begann seine Forschung von einem doppelten historischen Ansatz aus: Er untersuchte zunächst die noch lebenden Mythen heutiger Völker; dann wandte er sich den Mythen der Völker zu, die in der Geschichte eine große Rolle spielten – Griechenland, Ägypten, Naher Osten, Indien – und die ihre Mythen bereits umgewandelt und angereichert haben. Schließlich versuchte er mit P. Ricoeur in das Herz des Mythos vorzudringen und mit phänomenologischen und hermeneutischen Forschungen dessen Sinn zu entschlüsseln.

183. Folgende Seiten. Ausgemalte Höhle bei Laura auf der Halbinsel York, Australien. Das große Gemälde erzählt von der Traumzeit. Die Urheber der Darstellungen gehören zu einem Volk von Jägern und Sammlern. Als Traumzeit bezeichnet man die Zeit des Ursprungs. Das Gemälde erinnert an diesen Mythos. Wir sehen darauf, teilweise überlagert, pflanzliche, tierische und anthropomorphe Formen.

Der Mythos berichtet von Ereignissen, die nahe an den Ursprüngen liegen, in der Urzeit und in der sagenhaften Zeit allen Anfangs. Auf diese Weise bezieht er sich auf Realitäten, die in der Welt existieren und deren Ursprünge er erklärt: Kosmos, Mensch, Pflanzen, Tiere, Leben. Der Mythos erzählt vom Eingreifen übernatürlicher Wesen und er beschreibt den Einbruch des Sakralen in diese Welt. Tatsächlich ist der Mythos »eine heilige Geschichte der Völker«, strukturiert mit Hilfe einer Symbolik. Er ist ein Sinnträger (Eliade, 1974).

Dank des Mythos findet der Mensch seine Stellung im Kosmos. Für ihn wird der Mythos zu einem Modell und begründet ein Verhalten, das die menschlichen Handlungen bestimmt. Der Mythos enthüllt die Existenz und die Aktivität übernatürlicher Wesen und von Vorfahren aus der Urzeit und begründet damit ein Verhalten, das sich nach diesen Vorbildern richtet. Der Mensch muß die anfänglichen Handlung erneut vollziehen, denn es handelt sich dabei um einen Archetyp. Die Wiederholung der anfänglichen Handlung versetzt den Menschen in die Urzeit zurück. Er setzt dabei die profane Zeit außer Kraft, um in die heilige Zeit der Ursprünge vorzudringen.

Der Mythos vermittelt dem Handeln des Menschen eine Erfahrung des Sakralen. Seine Funktion besteht darin, das Bewußtsein von einer anderen Welt zu erwecken und aufrechtzuerhalten; einer anderen Welt als jener, in der sich das alltägliche Leben abspielt. Das setzt eine Initiation voraus,eine äußerst wichtige Zeremonie, denn ohne das Wissen ist es unmöglich, zu leben und das ursprüngliche Ereignis zu neuem Leben zu erwecken.

Mythos und Ursprünge

Die kosmogonischen Mythen stellen die heilige Geschichte der Völker dar. Es handelt sich um eine zusammenhängende Geschichte, die von der Erschaffung des Kosmos und des Menschen sowie von den Prinzipien erzählt, welche die kosmischen Vorgänge und die menschliche Existenz bestimmen. Durch die kosmogonischen Mythen schafft sich der archaische Mensch auf seine Weise und mit reicher Symbolik eine Geschichte der Ursprünge. Dank dieser Mythen verstehen wir die Struktur des kulturellen und religiösen Lebens archaischer Völker.

Die Ursprungsmythen erzählen von einer neuen Situation, die eine Veränderung der geschaffenen Welt darstellt, und rechtfertigen sie.

Die Mythen von der Erneuerung der Welt spielen im früheren Nahen Osten, in der indoeuropäischen Gedankenwelt und in zahlreichen traditionellen Gesellschaften eine Rolle. Diese Mythen drehen sich um die Wiederkehr der Jahreszeiten, das neue Jahr, die Inthronisation des Königs, vom Sündenbock und von der Initiation.

Die eschatologischen Mythen oder Jenseitsmythen sind sehr zahlreich und berichten von kosmischen Katastrophen: Sintflut, Erdbeben, Bergstürzen, der Zerstörung der Welt. Sie münden aber oft in eine neue Schöpfung.

Der Mythos und seine Botschaft

Um den Stellenwert der Botschaft zu verstehen, müssen wir die symbolische Struktur des Mythos vor Augen haben und die Bedeutung der Initiation in den Kulturen berücksichtigen.

Der Mythos ist ein symbolischer Ausdruck, mit dessen Hilfe der Mensch die Beziehungen zwischen der aktuellen Zeit und der Zeit der Anfänge interpretiert. In der mythischen Erzählung faßt der Mensch die Anfangszeit als ein goldenes Zeitalter auf, in dessen Verlauf aus dem Chaos ein Kosmos wurde. Es ist die Zeit der Schöpfung durch übernatürliche Wesen, die Zeit, in der der Clan und seine Institutionen entstanden, eine heilige Zeit par excellence, in die man durch eine Initiation eingeführt wird. Diese Botschaft von einer heiligen Geschichte bildet das Fundament für den Glauben des Menschen an die Gottheit.

Ein zweiter Aspekt der Botschaft betrifft die Möglichkeit und die Notwendigkeit für den Menschen, dieses goldene Zeitalter wieder einzuholen, um sein Leben auszurichten, ihm Sinn, Bedeutung und Wirksamkeit zu verleihen. In dieser Nostalgie nach den Ursprüngen bemüht sich der Mensch durch rituelle Feier des Mythos eine Verbindung mit jenen Anfangszeiten herzustellen.

Ein dritter Aspekt der mythischen Botschaft besteht darin, daß sie das Verhalten des Menschen in seinem täglichen Leben aufgrund der Nachahmung von Vorbildern bestimmt. Die Handlungen des Menschen müssen sich auf Archetypen beziehen, was ihnen Zusammenhang, Sinn und Wirksamkeit verleiht. Im vedischen Indien verließen die Priester und diejenigen, welche die Opfer anboten, die profane Zeit und erlangten durch die Rückkehr in das goldene Zeitalter die Unsterblichkeit. Im pharaonischen Ägypten regelte der Mythos von Osiris den Übergang vom Tod zum Weiterleben dank des Rituals der Einbalsamierung, die zur Aufgabe hatte, einen Körper der Unsterblichkeit zu schaffen. Die agrarischen Mythen, die Neujahrsfeste verliehen der Natur und der Vegetation Leben und bildeten den Ursprung der Fruchtbarkeit.

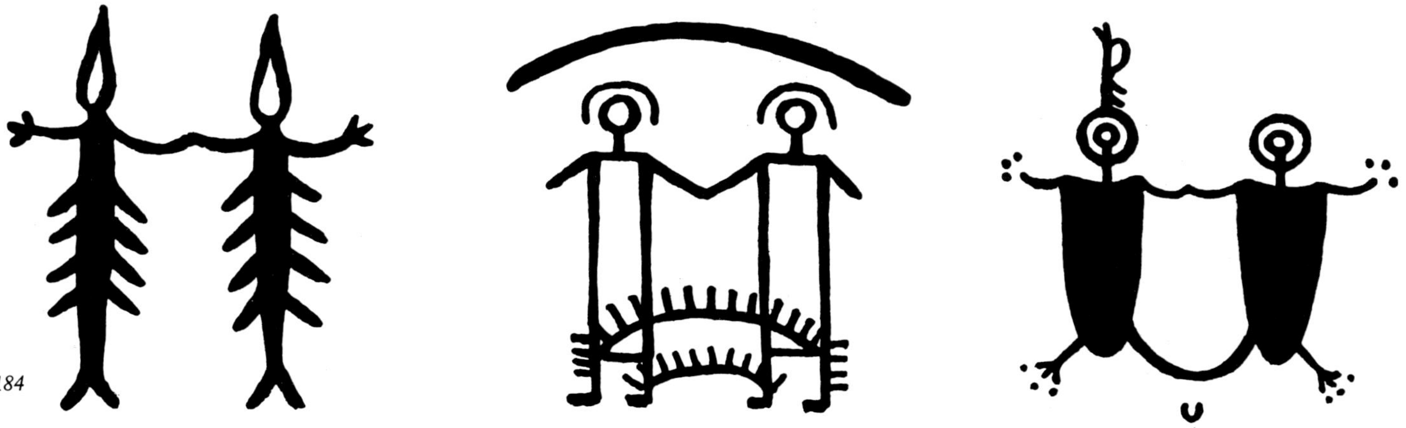

184

184. Beispiele für eine Zwillingstheorie, die Campbell Grant in seiner Studie über die nordamerikanische Felskunst anführt. Längs des Mittellaufs des Columbia River fand man eine große Zahl ähnlicher Figuren: Wahrscheinlich handelt es sich um mythische Wesen wie die Zwillingsgötter der Navajo. Die Zwillinge sind eine alte Darstellung mythisch-ritueller Systeme und kommen in verschiedenen Teilen der Welt vor, wo Zweiteilungen, Polaritäten und Dichotomien dazu neigen, zu einem Zusammenfallen der Gegensätze oder Spannungen und zu einer Symbiose beim Unterfangen zu werden, die kosmischen Rhythmen und die gegensätzlichen Aspekte der realen Welt zu erklären.

33. Der Ritus im Leben des Homo religiosus

Der Ritus und die conditio humana

»Ritus« ist ein archaisches Wort des indoeuropäischen Vokabulars. Es hat sich bei indoiranischen und italokeltischen Völkern dank der Priesterschaften erhalten, die solche Rituale und Feiern bewahrten. Im *Rigveda* (X, 124,5) bezeichnet das Wort die immanente Ordnung des Kosmos. Es ist das *dharma*, das grundlegende, der Natur innewohnende Gesetz. Daraus ergibt sich der Sinn des Wortes *ritu;* es bezeichnet die Aufgaben, die im Zusammenhang mit dem *dharma* in jeder Jahreszeit zu erfüllen sind.

Aus dieser Bedeutung, die ihre Wurzeln in der vom archaischen Menschen wahrgenommenen kosmischen Ordnung hat, ergibt sich die Bedeutung einer religiösen und moralischen Ordnung: Notwendigkeit, Rechtschaffenheit, Wahrheit. In Indien bezeichnet das Wort *ritavya* die Steine des Altars für das Opferfeuer, welches das Jahr und die schöpferische Macht symbolisiert; mit ihrer Hilfe »steigt« der Opfernde in die Himmel auf.

Der Ritus bringt die *conditio humana* ins Spiel (J. Cazeneuve, 1958) und steht deswegen am Schnittpunkt von Mensch, Kultur, Gesellschaft und Religion. Noch mehr ist er mit dem Symbol, dem Mythos und des Sakralen verbunden. Daraus ergibt sich eine Reihe von Bedeutungen, die von der Ethnologie, der Anthropologie, der Soziologie, der Philosophie und der Theologie wahrgenommen wurden, wobei jede dieser Wissenschaften einem besonderen Aspekt des Ritus Wert beimißt. Die Religionsgeschichte versucht diese Teilaspekte zu sichten und zu einer Synthese zu verbinden, um das Phänomen des Ritus an sich zu verstehen, das notwendigerweise an den Menschen und sein Verhalten im persönlichen Leben und im Innern der Gesellschaft gebunden ist.

Ritus, Archetyp und Erfahrung des Sakralen

C. G. Jung verwendete das Wort Archetyp als Synonym für Urbilder und Motive: Es handelt sich dabei um Urvorstellungen

185

185. Hypothetische Rekonstruktion eines Opfers vor der Grabkapelle einer reichen Persönlichkeit aus dem pharaonischen Ägypten. Die Nahrungsmittelvorräte dienten dem Wohl des Verstorbenen im Jenseits.

186. Detail aus dem Mosaikfußboden der Synagoge von Beit Alfa in Palästina. Es stellt das Opfer Isaaks dar. Gott verlangte von Abraham, er solle seinen Glauben bedingungslos unter Beweis stellen; während der Handlung schritt Gott unterbrechend ein. Bei den Kanaanäern, wo Abraham lebte, war es in besonders kritschen Augenblicken des Zusammenlebens Sitte, auch Menschen zu opfern. Die biblische Erzählung fügt sich in diesen Kontext ein. Der Gott Abrahams hält aber die Hand des Vaters zurück und zeigt damit, daß er nur die Hand des Patriarchen zu schätzen weiß.

186

187

188

187. Reste eines punischen Opferaltars auf der kleinen Insel Mozia im äußersten Osten Siziliens. Der Altar stand in einem Heiligtum. Die Punier (Karthager) gründeten im westlichen Mittelmeergebiet zahlreiche Städte und Handelsniederlassungen und errichteten dabei immer bedeutende religiöse Zentren.

188. Ebenfalls aus Mozia stammt diese Grabstele, die sich im Tofet nordwestlich des bewohnten Zentrums befand. Der tofet war für die Punier der »heilige Bezirk«, der oft auf einem erhöhten Punkt lag. Wir könnten auch von einem »Tempel« sprechen. Hier verrichteten die Priester ihre Hauptaufgabe, das Opfer. In den tofets fand man viele Grabstelen, welche die Verstorbenen, die Gottheiten oder heilige Symbole darstellen. In diesem Fall handelte es sich um einen männlichen Toten.

und Lebenskräfte, die im kollektiven Unbewußten vorhanden sind und seinen Inhalt bilden. Mit Hilfe einer Symbolsprache drücken diese Urbilder oder Archetypen grundlegende Gegebenheiten des menschlichen Lebens aus. Eliade folgend verwenden wir das Wort Archetyp im Sinne von »Urmodell«. Um den Archetypus zu definieren, griff Eliade nicht auf die Tiefenpsychologie und das kollektive Unbewußte, sondern auf die antiken Religionen des Nahen Ostens zurück, die ersten Religionen, die wir dank der Entwicklung der Schrift in jener Zeit kennen. So stellt Eliade fest, daß der Fluß Tigris in Mesopotamien sein Vorbild im Stern Anunit hat. In Ägypten stammen die Namen der 42 Verwaltungsbezirke oder *Nomoi* – die frühe territoriale Einteilung der Gewässer des Nils von der Quelle bis zur Mündung – von Himmelsbezirken. Im Zervanismus des Iran entspricht jedes Phänomen auf der Erde einer himmlischen Realität. Die Städte von Ninive und Assur haben ein himmlisches Vorbild. Im vedischen Opfer finden wir die Vorstellung der Übereinstimmung mit einem kosmischen »Doppelgänger«, die einem Opfer seine Wirksamkeit verleiht. Der Tempel in Jerusalem ist nach einem Plan gebaut, der vom Himmel stammt (Exodus 25, 1–9). So richtete der religiöse Mensch jener orientalischen Kulturen seinen Blick auf ein himmlisches Modell, das ihm als Plan, als Grundriß für seine Häuser, Tempel und für seine Beziehung mit der himmlischen Welt diente. Durch den himmlischen Archetyp war sich der *Homo religiosus* bewußt, daß er mit dem Transzendenten in eine Beziehung trat (Eliade 1981).

Bevor der König von Babylon und Ägypten den neugebauten Tempel dem Kult der Gottheiten übergibt, nimmt er eine Weihe des Gebäudes vor, bei der ihm Priester zur Seite stehen. Die Rituale, die uns erhalten geblieben sind, zeigen uns, daß man durch Weihegesten und -worte eine völlige Übereinstimmung mit dem Archetyp herstellen wollte. Man entzog das Gebäude dem profanen Gebrauch und verlieh ihm dadurch eine neue Dimension und eine Wirksamkeit, die ihm aufgrund der Beziehung mit dem himmlischen Archetyp zukam. Neben diesen Weiheriten gab es auch Riten für die Inthronisierung des Königs, der damit zum Repräsentanten der Gottheit auf der Erde wurde.

In den antiken Religionen enthüllt sich eine zweite archetypische Komponente im Symbolismus des Zentrums: kosmischer Berg, Lebensbaum, Erdmitte, sakraler Raum. In den Riten, die sich auf die Symbolik des Zentrums beziehen, stellt der kosmische Baum den Archetyp aller heiligen Bäume dar. Er erlaubt es den Menschen, in den Himmel aufzusteigen.

Eine dritte Komponente ist das göttliche Vorbild, das der Mensch nachahmen muß. In Ägypten wiederholten die Priester die Handlungen des Gottes Thot, der die Welt durch sein Wort geschaffen hatte, während das Leben der Natur an die archetypischen Handlungen des Gottes Osiris gebunden war. In Bablyon feierte das Fest des *akitu* das neue Jahr und bereitete die Wiedergeburt der Vegetation vor. In beiden Kulturen führte eine beeindruckende Zahl von Fruchtbarkeitsriten das Wachstum der Vegetation auf die Macht der Götter zurück (Eliade, 1975).

Diese Übersicht über das reichlich vorhandene Material der antiken nahöstlichen Religionen, deren Rituale wir dank der Inschriften und Keilschrifttafeln kennen, zeigt uns, daß der Ritus für den Menschen der ersten großen Kulturen ein Ausdruck der Hierophanie war. Durch die Rituale erlebten die Menschen eine Erfahrung des Sakralen in Beziehung zur göttlichen Welt. Der Ritus stellte das vermittelnde Element der Hierophanie dar. Dank der Gesten und Worte des Königs und der Priester stellten die Weiheriten eine Beziehung zwischen den Menschen und der Gesellschaft einerseits und den Gottheiten andererseits her. Durch die Riten erhielten die menschlichen Handlungen von seiten der Götter Kraft und Wirksamkeit.

Natur und Funktion der religiösen Riten

Wir wollen nicht bei der Typologie der Riten stehenbleiben; mit diesem Thema beschäftigen sich schon viele wissenschaftliche Arbeiten. E. Durkheim und M. Mauss stellten ihre Typologie unter den Aspekt der Beziehungen zwischen Individuum und Gesellschaft. M. Weber betrachtet den Ritus unter dem Aspekt der Erfahrung von Sinn. J. Wach sieht den Ritus im Rahmen der religiösen Erfahrung der sozialen Gruppe. Cl. Levi-Strauss wählte den strukturalistischen Aspekt der Sprache, der es erlaubt, das Vergangene in der Gegenwart zu artikulieren. Was den Unterschied zwischen den religiösen und magischen Riten anbelangt, so möchten wir unterstreichen, daß die Magie vom Wunsch nach Beherrschung mit Hilfe besonderer kosmischer Kräfte bestimmt wird, während sich die Religion der Transzendenz zuwendet. Die religiösen Riten sind im Kontext der Hiero-

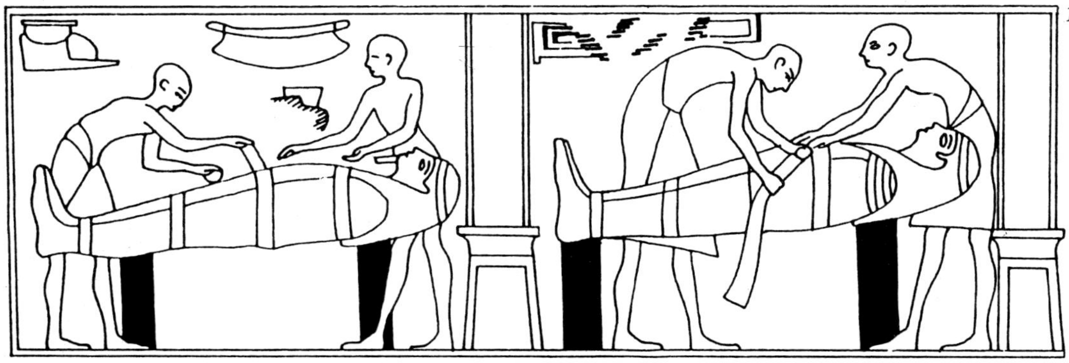

189

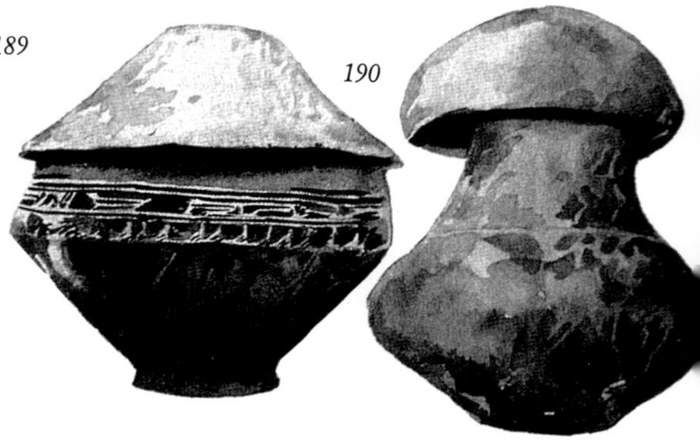

190

189. Rekonstruktion einiger Phasen während des Umwickelns einer ägyptischen Mumie mit einer sehr leichten Stoffbahn, die einige hundert Meter lang war.

190. Rekonstruktion zweier Graburnen aus dem bronzezeitlichen Deutschland (1000 bis 700 vor Christus). Man verwendete sie zur Bestattung der Asche der Verstorbenen. Dabei handelte es sich für Europa um einen neuen Ritus, der sich in kurzer Zeit sehr weit ausbreitete.

191. Mosaik aus der Kuppel des Battistero degli Ariani in Ravenna, Italien. Im Zentrum ist die Taufe Christi dargestellt, umgeben von den Aposteln und vom Kreuz. Christus lehrte, es sei notwendig, im Wasser und im Geiste wiedergeboren zu werden. Aus diesem Grund ließ er sich mit Wasser taufen. Sein Sühnetod für die Sünden der Menschen wird eine neue Taufe sein, die es dem Menschen erlaubt, den heiligen Geist während ihrer Taufe zu empfangen. Der Ritus der Reinigung mit Wasser war in vielen Kulturen bekannt.

phanien wirksam, während die magischen Riten Mächte zu Hilfe rufen, die keine Beziehung zum Sakralen haben (Kratophanien, J. Cazeneuve, 1971).

Die vorliegende Studie beschränkt sich auf die Untersuchung des Ritus in der existenziellen Erfahrung des *Homo religiosus* im Kontext der Hierophanien. Von diesem Gesichtspunkt aus steht der Ritus innerhalb eines symbolischen Ausdrucks, durch den der Mensch einen Kontakt mit der transzendenten Realität sucht, mit dem Göttlichen, mit Gott. Der Ritus setzt sich aus einer Technik und einer Symbolik zusammen. Beide werden im Hinblick auf ihre Wirksamkeit in der gelebten Erfahrung des Sakralen verwendet. Der Ritus besteht aus Gesten und Handlungen sowie einer verbalen, expliziten oder impliziten Sprache und hat die Aufgabe, einen Weg in Richtung auf die ontologische Realität zu eröffnen: Der Weg geht vom Sinnträger zum Sein. Durchgeführt vom *Homo sapiens* und *religiosus* wird der Ritus zum Ort und zum Ausdruck von Glaubensvorstellungen.

Die ersten Riten, die wir dank archäologischer Funde andeutungsweise kennen, sind die Bestattungsriten von Qafzeh und des Neandertalers. Dann folgen die Riten des Jung-Paläolithikums und des Neolithikums. Die Opfergaben in den Gräbern, der Rotocker auf den Leichen, die Anordnung der Gräber, die Muscheleinsätze in den Augenhöhlen, die Spezialbehandlung der Schädel sind Hinweise für den Glauben an ein Leben nach dem Tode.

In verschiedenen franko-kantabrischen Höhlen, zum Beispiel von Lascaux und Rouffignac, sind Trittspuren heranwachsender Menschen erhalten geblieben. Sie werden als Hinweise auf Ini-

191

tiationszeremonien gedeutet. Die Mythogramme der Wandmalereien stützen diese Interpretation und scheinen auf sehr frühe Initiationsriten hinzuweisen (J. Ries, 1989).

Im Neolithikum sind die betenden Gestalten des Valcamonica mit ihren gegen den Himmel erhobenen Händen eindrucksvolle Zeugen von Gebetsriten. Aus der sumerischen Welt blieben hochstehende Beispiele davon erhalten: gefaltete Hände, Hände auf Mundhöhe wie beim Adoranten von Larsa und bei den Adoranten von Ur III (Limet und Ries, 1980). Seit dem dritten Jahrtausend lassen die ägyptischen und mesopotamischen Tempel deutlich auf Weiheriten schließen. Bei den großen Religionen gehören sie an die Spitze der Rituale, weil sie Ausdruck sind für die privilegierten Beziehungen zwischen Menschen und Göttern. Die Opferriten treten gleichzeitig mit den ersten Tempeln, Kultstätten und Altären auf: Durch die Opferung eines Gegenstandes oder eines Lebewesens stellt der *Homo religiosus* Bindungen zur Gottheit her oder erneuert sie.

193. Felsmalereien unter einem Überhang bei Rio Pinturas im argentinischen Teil Patagoniens. Die negativen Handabdrücke erhält man dadurch, daß man die eigenen Hände auf den Felsen legt und darüber Farbe versprüht. Einige Forscher vertreten die Ansicht, diese Darstellungsweise, die wir bei prähistorischen Völkern in vielen Teilen der Welt finden, stehe in Zusammenhang mit Initiationsriten.

192. Menschlicher Schädel aus dem Grab 7 von Monte Alban bei Oaxaca, Mexiko. Die Mixteken (9. bis 15. Jahrhundert nach Christus) kannten einen besonderen Totenkult. Sie begruben sie nicht nur in freskengeschmückten Grabkammern mit zahlreichen Beigaben, sondern schmückten auch die Leichname der Toten, wobei sie besondere Verfahren des Entfleischens und Konservierens anwandten. Auf diese Weise konnten sie die Toten in wertvolle Statuen verwandeln. Dieser Schädel wurde mit einem Mosaik aus Türkisen inkrustiert, die in der präkolumbianischen Welt hochgeschätzt wurden. Die Augen und die Nase bestehen aus Muschelschalen. Die Muschel anstelle des Auges erinnert uns an protoneolithische Praktiken der ersten seßhaften Populationen im mittleren Osten.

192

193

34. Die Strukturen des religiösen Verhaltens

Am Ende dieser Analyse, die einerseits die religiösen Fakten (der Hierophanien) von der Altsteinzeit bis zu den großen monotheistischen Religionen und andererseits das Verhalten des Menschen in der Erfahrung des Sakralen mit Hilfe von Mythen, Symbolen und Riten berücksichtigt, müssen wir die Frage nach den Strukturen des Verhaltens des *Homo religiosus* stellen, das heißt, des *Homo sapiens,* der die Erfahrung des Sakralen lebt. Gleichzeitig stellt sich die Frage der Gültigkeit, der Natur und des Zwecks einer Religonsanthropologie.

Die Religonsanthropologie untersucht den Menschen in seiner Eigenschaft als Schöpfer und Verwender der symbolischen Gesamtheit des Sakralen insofern, als damit religiöse Überzeugungen zum Ausdruck kommen, die sein Leben und sein Verhalten bestimmen. Parallel zur speziellen Religionsanthropologie, die sich mit jeder einzelnen Religion beschäftigt (Hinduismus, Buddhismus, Judentum, Islam, Christentum) entwickelt sich eine Anthropologie, die sich mit dem *Homo religiosus* und seinem Verhalten während der Erfahrung des Sakralen befaßt (J. Ries, 1989). Nach dem Essay von Durkheim und Mauss, die das Sakrale mit dem ausschließlichen Stempel des Sozialen und Gesellschaftlichen versahen, entwickelte R. Otto seine These von der Erfahrung des Sakralen als einer menschlichen Erfahrung des Transzendenten, des Numinosen, des Göttlichen. Seit jener Zeit zeigten die Arbeiten von Eliade und Dumézil die wichtige Rolle der Kultur und der Kulturen im Leben des *Homo religiosus* auf, der notwendigerweise an eine Gruppe und an eine Gesellschaft gebunden ist.

Bild, Symbol und Kreativität

In seinem Buch *Sacré, symbole, créativité* untersucht J. Vidal (1992) tiefschürfend die Dynamik des Symbols im menschlichen Seelenleben und dessen Funktion in der religiösen Erfahrung. Der Raum der symbolhaften Erfahrung öffnet sich über Bildern, die von Objekten der Außenwelt stammen, zum Beispiel vom Himmel, von Sternen, vom Mond, vom Wasser, von Bäumen, Steinen und so weiter. »Das Symbol funktioniert nicht mit Objekten, sondern mit Bildern« (Eliade 1979, 1981). Seitdem die symbolische Erfahrung, sich entwickelt, gibt es einen Übergang vom Objekt zum Bild. Bachelard hat gezeigt, daß das Symbol dank des Bildes Lebenskraft verleihen kann, weil das Bild ein Motiv der Einheit und der Gesamtheit, der Geschmeidigkeit und der Dynamik einführt. Der Gegenstand jedoch wirkt fixierend und abkühlend: daher stammt die Schwäche des Positivismus, der das Bild und das Symbol als Weg zur Erkenntnis ausgeschlossen hat.

Weil eine Dynamik der Einheit (Zentrum) und der Gesamtheit (Expansion) in Gang gesetzt wurde, wecken die Bilder das Bewußtsein auf, rufen Schwingungen hervor und führen zu Urbildern und Archetypen, das heißt zu uranfänglichen Regungen, die im individuellen und kollektiven Unbewußten vorhanden sind. Das Symbol ist aktiv und erzeugt psychische Kräfte, indem es das Bewußtsein auf das Unbewußte bezieht. Dies bedeutet, daß es das Bewußtsein dazu auffordert, die Wurzeln zu entdecken, die Urbildern entsprechen.

Vorstellungswelt (= imaginaire) des Menschen und anthropologischer Weg

Unter dem Begriff Vorstellungswelt versteht G. Durand »die Gesamtheit der Bilder und der Bildbeziehungen, die das gedachte Kapital des *Homo sapiens* darstellen«. In dieser Bilderwelt herrscht ein ordnender Dynamismus, der einen Faktor der Einheitlichkeit in der Darstellung bildet. G. Bachelard zeigte, daß »die Achsen der grundlegenden Intentionen der Vorstellungswelt die Wege der hauptsächlichen Handlungen des Menschen gegenüber seiner Umwelt sind«. Doch dieser Weg ist reversibel, denn der Mensch wird auch von seiner Umwelt geprägt. Seither muß man, Durand zufolge, bei den Symbolen und ihrer Funktion die anthropologische »Verbindung« berücksichtigen: Ein unaufhörlicher Austausch auf der Ebene der Bilderwelt zwischen den subjektiven und aneignenden Regungen des menschlichen Seelenlebens und den objektiven Anregungen und Forderungen, die aus der kosmischen und sozialen Umwelt stammen. So sind in der menschlichen Bilderwelt unaufhörlich zwei Faktoren am Werk: Auf der einen Seite das Seelenleben und seine Imperative, welche die Darstellung des Objekts in sich aufnehmen, und andererseits die Reaktionen der objektiven Umwelt, welche das Seelenleben des Menschen beeinflussen.

Erbe und Initiation

Zu diesen beiden Strukturen im Mechanismus der Bilderwelt des *Homo sapiens,* das heißt dem Komplex »Bild und Symbol« einerseits und andererseits der »anthropologischen Verbindung«, tritt eine weitere Struktur, die das Wachstum des *Homo religiosus* im Lauf der Geschichte erklärt, angefangen vom Paläolithikum bis zu den großen monotheistischen Religionen: Es ist die Initiation. Sie gewährt einen Zugang zum kulturellen und religiösen Erbe, das sich im Lauf von Jahrtausenden gebildet hat und das im kollektiven Gedächtnis erhalten geblieben ist.

Die Initiation enthüllt dem Neophyten heilige Dinge, Symbole und Wahrheiten. Sie verrät ihm die tiefe Bedeutung seiner Ursprünge, der Ursprünge der Gruppe, in die er integriert ist, seine Beziehung mit den anderen und dem Ganz Anderen, der Gottheit. Die Initiation macht ihn mit der Kenntnis der grundlegenden Wahrheit vertraut, welche die Struktur seiner Existenz ausmacht und die seiner Erfahrung des Sakralen eine Ausrichtung gibt. Die Initiation ist eine Offenbarung, die zur Teilhabe an einem Erbe und einer Weisheit führt, deren Quelle im Erbe der Vorfahren liegt, tradiert durch das Gedächtnis der ganzen Gemeinschaft. Dieses Erbe umfaßt Mythen, Symbole, Riten, Glaubensinhalte, Ideen und Vorstellungen, heilige Schriften, Tempel und Heiligtümer. Es handelt sich um ein gleichzeitig religiöses und kulturelles Erbe. Es verleiht dem *Homo religiosus* ein Kapital, das er vermehren kann. Es ist auch ein Kapital aus Bildern und Symbolen, die es ihm ermöglichen, neue Erfahrungen des Sakralen zu erleben. Die Initiation-Tradition ist eine soziale kulturelle und religiöse Struktur, die notwendig ist für das Wachstum des *Homo religiosus* und der *humanitas religiosa.*

35. Die Religionen heutiger schriftloser Völker

194

194. *Momentaufnahme bei einem corroboree der australischen Ureinwohner, der Aborigines. Die corroborees gelten oft als Ereignisse, bei denen gesungen und getanzt wird und die die Gruppe zusammenhalten. Es gibt auch geheime corroborees der Frauen, an denen nur geschlechtsreife Mädchen teilnehmen dürfen. Hinter diesem sozialen Element steht vielleicht noch eine tiefere symbolische Bedeutung.*

Im Laufe des 19. und 20. Jahrhunderts zeigte das Abendland ein außergewöhnliches Interesse am Studium der sogenannten »primitiven« Religionen. Heute spricht man lieber von Naturreligionen, Stammesreligionen oder den Religionen schriftloser Völker und meint damit Religionen mit mündlicher Überlieferung. Das Fehlen schriftlicher Dokumente zwang die Wissenschaftler dazu, ihre Informationen den Berichten von Kolonialbeamten, Missionaren und anderen Beobachtern zu entnehmen. Anthropologen, Ethnologen und Historiker gingen dabei von ganz unterschiedlichen ideologischen Gesichtspunkten aus und suchten nach dem Ursprung der Religion und der Religionen. Die meisten vertraten die Ansicht, daß die zeitgenössischen »Primitiven« einem Stadium entsprechen, das den Ursprüngen nahesteht (E. Evans-Pritchard, 1971). Die verschiedenen Studien erwiesen sich aber als schlecht fundiert und mußten eine nach der anderen aufgegeben werden (U. Bianchi, 1963). Nach einer Pause, die mehrere Jahrzehnte dauerte, kehrte das Interesse an diesen Religionen zurück, doch der Gesichtspunkt der Forschung hatte sich beträchtlich verändert. Sie gilt vor allem den Völkern Schwarzafrikas, Ozeaniens, der arktischen Gebiete, den süd- und nordamerikanischen Indianern und den Altaivölkern Sibiriens. Diese

195

195. Rindenmalerei eines Stammes der australischen Aborigines aus Arnhemland, dem extremen Norden Australiens. Er erinnert an einen Mythos aus der Traumzeit. E. Anati beschreibt ihn folgendermaßen: »Ein Paar Mimi-Geister zieht durch den Wald (Blätter) auf Nahrungssuche (kleine Taschen, die von der Schulter hängen) und haben die Werkzeuge dabei, die sie dazu brauchen: eine Steinaxt, einen Grabstock für Wurzelknollen, einen Speer mit der dazugehörigen Speerschleuder.«

196. Ausschnitt aus einer hölzernen Alusi-Figur der Igho, Nigeria. Die Ighu stellten die Hauptgottheiten in Statuengruppen dar, die Familienstruktur aufwiesen: der Ehemann, die Frau, der Sohn, der zukünftige Erbe und so weiter. Diese Schutzgottheiten, die auch als Sinnbilder der Vorfahren galten, heißen Alusi und werden in bestimmten Bezirken oder auf ihnen geweihten Altären aufbewahrt. Als Zeichen der Verehrung bemalt man die Statuen während der Zeremonien mit Erde und Farbstoffen, und die Frauen ziehen ihnen Kleider an.

Völker werden nicht mehr als Naturvölker betrachtet, sondern man legt die Betonung heute auf ihre Vitalität und ihre historische Kontinuität. Anthropologen von der Qualität eines M. Griaule, E. Evans-Pritchard, R. Lienhardt und einem Religionshistoriker wie M. Eliade wiesen auf wesentliche Phänomene ihres religiösen Lebens hin: Mythen, Symbole, Riten, Initiation. Diese Völker betrachten ihre gesamte menschliche Kreativität als religiös (Eliade 1979).

Die Mythen und ihre erneute Vergegenwärtigung

Die heutigen traditionellen Gesellschaften vermitteln lebende Mythen, die Modelle für das Verhalten des Menschen liefern und der menschlichen Existenz einen Sinn verleihen. In seiner berühmten Tetralogie analysiert Cl. Lévi-Strauss rund 800 Mythen der amerikanischen Indianer (Lévi-Strauss, 1964–1971). Nachdem er den Übergang von der Natur zur Kultur durch die Entdeckung des Feuers, der Kochtechnik, der landwirtschaftlichen Techniken und des Schmuckes erklärt hat, versucht er die Konvertibilität der kulinarischen, astronomischen und soziologischen Ordnung aufzeigen. Dann geht er zu einer sozialen Ethik über, um schließlich mit den Gegensätzen zwischen Natur und Kultur zu enden. Diese Mythen, so behauptet Lévi-Strauss, sagen nichts aus über die Ordnung der Welt, über die Natur des Wirklichen, den Ursprung des Menschen und sein Schicksal. Er kommt zu dem Schluß, daß die Struktur der Mythen die Einheitlichkeit und Kohärenz der Dinge enthüllt, den Menschen in die Natur integriert, aber keinerlei religiöse Botschaft beinhaltet. Aufgrund der Eingrenzung des Mythos auf eine Sprache, begnügt sich der Strukuralismus von Lévi-Strauss damit, die Syntax dazu zu liefern.

Für den Menschen der traditionellen Gesellschaften ist der Mythos eine Sprache mit einer sehr gehaltvollen Botschaft. M. Eliade hat einen Teil seines Werkes den lebenden Mythen heutiger traditioneller Völker gewidmet, was uns ein Interpretationsraster für ihre Religiosität in die Hand gibt (Eliade, 1974). Die Mythen berichten von einer sakralen Geschichte der Urzeit. Sie erzählen, wie übernatürliche Wesen und Vorfahren die Welt geschaffen oder erneuert haben. Für den traditionellen Menschen hat diese Offenbarung Folgerungen, denn sie übermittelt bedeutsame Modelle für alle menschlichen Aktivitäten: die Ernährung, die Arbeit, die Erziehung, die Heirat, die Kunst, die Weisheit. So wie der Mensch heute existiert, ist er das Ergebnis dieser Schöpfung der Ursprünge. Um dieses Werk und diese Situation aufrechtzuerhalten, muß man sich in regelmäßigen Abständen den Mythos wieder vergegenwärtigen und die Zeit wieder erneuern. Diese Erneuerung der Kosmogonie und der Welt macht eine Rückkehr zum goldenen Zeitalter erforderlich. Das ist, kurz gesagt, die Botschaft der Mythen.

Diese Rückkehr gelingt durch die Ritualisierung der Mythen, und das impliziert Feste und einen genauen Kalender zur zeitlichen Festlegung dieser Feierlichkeiten. Jedes Fest ist zunächst eine Erinnerung an die göttlichen Handlungen, denn man darf

197

197. An der Nordwestküste Kanadas erfuhr die zeitgenössische Kunst durch indianische Künstler eine bedeutende Entwicklung. Obwohl diese Künstler in das heutige soziale Leben eingebunden sind, konnten sie doch die plastischen Ausdrucksformen ihrer Kultur beibehalten. Diese typische Haida-Zeichnung für eine silberne Halskette schuf der Künstler Bill Read, ein bedeutender Mitarbeiter und Bildhauer des Museum of Anthropology von Vancouver. Der Titel des Werks lautet »Die Frau im Mond« (1954). Wir sind hier mit einem Thema konfrontiert, das den Ursprungsmythen ganz nahe steht. Im Jahr 1980 schuf Read eine große Holzskulptur für das Museum. Sie steht allein in einem eigenen Saal und trägt den Titel »Der Rabe und die ersten Menschen«. Der Rabe ist der Vogel des Ursprungs. Er sitzt auf der Schale, die aufgeht, um die ersten Menschen zu entlassen.

weder die übernatürlichen Wesen noch die mythischen Vorfahren vergessen. Das Fest ist auch eine Feier, in deren Verlauf der Stamm die Urereignisse noch einmal erlebt, zum goldenen Zeitalter zurückkehrt, die exemplarischen und göttlichen Handlungen wiederfindet und sie imitiert. Er regeneriert damit seine Kräfte im Hinblick auf die Handlungen des alltäglichen Lebens. Offenbarung, Fest, Gedächtnis, erneute Vergegenwärtigung sind einesteils auf die Ursprünge, andernteils auf das tägliche Leben ausgerichtet. Die Mythen stellen den religiösen Rahmen der traditionellen Gesellschaften und ihre Institutionen sowie der täglichen Aktivität der Männer und Frauen dieser Stämme dar.

Mündliche Überlieferungen und Initiation

Im Leben der Völker mit mündlicher Überlieferung spielt die Initiation heranwachsender Stammesmitglieder eine grundlegende Rolle. Sie ist auf der ganzen Welt bezeugt und stellt die Matrix der Gesellschaft dar; sie formt die Kultur, stützt die Religiosität und realisiert den Zustand der Vollendung des *Homo religiosus*. Zu den Initiationsriten gehört die Vorbereitung eines heiligen Ortes, der den Raum darstellt, an den die übernatürlichen Wesen die Welt erneut schaffen. Dieser Raum erlaubt die Kommunikation mit der transzendenten Welt. Die Initiation geschieht im Lauf einer geheiligten Zeit. Sie mündet in die Urzeit, in die der Neophyt mit Hilfe der Riten gelangen kann: heiliger Ort und heilige Zeit sind zwei Vorbedingungen.

Die Initiation beginnt mit einem Bruch mit der Kindheit: geheiligter eingeschlossener Raum, Busch, Trennung von der Mutter, Isolation in einem Wald. Dann folgen Proben zur Initiation: Tänze, Schlafentzug, Hunger, Durst, Flammen, Reinigungsriten, in Afrika und Ozeanien die Beschneidung, in Australien das brummende Geräusch der Schwirrhölzer *(bull-roarers)*, das als die Stimme des höchsten Wesens interpretiert wird. Schließlich erfolgt die Weitergabe der Mythen, durch die der Neophyt in seine Gemeinschaft eingeführt wird (Eliade, 1979). Diese Weitergabe der Mythen kann sich über mehrere Jahre erstrecken, denn sie verschafft Zugang zu den Mysterien und stellt eine Offenbarung dar.

Das höchste Wesen

Eine großangelegte Untersuchung, die W. Schmidt und ein Team von Ethnologen unter den australischen Aborigines zu Beginn des 20. Jahrhunderts unternahmen, zeigte deutlich, daß diese Stämme an ein höchstes Wesen glauben. Im Verlauf weiterer Untersuchungen zeigte es sich, daß die afrikanischen Pygmäen, die Buschmänner, die Feuerlandindianer und die arktischen und nordamerikanischen Völker identische Glaubensvorstellungen haben. Zahlreiche Ethnologen und Religionshistoriker haben sich diesen Positionen angeschlossen (W. Schmidt, 1912–1954).

Die Diskussion mit Pettazoni und Eliade ermöglichte es, diese Glaubensvorstellung zu verstehen. Dabei zeigte es sich, daß »dieses oberste Wesen stets eine uranfängliche Schöpferpersönlichkeit ist« (Eliade, 1979). Diese Uranfänglichkeit und die Schöpfung sind charakteristische Elemente des mythischen Denkens. Kürzlich durchgeführte Forschungen bestätigen diese Glaubensvorstellungen mit Hilfe der Analyse der Mythen, der Riten und der ganzen traditionellen Symbolik. In Afrika ist das oberste Wesen der Schöpfer und der Herr des Kosmos. Zahlreichen Mythen zufolge lebte er einst mit den Menschen zusammen, entfernte sich dann aber von ihnen (D. Zahan, 1976). In Südamerika zeigen die mythischen Traditionen ein höchstes, allwissendes, allmächtiges, wohlwollendes Wesen, den Schöpfer und Herrn des Universums (E. Schaden, 1976). Unter den wesentlichen Zügen des obersten Gottes bei den amerikanischen Indianern müssen wir seine Stellung an der Spitze der Hierarchie und seine Aufgabe als Kontrollinstanz der menschlichen Tätigkeiten unterstreichen. Dieses höchste Wesen ist unsichtbar und mit dem Himmel assoziiert, was seine Transzendenz klar erkennen läßt (A. Hultkrantz, 1976).

198

198. Steindruck der Eskimo vom Bakersee in den Northwest Territories Kanadas. Dargestellt ist ein Schamane der Eskimo, während er unter Begleitung seiner Wächtergeister den Himmelsflug unternimmt. Bei den nordamerikanischen Indianerkulturen bringen die Schutzgeister Segen über ihre menschlichen Partner.

199

200

201

199. Insel Melville in der Arafura-See im äußersten Norden Australiens. Heutiger Friedhof australischer Aborigines. Das Vorhandensein des Kreuzes verhinderte nicht, daß traditionelle Riten beibehalten wurden.

200. Ayers Rock im Zentrum Australiens. Er gilt als der größte Monolith der Welt. Es fällt auch uns nicht schwer, die sakrale Aura zu erahnen, die Ayers Rock seit jeher für die australischen Ureinwohner hatte.

201. Blick von den Olgamountains. Im Hintergrund Ayers Rock, der noch imponierender aussieht, wenn man ihn von erhöhter Stellung aus betrachtet.

36. Homo habilis und Homo symbolicus. Schöpferische Vorstellungskraft und die Botschaft des Werkzeugs

Die Entdeckung des Homo habilis

Vom Jahr 1959 an entdeckten Forscher in den Schichten von Olduwai in Tansania und am Ostufer des Turkanasees in Kenia Schädelfragmente mit einem Alter von zwei Millionen Jahren. 1964 bezeichneten L. Leakey, Ph. Tobias und J. Napier die Menschenformen, von denen diese Fossilien stammen, als *Homo habilis,* denn die Entdeckung einseitig *(choppers)* und wechselseitig behauener Geröllsteine *(chopping tools)* bewies dessen Fähigkeit zur Werkzeugherstellung (F. Facchini, 1990). Dieser Fund führte die Paläoanthropologen zur Auffassung, Ostafrika sei die Wiege der Menschheit. Entdeckungen, die erst vor kurzer Zeit gemacht wurden, veranlaßten Ph. V. Tobias zur Hypothese, der Schädel des *Homo habilis* habe bereits über ein Broca- und ein Wernickezentrum verfügt, und dies sei ein Zeichen für die Sprachbeherrschung des *Homo habilis* (Tobias, 1992).

Die Gesamtheit der in Afrika seit drei Jahrzehnten gefundenen Reste ist entsprechend: bearbeitete Feuersteinwerkzeuge, darunter zahlreiche zweiseitig bearbeitete Geröllsteine als Jagdwaffen und Schlagwerkzeuge, wiederverwendete Tierknochen, Reste von Wohnhütten und Arbeitsbereichen. Die Paläonthropologen erkennen beim *Homo habilis* die Anlage körperlicher, kultureller und sozialer Merkmale, die als Grundlage für die Entwicklung des *Homo sapiens* dienen. Man muß Schlüsse ziehen auf ein Netz bewußter Beziehungen: Familie, Gruppe, Territorium. Dies stellt einen qualitativen Sprung im Vergleich zu seinen Vorfahren dar, dem *Australopithecus.* Der *Homo habilis* ist ein neuer Mensch.

Beim *Homo habilis* begegnen wir der ersten menschlichen Kultur: Industrie, Technologie, Wohnstrukturen, Jagd und Sammelökonomie, Gegenstände und Werkzeuge wie Kratzer und Schaber. Diese sogenannte Olduwaikultur hat ihren Namen von dem Ort, an dem sie am besten belegt ist, und reicht in die Zeit vor über zwei Millionen Jahren zurück. Sie ist die älteste menschliche Kultur. Sie beweist auch eine psychische Aktivität des Homo habilis: Fähigkeit zur Ausarbeitung von Projekten, zur Arbeits- und Jagdorganisation, zur Beobachtung der Umwelt, der Natur, der pflanzlichen und tierischen Ressourcen. Nach Tobias »war der *Homo habilis* der wichtigste Repräsentant der Hominidenevolution während einer Million Jahre«. Überdies schließt seine Entdeckung die Lücke zwischen den *Australopithecinen* und dem *Homo erectus.*

202

202. Petroglyphen der Mississippi-Kultur (700 bis 1600 nach Christus), oberer Mississippi, Minnesota, Vereinigte Staaten. Die Petroglyphe ist rot gezeichnet und stellt einen Teil mit zwei Kreisen dar. Campbell Grant zufolge handelt es sich um ein wichtiges zeremonielles Symbol.

Der Homo habilis und das Werkzeug

Die Kultur dieser bearbeiteten Geröllsteine, auch *Pebble Culture,* Geröllindustrie oder Geröllkultur genannt, liefert uns wertvolle Informationen über den *Homo habilis:* über die Palette seiner Werkzeuge, die tägliche Nahrung, die Umwelt, die Art des Lebens. Sie zeigt uns auch die erstmalige Verwendung eines Mittlers zwischen der Hand des Menschen und dem zu bearbeitenden Gegenstand, nämlich des Werkzeugs. Die Vorbedingung für ein Werkzeug ist eine Geste, das Ergreifen mit der Hand, und somit die Existenz eines auf zwei Beinen gehenden Wesens, das die Hände frei hat. In der Kultur des *Homo habilis* ist die Hand nicht mehr das Werkzeug wie bei den Tieren, sondern sie bewegt das Werkzeug und erweitert seinen Tätigkeitsbereich. Mit dem Werkzeug unternimmt der Mensch einen großen Schritt, denn die Technik oder Verwendungsmethode des Werkzeugs erfordert vom Menschen eine Vermittlung: die Idee, das Objekt. Das Zuschlagen eines *choppers* verlangt zunächst, daß der Mensch das fertige Werkzeug vor Augen hat. Das bedeutet die Wahl eines geeigneten Geröllsteins. Diese Wahl wird noch wichtiger, wenn es darum geht, ein zweiseitig behauenes Steinwerkzeug zu schaffen. An zweiter Stelle muß man schon alle Operationen im Kopf haben, die zur Realisierung dieses Projekts notwendig sind. Seit jener Zeit reduziert sich das technische Verfahren, eine Erfindung des *Homo habilis,* nicht auf die Frage nach der richtigen Ausrüstung, sondern setzt die bedeutsame Intervention der Intelligenz und des Vorstellungsvermögens des Menschen voraus. Dank seiner funktionierenden Gedankenwelt kann der Mensch Variationen in den technischen Verfahren und damit Innovationen schaffen. Zwei Faktoren spielen dabei eine Rolle: einerseits der reflektierende Verstand, denn man muß dabei die Beziehungen zwischen den Arbeitsphasen und den Objekten begreifen, und andererseits die symbolische Vorstellung, denn der Mensch muß ein Schema nach außen projizieren (A. Leroi-Gourhan, 1964). Der Ursprung des *Homo habilis* erforderte gleichzeitig die Befreiung der Hand und das Wachstum der reflektierende Verstand. Diese beiden Elemente sind unerläßlich, damit aus dem Menschen ein Schöpfer wird.

Das Entstehen des Homo symbolicus

Der *Homo habilis* verfügte über Techniken des Erwerbs, der Herstellung und des Konsums. In ihm existierte die Möglichkeit, ausdrucksvolle Symbole zu konzipieren, die er in Handlungen/Gesten, Laute und Realisierungen von Gegenständen umzusetzen imstande war. Die aufrechte Körperhaltung war eine unerläßliche Bedingung nicht nur für die physische Evolution und die Befreiung der Hände, sondern auch für eine neue Wahrnehmung des Horizonts und der Umwelt, die beide weitere Entdeckungen stimulieren. Diese notwendige Bedingung war aber nicht hinreichend. Es mußte auch ein neues psychisches Element vorhanden sein, ein symbolisches und gleichzeitig schöpferisches Bewußtsein.

Die archäologischen Funde liefern uns den Beweis für die Existenz dieses Bewußtseins beim *Homo habilis.* Die zweiseitig behauenen Werkzeuge lassen auf die Suche nach Symmetrie schließen, ein offenkundig ästhetisches Anliegen. Die Jagd ist ohne ausgearbeitete kollektive Strategien nicht denkbar, denn die Reste von Mahlzeiten zeigen uns, daß die Großwildjagd üblich war. Die Organisation des verfügbaren Raums ist ein weiteres Indiz für dieses symbolische Bewußtsein. Die Strukturen der Hütten verraten uns eine Aufteilung in drei Bereiche: Aufenthalt, Zerlegen der Beutetiere, Herstellung von Werkzeugen. Yves Coppens zufolge bildete diese Periode den Uranfang, denn dank der Mobilität und des Auftretens des reflektierten Bewußtseins »erweitert der Mensch zum ersten Mal in der ganzen Geschichte des Lebens sein Territorium und weiß, daß er weiß« (Y. Coppens, 1987).

Die einzigartigen Entdeckungen im afrikanischen Rift Valley sagen uns, mindestens explizit, nichts über die Religiosität des *Homo habilis* aus. Sie zeigen uns aber das Vorhandensein einer Kultur, die er geschaffen hat und liefern uns damit den Beweis, daß dieser Mensch ein *Homo symbolicus* ist. Die Olduwaikultur verschafft uns eine Gewißheit, die außergewöhnliche Folgen für die Paläoanthropologie, die Anthropologie und die Religionsgeschichte hat: Vor zwei Millionen Jahren entstand der *Homo symbolicus.*

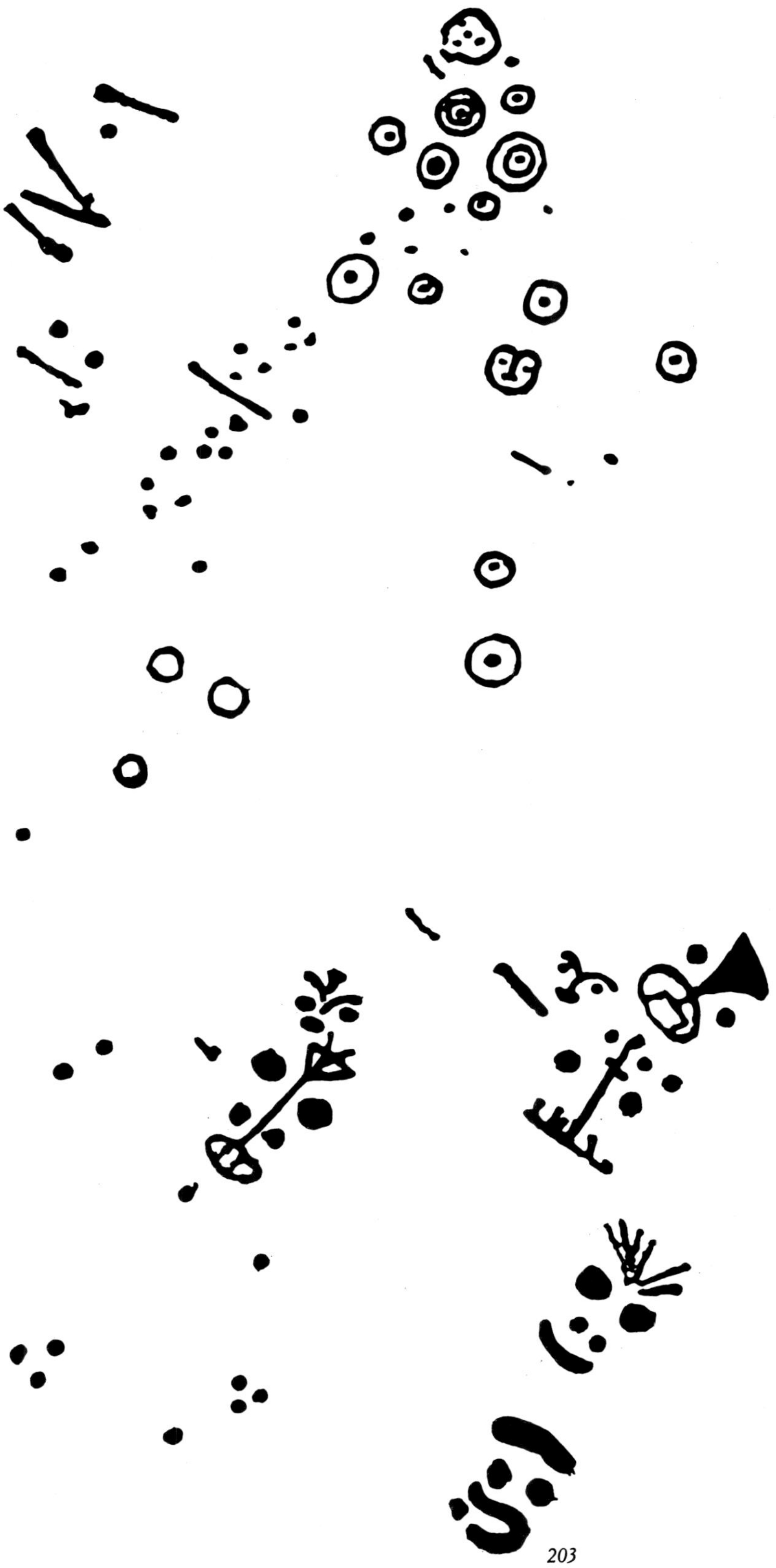

203

203. Ritzzeichnungen in Felsen an der Fundstelle Lianyungang in Yiangsu, China, Aufnahme von Chen Zhao Fu. Wenn wir diesem Autor folgen, handelt es sich um eine Gesamtheit von Symbolen: Es sind Punktreihen, Linien, Kreise, Strahlenkreise, konzentrische Kreise und Ideogramme dargestellt.

204. Folgende Seite oben. In Levallois-Technik bearbeitete Spitze, die vom Neandertaler vor rund 100 000 Jahren verwendet wurde. Es handelt sich hier um eine raffinierte Industrie des Musterian. Zweiseitig behauene Stücke erschienen bereits eine Million Jahre zuvor, als der Mensch die Symmetrie entdeckte, die nach der Meinung verschiedener Paläontologen eine symbolische Bedeutung mit nützlichen Zwecken verband.

204

205. Eingang zu einer ausgemalten Höhle im Massai Escarpment, Tansania. Die Tatsache, daß diese und viele weitere Höhlen bemalte Wände aufweist – es handelte sich dabei, wie wir gesehen haben, gleichzeitig um eine künstlerische wie rituelle Aktivität –, bestätigt uns, daß die Höhle für den prähistorischen Menschen an sich ein Symbol des Heiligen war und in Beziehung zum Jenseits stand.

206. Symbolische Ritzzeichnungen im Fels von Gua Badak in Malesia. Die Höhlenwände sind aus gestreiftem, gefärbtem Marmor. Ein großer Teil der Höhlenmalereien ging Ende der achtziger Jahre verloren, als man den Marmor abbaute. Die Bedeutung dieser fotografisch erfaßten abstrakten Zeichen ist unklar. Es handelt sich um eine komplexe Symbolik und um ein kulturelles Erbe der malesischen Negritos, eines Volkes von Jägern und Sammlern (im Jahr 1928 hatte der Anthropologe Ivor Evans die Möglichkeit ausgesprochen, viele abstrakte Zeichnungen stellten Matten dar, auf denen die Urahnen schliefen). Jedenfalls stehen wir vor einer außergewöhnlichen Leistung des Homo symbolicus.

205

206 ▷

37. Homo erectus, Homo sapiens und der Symbolismus der Himmelskuppel

Vom Erectus zum Sapiens

Paläoanthropologen bezeichnen als *Homo erectus* jene Menschenart, die vor 1,6 Millionen Jahren am Ostufer des Turkanasees in Ostafrika auftrat, die Alte Welt (Asien, China, Afrika und Europa) besiedelte und vor ungefähr 150 000 Jahren wieder verschwand (F. Facchini, 1990). Der *Homo erectus* folgte auf den *Homo habilis*. In Asien wurden die wichtigsten Fossilien in Chou-kou-tien in China und auf Java gefunden. Sein Gehirnvolumen stieg während der Zeit seines Auftretens von 800 ccm auf 1250 ccm. Er lebte von der Jagd und vom Sammeln, baute Lager unter freiem Himmel und lebte mit Vorliebe an Wasserläufen, so nah wie möglich an den Felsen. Seine Steinindustrie erfuhr eine bedeutende Entwicklung, und er nutzte das Feuer, um seine Nahrung zu kochen. Die ersten Feuerspuren stammen von Chou-kou-tien, vom Nahen Osten und aus Europa, wobei die beiden zuletztgenannten Funde 450000 Jahre alt sind. Die Verwendung des Feuers stellt eine geniale Erfindung dar, die erste Energiequelle, die der Mensch nutzte. Sie ist auch ein wichtiger Schritt in den familiären und sozialen Beziehungen und gibt uns einen Hinweis auf eine gewisse Religiosität, denn einige Paläoanthropologen sprechen von Spuren von Feuerritualen (C. Perlès, 1977). Die bedeutsame Weiterentwicklung der Steinindustrie ist ein Hinweis auf die Existenz einer Sprache, wie sie für die Weitergabe von Techniken notwendig ist. Die Entdeckung einiger Schädel, die an der Basis verstümmelt waren, läßt an Rituale und somit an einen Glauben an ein Leben nach dem Tode denken. Diese Bestattungsrituale sind zusammen mit den Feuerritualen die einzigen sichtbaren Spuren der Religiosität des *Homo erectus*, über die wir zur Zeit verfügen.

Durch eine sehr langsame morphologische Evolution verwandelte sich der *Homo erectus* in den *Homo sapiens* (R. Vandermeersch, 1988). Seine ältesten Repräsentanten stammen aus der Zeit vor 300000 Jahren. In der Zeit vor 80000 Jahren entwickelt sich in Europa eine Unterart des *Homo sapiens*, der Neandertaler, der in der Zeit vor 35000 Jahren wieder verschwindet, um dem *Homo sapiens sapiens* Platz zu machen. Diese typische Unterart ist sehr alt, stammt aber von außerhalb Europas. Der *Homo sapiens sapiens* erfährt eine starke Diversifizierung und bildet die Ausgangspopulation für alle heutigen Völkerstämme der Erde. Die Neandertaler sind aufgrund zahlreicher Gräberfunde gut bekannt. Diese Gräber zeugen von einem sehr hohen kulturellen und religiösen Niveau. Die Gräber von Qafzeh in Palästina (Alter 90000 Jahre) sind die ältesten, doch gehen sie auf den *Homo sapiens sapiens* und nicht auf den Neandertaler zurück. Seit der Zeit von Qafzeh macht die Religiosität, die sich in Bestattungsritualen äußert, eine schnelle Entwicklung durch – ein Zeichen für das Wachstum des religiösen Bewußtseins des *Homo sapiens*.

Spuren der Religiosität

Von den Kulturen des *Homo erectus* und des frühen *Homo sapiens* sind uns zahlreiche Spuren erhalten geblieben. Am wichtigsten darunter sind die Werkzeuge. A. Leroi-Gourhan (1964) zeigt die Verbindung zwischen Technik und Sprache auf und zögert nicht zu behaupten, die Sprache sei nicht das Ergebnis der Hominisation, sondern ein Element und ein Faktor jener Entwicklung, denn Sprache und Werkzeug zeugten von ein und derselben Fähigkeit zur Symbolbildung, die charakteristisch sei für den *Homo erectus* und den *Homo sapiens*. Wir haben bereits gesehen, daß diese Fähigkeit zur Symbolbildung bereits beim *Homo habilis* perfekt ausgebildet war. Y. Coppens (1983) glaubt, dieser archaische Mensch habe bereits über eine Sprache verfügt. Jedenfalls zeigen seine Werkzeuge und seine Kultur, daß seine Fähigkeit zur Symbolbildung bereits stark entwickelt war. Für Professor Coppens »ist der Mensch mit all seinen funktionellen und verhaltensmäßigen Merkmalen bereits entwickelt« (1984). Im Licht der Forschungen von A. Leroi-Gourhan über die Sprache, das Werkzeug und das Symbol beim Menschen des unteren Paläolithikums erklärt J. Molino (1988), »die Symbolbildung sei eine wesentliche Eigenschaft der menschlichen Art, genauso real wie die Funktionen der Ernährung oder der Fortpflanzung.« Das ganze Werk von G. Durand ist in diesem Sinn zu sehen.

In den Augen von Eliade »kann man es sich nicht vorstellen, daß die Werkzeuge nicht über eine gewisse Sakralität verfügt hätten« (Eliade, 1979). Der Autor schließt dies aus der Rolle der Werkzeuge im religiösen Leben und der Mythologie heutiger Völker, die sich noch in aneignenden Formen der Wirtschaft wie der Jagd und der Fischerei befinden. Er denkt auch an Mythologien über Lanzen, die in das Himmelsgewölbe eindringen und den Aufstieg in den Himmel ermöglichen. Er meint, daß die Dunkelheit prähistorischer Dokumente nicht dazu führen sollte, »daß wir einen enormen Teil der Geschichte des menschlichen Geistes einfach weiß lassen.«

Zusammenfassend kann man sagen, daß sich ausgehend vom *Homo habilis* über den *Homo erectus* bis zum *Homo sapiens* eine Erfahrung des Sakralen entwickelt hat. Sie wird bezeugt durch die Botschaft der Werkzeuge, die Spuren von Feuerritualen und die Bestattungsriten.

Das Himmelsgewölbe

Die Bezeichnung *Homo erectus* der Paläoanthropologen hat nichts mit dem aufrechten Gang zu tun, denn schon der *Homo habilis* besaß dieses Merkmal. Dieser Name blieb aus jener Zeit (Ende des 19. Jahrhunderts) bestehen, als in Java Menschenfossilien gefunden wurden, welche die Anthropologen *Pithecantropus erectus* nannten. Damals wußte man noch nichts über die *Australopithecinen* einerseits und den *Homo habilis* andererseits. Die *Australopithecinen* sind Hominiden, die vor 3,5 Millionen Jahren auftraten. Ein vor kurzem ausgegrabenes Exemplar wurde unter dem Namen Lucy weltberühmt. Die *Australopithecinen* gingen bereits auf zwei Beinen und somit aufrecht. Beim heutigen Stand der Forschung sind die Beziehungen der drei oder vier bekannten Australopithecinenarten mit der Gattung *Homo* noch nicht klar (F. Facchini, 1990).

Der Religionshistoriker interessiert sich nicht für die *Australopithecinen*. Sie verschwanden, ohne eine Kultur zu hinterlassen. Der Religionshistoriker hält sich an die Gattung Homo, deren erster Vertreter der *Homo habilis* ist. Er wurde erstmals 1959 in Olduwai in Tansania gefunden. Dieser Mensch ist durch das Schädelvolumen und die Schädelform, durch seine Zähne und durch die Schädelbasis gekennzeichnet, die eine ausgeglichenere Lage des Kopfes auf einer geraderen Wirbelsäule erlaubt. Die bedeutende Neuentwicklung des *Homo habilis* ist das Auftreten eines kulturellen Verhaltens (Tobias, 1992), was ein Hinweis für die Entstehung des *Homo symbolicus* darstellt.

Der aufrechte Gang auf zwei Beinen führt dazu, daß die Hände frei wurden. Das waren die grundlegenden Voraussetzungen für das Entstehen der Kultur. Der aufrechte *Homo habilis* konnte seine Umgebung überblicken, weit entfernte Horizonte und die Natur mit ihren Landschaftsformationen sehen. All diese Dinge sind wesentlich für die Symbolbildung. Die Beweglichkeit seines Kopfes dank der beiden obersten Halswirbel erlaubte es ihm, das Himmelsgewölbe zu betrachten, was ein entscheidendes Element für sein psychisches, intellektuelles und religiöses Wachstum darstellt.

Der *Homo habilis* und der *Homo erectus* sahen den Kosmos auf eine Weise, die der Symbolik unauslöschliche Spuren eingeprägt hat: Sie sahen das Himmelsgewölbe. Es erscheint wie das Dach der Erde, und es stützt sich auf sie. In verschiedenen frühen wie späten Kosmologien wird die scheibenförmige Erde von einer Gebirgskette eingegrenzt, und auf diesen Säulen ruht das Himmelsgewölbe. Bei der Bearbeitung der Feuersteinknollen zeigte der archaische Mensch ein ästhetisches Bewußtsein, weil er die Rohstoffe nach ihrer Farbe auswählte. Es gab auch die Bewegungen der Sonne, des Mondes und anderer Himmelskörper, die Aufeinanderfolge von Tag und Nacht. Eine bemerkenswerte Entwicklung erfahren diese Erscheinungen durch den Aufstieg der beiden ersten großen Kulturen, der mesopotamischen und der ägyptischen, in denen die Himmels- und Sternsymbolik gleichzeitig eine kosmische, psychische und religiöse Rolle spielt.

M. Eliade stellte an die Spitze seines *Traité* (1954) eine Studie über das Himmelsgewölbe. Nach seiner Auffassung bewirkte das einfache Betrachten des Himmelsgewölbes im Bewußtsein des archaischen Menschen eine Erfahrung des Heiligen: Die Höhe ist eine dem Menschen unzugängliche Dimension, und die Gestirne erhielten dadurch den Nimbus der Unvergänglichkeit und des Transzendenten.

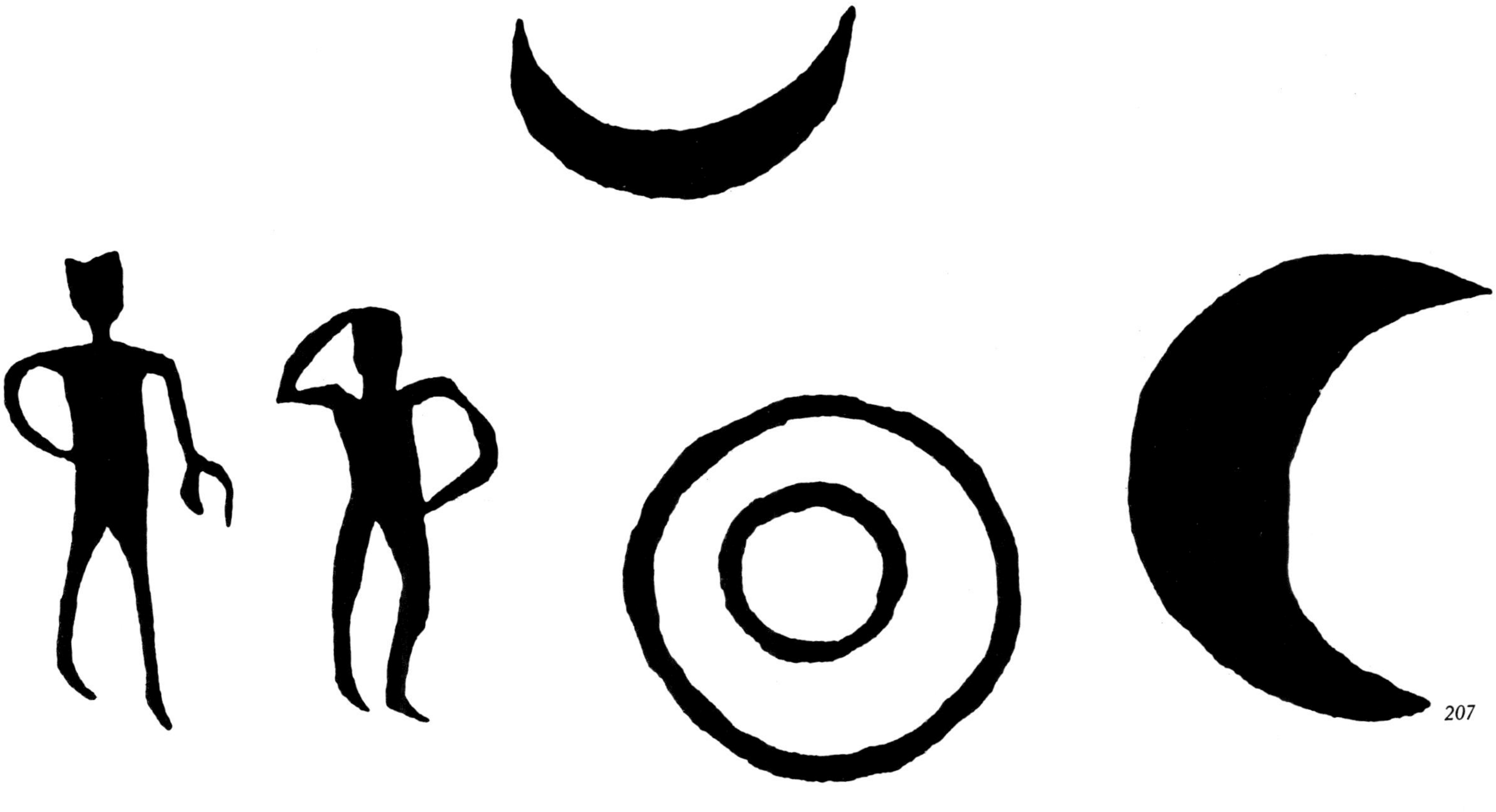

207

207. Wiedergabe einer Felszeichnung der Frimont-Kultur, Capitol Reef National Park, Utah, Vereinigte Staaten. Wir erkennen zwei männliche Figuren, die offensichtlich zwei Halbmonde und zwei konzentrische Kreise beobachten. Die Himmelskuppel scheint die Menschen zu umhüllen.

208. 209. Folgende Seiten: Reproduktion einer Massaibibel der deutschen Schwester Katharina Kraus aus den siebziger und achtziger Jahren. Sie fühlte sich in das Leben und die Kultur der Massai ein und war davon überzeugt, daß ihr Monotheismus und ihre Mythologie zahlreiche Übereinstimmungen mit biblischen Themen aufwies. So schuf Schwester Kraus Bibelillustrationen in einem Stil, der sie auf der ganzen Welt bekannt werden ließ. Links: Abraham wird mit zahlreichen Tieren dargestellt, was für die Massai von höchster Bedeutung ist, doch hebt er seinen Kopf zur Himmelskuppel. Rechts: Der Traum Jakobs mit der Leiter, auf der die Engel vom Himmel auf die Erde niedersteigen.

38. Die Entdeckung der Transzendenz

Die Kultur des *Homo habilis* und des *Homo erectus* und besonders dessen Spuren von Feuerritualen und von Bestattungsriten erweisen sich als Hinweise auf eine Erfahrung des Sakralen. Diese setzt die Entdeckung der Transzendenz voraus. Aber auf welchem Weg gelangte der archaische Mensch zur Wahrnehmung der Transzendenz?

Der Religionshistoriker versucht, mit Hilfe der vergleichend genetischen Methode den Einfluß des Himmelsgewölbes auf das Seelenleben des archaischen Menschen und auf seine Wahrnehmung der Transzendenz festzustellen und zu begreifen. In einem ersten Schritt stützt er sich auf genau bekannte Fakten, die von heutigen und vergangenen Völkern bestätigt sind, und baut sich damit sozusagen ein Leseraster der Religiosität, die auf dem Himmelskult und dem Kult des Himmelsgewölbes und auf weiteren Astralkulten beruht. Dann geht er in der Geschichte weiter zurück. Dabei helfen ihm zwei Einsichten: Auf der einen Seite die religiösen Fakten der Vorgeschichte und auf der anderen Seite die vor kurzem erarbeiteten Forschungsergebnisse über das Symbol und seine Funktionen. Damit versucht er das Verhalten des *Homo sapiens*, des *Homo erectus* und des *Homo habilis* zu verstehen.

Ein erster sehr umfangreicher Bereich ist der der schriftlosen Völker, die bereits gründlich untersucht wurden, zum Beispiel von W. Schmidt und den Ethnologen der Wiener Schule (W. Schmidt, 1912–1954), von R. Pettazzoni (1922), von M. Eliade (1954 und 1979) und von zahlreichen weiteren Anthropologen und Ethnologen. So bewohnen die obersten Götter der australischen Aborigines den Himmel und bleiben mit ihm in direkter Verbindung. In Indien, Afrika und Feuerland bewahrt der oberste Gott einen sehr genauen Himmelssymbolismus. Schang-Ti ist im alten China der Himmel und der höchste Gott (M. Kaltenmark, 1981). Bei zahlreichen sibirischen Völkern bedeutet der Name des Großen Gottes »Himmel«. Das archaische türkische und mongolische Wort *Tengri* gilt gleichzeitig dem Himmelsgewölbe und der Gottheit.

Eine zweite Dokumentation über das Himmelsgewölbe und seine religiöse Bedeutung geht auf die ersten großen Religonen jener Völker zurück, welche die Schrift erfanden: die Menschen Mesopotamiens und Ägyptens. Ihnen folgen die indoeuropäischen Völker, bei denen der Tageshimmel und Nachthimmel wesentliche religiöse Funktionen haben. Ein drittes Forschungsgebiet, dem heute besondere Aufmerksamkeit gewidmet wird, ist das der Felsinschriften. Sie liefern uns reichliches Material über den Menschen, der seine Hände in Richtung der Himmelskuppel erhebt. Besonders ist dies im Valcamonica der Fall.

Mit diesen erhellenden Informationen wendet sich der Religionshistoriker dem *Homo sapiens* des Neolithikums zu. Er kennt Bestattungsriten, den Glauben an ein Leben nach dem Tode, Feuerrituale sowie andere Riten, die seine Religiosität und somit sein Bewußtsein der Transzendenz beweisen. Die Betrachtung des Himmelsgewölbes während des Tages und der Nacht hat im Verlauf der Jahrtausende ohne Zweifel das Bewußtsein und das Unterbewußte entscheidend beeinflußt. Ist es nicht der unaufhörliche Austausch zwischen seinen subjektiven Antrieben und den objektiven Aufforderungen, die er empfindet, wenn er das Himmelsgewölbe betrachtet, der am Anfang seiner Entdeckung der Transzendenz und damit der Grundlage seiner Religiosität steht? Der Historiker, der Anthropologe, der Ethnologe bewegen sich in der Richtung auf die Ursprünge und die unbekannten Zeiten zu. Sie marschieren auf den kulturellen Pisten und Pfaden des *Homo erectus* und des *Homo habilis*, die beide auf ihre Weise ein *Homo symbolicus* waren. In langen Jahrtausenden vervollkommneten sie dank ihrer Fähigkeit zur Symbolbildung ihre Bearbeitungstechniken der Geröllsteine. Gleichzeitig betrachteten sie die Welt des Himmels: das Himmelsgewölbe, seine Form und Farben, den Lauf der Sonne, die nächtliche Bewegung des Mondes und der Sterne. Für M. Eliade »kommt eine solche Betrachtung einer Offenbarung gleich« (1954). Der frühe Mensch hat die Transzendenz nicht auf verstandesmäßigem Weg, sondern durch das Spiel seiner Vorstellungskraft, das heißt seiner Fähigkeit zur Symbolbildung, entdeckt. In diesem frühen Stadium spielen die Mythen keine Rolle. Sie treten erst später als Erinnerung an eine heilige Geschichte der Uranfänge auf. Es war der Symbolismus der Himmelskuppel, die dem frühen Menschen seine erste Erfahrung des Heiligen ermöglichte.

210. Die Darstellung eines ziggurads stammt von einem mesopotamischen Siegel. Die Stufenpyramide symbolisiert den heiligen Berg und die Verbindung mit der Transzendenz. Die Sonne verbindet sich oben fast mit der Spitze des ziggurads.

210

211. Nachfolgende Seite: Der kleine Ararat von Süden gesehen, iranisch-aserbeidschanisches Gebiet. Der Ararat gilt seit prähistorischer Zeit als heiliger Berg; vielleicht stellt er in Eurasien das bekannteste Symbol dafür dar. Der Grabenbruch des afrikanischen Rift Valley scheint quer durch das Rote Meer zum Ararat zu weisen.

39. Werden und Wachsen des religiösen Bewußtseins des Menschen

Das Bewußtsein des Sakralen

Die Vorstellungswelt des frühen Menschen, der eine Kultur schuf, seine Umwelt betrachtete und Fragen stellte nach seinem Schicksal, schöpfte aus fünf grundlegenden Symbolen: dem Himmelsgewölbe bei Tag und bei Nacht, den Sonnensymbolen, den Mondsymbolen mit den Sternbewegungen, den Symbolen der Erde mit der Fruchtbarkeit und schließlich den Symbolen aus der Umwelt mit Wasser, Berg und Baum. Der Mensch ist sensibilisiert durch die Betrachtung des Himmelsgewölbes und lebt eine Erfahrung des Heiligen in Zusammenhang mit den astralen Hierophanien. Eliade zufolge wird seine Vorstellungswelt »von einem transzendenten Licht bewohnt, das von außerhalb stammt«. Diese erste Erfahrung des Heiligen, das sich über Jahrtausende hinweg auf sein Bewußtsein auswirkte, führte den Menschen ohne Zweifel dazu, nach und nach die Bande und die Kontraste zwischen dem Himmel und der Erde zu erfassen und angesichts der weiten Himmelskuppel über seine Stellung im Kosmos nachzudenken. Diese erste Etappe des religiösen Bewußtseins ist eng mit der Entdeckung der Transzendenz und der Schaffung einer ersten noch unvollständig ausgebildeten Kultur verbunden.

Das Bewußtsein vom Geheimnis des Lebens, des Todes und des Lebens nach dem Tode

Eine zweite Etappe ergab sich durch das Nachdenken über den Tod; damit verbunden ist das Bewußtsein über das Mysterium des Lebens und des Lebens nach dem Tode. Die ersten Bestattungsrituale erlauben es uns, an diesem historischen Moment in der Geschichte des *Homo sapiens* teilzunehmen. Wir können vermuten, daß dieser Augenblick schon gegen Ende der Geschichte des *Homo erectus* stattfand. Die Bestattungsriten der Neandertaler und der Menschen von Qafzeh sind unumstößliche Hinweise auf die Existenz eines religiösen Bewußtseins. Sie zeugen von Gefühlen des Miterlebens und der Zuneigung zum Verstorbenen, von einem Glauben an das Leben nach dem Tode, was durch die Grabbeigaben und den organisierten Schutz des Leichnams bestätigt wird. Im Lauf des Jung- Paläolithikums deuten die nun allgemein üblichen Bestattungen und ihre Durchführung, die Schmuck- und Grabbeigaben und die regelmäßige Verwendung des Rotockers, eines Symboles für das Blut und das Leben, auf ein weiteres Wachstum des Bewußtseins von einem Leben nach Tode beim *Homo sapiens sapiens* hin. M. Eliade wies auf die fetale Stellung zahlreicher Skelette und auf ihre Ausrichtung nach Osten hin. Dieser zuletzgenannte Ritus gibt uns einen Hinweis auf eine Intention der Überlebenden: »Ausrichtung des Schicksals der Seele nach dem Lauf der Sonne, Hoffnung auf eine Wiedergeburt, das heißt auf eine Existenz nach dem Tode in einer anderen Welt« (Eliade, 1979). Die Muscheleinlagen in den Augenhöhlen der Schädel bestätigen diesen Glauben. Die Entwicklung der Bestattungsriten, angefangen von Qafzeh bis zum Jung-Paläolithikum, ist ein Hinweis auf das parallele Wachstum des religiösen Bewußtseins, das auf dem Glauben an ein Leben nach dem Tode, das mit dem Bewußtsein der Transzendenz zusammenhängt.

Bewußtsein einer »heiligen Geschichte« der Ursprünge

Mit der franko-kantabrischen Kunst begegnen wir einer dritten Etappe des religiösen Bewußtseins. Die Mythogramme, die auf die Wände und die Decken der Höhlen gemalt wurden und die Trittspuren heranwachsender Menschen in zahlreichen Höhlen führen den Religionshistoriker zu dem Schluß, daß der Mensch zu jener Zeit Mythen und Initiationsriten kannte. Wie man diese

212

212. Vereinfachte Wiedergabe eines unterirdischen Freskos von Thutmes III. im ägyptischen Theben, Ende des 14. Jahrhunderts vor Christus. Der Baum hat einen Arm, an dem sich der Pharao festhält, und bietet ihm gleichzeitig eine Brust, damit er sich von einem Saft ernähren kann, den nur eine Gottheit zu spenden vermag.

Höhlenkunst auch interpretieren mag, so stehen wir doch vor einer sehr reichen Symbolik, die auf eine vielfältige individuelle und kollektive Vorstellungswelt schließen läßt. Zum ersten Mal achtet der frühe Mensch auf eine heilige Geschichte; sie wird von einem Clan im Gedächtnis behalten und gelebt und dient ihm als Modell für die eigenen Lebensweise. Das religiöse Bewußtsein einer Gemeinschaft zeigt sich, bevor der Prozeß der Seßhaftwerdung begann; die Wirtschaft war damals noch ausschließlich von der Jagd und vom Sammeln bestimmt. Die Jahrtausende der Höhlenkunst zeugen von einer Veränderung des individuellen und kollektiven Bewußtseins der Menschheit.

Bewußtsein des Menschen und Darstellung des Göttlichen

Mit der Natoufienkultur und an der Schwelle zum Neolithikum beginnt eine vierte Etappe in der Bildung des religiösen Bewußtseins des Menschen. Die ersten Funde liegen im Nahen Osten, in der Gegend des mittleren Euphrats und in Anatolien. Wir entdecken dort die ersten Darstellungen der Gottheit. Sie zeigt sich hauptsächlich in der Gestalt des Menschen weiblichen Geschlechts, aber auch in der Gestalt des Stieres. Diese beiden Symbole des Göttlichen finden sich fast überall in der mediterranen Welt. Jacques Cauvin (1987) weist uns darauf hin, daß wir dabei über eines der wichtigsten Merkmale der umwälzenden Entwicklungen im Neolithikum verfügen. Diesem Autor zufolge zeigen uns diese Funde, daß es hier nicht mehr um eine einfache Wahrnehmung der Transzendenz und des Göttlichen geht, sondern um dessen symbolische Umsetzung und Darstellung. Im Bewußtsein des *Homo religiosus* des Natoufien fand eine tiefgreifende Veränderung statt, die sich in den göttlichen Figuren zum Beispiel von Muraybet und Çatal Hüyük widerspiegelt. Wir werden dabei Zeugen einer neuen Symbolik, die ein neues Denken und eine wichtige Veränderung in der Vorstellungswelt verrät. Zum ersten Mal manifestieren sich auf sichtbare Weise die Beziehungen zu den Gottheiten. Es treten Menschen im Gebet auf, die Arme und die Hände gegen den Himmel erhoben. Im religiösen Bewußtsein des Menschen stellen diese Gesten des Betens ein absolutes Novum dar (J. Ries, 1992).

Das Bewußtsein der göttlichen Gegenwart

Die Personifizierung des Göttlichen und dessen symbolische Darstellungen mit Hilfe von Statuen führen den frühen Menschen zum Bau von Tempeln, Heiligtümern und Zikkurats, wo die Begegnung zwischen den Gläubigen und ihren Göttern stattfinden kann. Diese fünfte Etappe in der Ausbildung des religiösen Bewußtseins findet in den großen Religionen statt und nimmt in Sumer, Akkad, Ägypten und Babylon ihren Anfang. Der Mensch ist sich der göttlichen Gegenwart bewußt und verbirgt seinen Gott in Tempeln und Heiligtümern. Dort wird die göttliche Statue, bekleidet und mit Gold und Edelsteinen geschmückt, zum Gegenstand eines Kultes, den der König zelebriert, wobei er dabei von Beauftragten, den Priestern, repräsentiert wird. Der Tempel wird zur göttlichen Wohnung auf der Erde. Die Stätte wird dadurch zu einem geheiligten Ort. In Babylonien stellen die Zikkurat die heilige Leiter dar, auf der ein Austausch zwischen Gott und Mensch erfolgt. Im pharaonischen Ägypten läßt der Priester jeden Morgen die Seele des Gottes oder der Göttin in die Statue herabsteigen, die im Naos präsent ist. Der Kalender der Feste wird genauer: Die Gläubigen begleiten die göttliche Statue bei ihren Reisen auf dem festen Boden oder in Barken auf dem Nil. Das Wort Gottes wird in der Weissagung vernehmbar, in den Orakeln und in den Bewegungen der Gestirne. Gott spricht, und seine Gläubigen hören ihm zu. Auf Tausenden mesopotamischen Keilschrifttafeln und ägyptischen Papyri sind uns Gebetstexte und göttliche Orakel erhalten geblieben.

Das religiöse Bewußtsein der Gläubigen der drei monotheistischen Religionen

Bei den drei großen monotheistischen Religionen erreicht das Wachstum des religiösen Bewußtseins die sechste und letzte Etappe. Der Mensch entdeckt den einzigen Gott, ein personales Wesen, geistig und allmächtig, den Schöpfer des Kosmos, des Lebens und der Menschen. Gott offenbart sich, und mit seiner ganzen Macht mischt er sich in das Leben seiner Gläubigen und in die Geschichte ein. Mit Abraham macht die Hierophanie der Theophanie Platz. Jahwe schließt mit seinem Volk einen Bund und interveniert immer wieder zu dessen Gunsten. Er spricht nicht mehr über Orakel, sondern durch die Offenbarung das lebendige Wort, das verwandelt. Dieser Gott fordert den Glauben an ihn und diese religiöse Erfahrung impliziert die Unterwerfung unter Gott und unter dessen Willen. Die Reihe der Propheten übernimmt die Aufgabe der Führung. Mohammed wird sich seiner besonderen Mission bewußt und proklamiert den einzigen und alleinigen Gott und seine Forderungen gegenüber seinen Gläubigen. Jesus Christus schließlich, das Wort Gottes, das durch die Mysterien der Inkarnation und der Erlösung mitten unter den Menschen ist, schließt die Reihe der messianischen Propheten ab und gründet seine Kirche. Sie hat die Aufgabe, sein Werk zu vollenden und im Lichte des Heiligen Geistes die wahren Anbeter des Vaters von Generation zu Generation zu bilden (W. Kasper, 1982 und L. Giussani, 1991).

213

213. Wiedergabe der Bemalung einer etruskischen Schale, die sich heute im Louvre in Paris befindet. Die Zone in der Mitte befindet sich zwischen zwei Bäumen: der eine ist der Baum des Guten, der andere der Baum des Bösen. Das Bewußtsein der Beziehung zum Göttlichen gibt dem Guten und dem Bösen seinen Sinn.

40. Von der Erfahrung des Heiligen bis zum Auftreten der großen Religionen

Am Ende dieses historischen Überblicks auf vergleichend genetischer Grundlage wollen wir uns noch ein letztes Mal dem *Homo religiosus* zuwenden.

Das Auftreten des Homo religiosus

Das vorliegende Buch wurde auf der Grundlage gesicherter Tatsachen zusammengestellt. Der Leser sollte sich immer wieder daran erinnern, daß hinter der Analyse kultureller und religiöser Gegebenheiten und ihrer Auslegung bzw. Interpretation und der Botschaft dieser Tatsachen eine vergleichende, typologische und genetische Methode steht. Die Hermeneutik ist die Suche nach dem Sinn. Das vorliegende Buch wurde von einem Religionshistoriker zusammengestellt. Es konnte sich aber nicht nur auf religionshistorische, sondern auch auf paläoanthropologische Forschungsergebnisse besonders der letzten Zeit stützen. Dazu kommen Beiträge der vergleichenden Kulturwissenschaft, von Archäologen, Soziologen und Hermeneutikern. Die Bibliographie wird den interessierten Leser weiterverweisen. Dieses Buch jedenfalls steht am Schnittpunkt vieler Wissenschaften, die sich mit dem Menschen beschäftigen.

Der *Homo religiosus* ist ein Mensch, der an die Existenz einer Transzendenz glaubt; sie steht außerhalb dieser Welt, manifestiert sich aber in dieser Welt zum Nutzen des Menschen. Der *Homo religiosus* erlebt die Erfahrung des Heiligen. Existiert der *Homo religiosus?* (M. Meslin, 1992). Das vorliegende Buch gibt eine Antwort auf diese Frage. Eine ausführlichere und detailliertere Antwort findet man im *Traité d'anthropologie du sacré,* an dem ungefähr fünfzig Universitäten mitarbeiten.

Die Entdeckungsgeschichte des *Homo habilis* und der Olduwaikultur seit 1959 ist eines der großen Abenteuer der Paläoanthropologie des 20. Jahrhunderts, denn sie lieferte uns das fehlende Zwischenglied zwischen den *Australopithecinen* und dem *Homo erectus.* Der *Homo habilis* ist ein *Homo symbolicus,* der eine Erfahrung des Heiligen erleben konnte, zwar nur andeutungsweise, doch genauso real wie seine Kultur. Durch die Symbolik des Himmelsgewölbes versuchen wir eine Verbindung zu finden zwischen seiner noch elementaren kulturellen Tätigkeit und seiner ebenso elementaren »religiösen« Aktivität. Der *Homo erectus* (Auftreten vor 1,6 Millionen Jahren, Verschwinden vor 300 000 Jahren) hinterließ uns viel umfangreichere Spuren von seiner Kultur und Religiosität. Die zweiseitig behauenen Steinwerkzeuge, die Bestattungsriten, die Feuerriten und bestimmte Verhaltensweisen sind Indizien für eine Erfahrung des Heiligen, die jene des *Homo habilis* bei weitem übersteigt.

Mit den frühen Formen des *Homo sapiens* (Auftreten vor 300 000 Jahren, Verschwinden vor 35 000 Jahren) bewegt sich die Menschheit auf die Schwelle zur »Modernität« hin. Die Bestattungsriten werden immer zahlreicher und vielfältiger und bestätigen den Glauben an ein Leben nach dem Tode. Sie bezeugen auch eine neue kulturelle Entwicklung, die ein Zeichen darstellt für eine sehr fruchtbare Gedankenwelt. Die wundervollen Höhlenmalereien der franko-kantabrischen Kunst lassen den Schluß auf erste Mythen und Initiationsriten zu. Diese sind sehr wichtig, um das religiöse Gefühl zu erfassen und um die Kultur und die Erfahrung des Sakralen weiterzugeben. Die Existenz der Gemeinschaft als Hintergrundgewebe liefert uns einen neuen Schlüssel für das künstlerische Erbe des *Homo sapiens sapiens* in der Zeit vor 35 000 bis vor 9000 Jahren. Angefangen vom *Homo habilis* bis zum Höhlenmenschen des Jung-Paläolithikums war die Vorstellungswelt der Motor für die kulturelle und religiöse Entwicklung. In der Höhlenzeit stützte sich diese teilweise auf die Initiation in die Mythen, auf die Symbole und die Riten des Clans: so setzt sich eine religiöse Tradition in Bewegung – Anzeichen für die ersten Institutionen.

Vom Neolithikum bis zu den drei großen monotheistischen Religionen

Vor 10 000 Jahren verläßt der Höhlenmensch im Gebiet Syriens und Palästinas die Höhlen, baut Dörfer und wird seßhaft. Danach erfolgt die Erfindung der Landwirtschaft und des Pflanzenanbaus. Die Seßhaftwerdung stellt einen der großen Augenblicke der Menschheitsgeschichte dar. Auf dem Gebiet, das uns hier interessiert, geht damit einher das Auftreten der ersten Gottheiten als Anzeichen einer tiefgreifenden Veränderung der psychischen Haltung: »Das Auftreten des Begriffs der Gottheit ist eines der hauptsächlichen Merkmale der Entwicklung des Menschen im Neolithikum« (J. Cauvin, 1987). Die Kultur des Natoufien stellte das Vorspiel zur neolithischen Revolution dar. Von einem einfachen Glauben an die Transzendenz ging der Mensch zu einer Darstellung des Göttlichen über: seine Religiosität wird zu einer Religion mit Glaubensvorstellungen, religiösen Ideen und Kulten. Im Neolithikum entsteht der Kult der Göttin und des Stiers und somit eines göttlichen Paares. Eine neue Geste tritt auf: die zum Himmelsgewölbe und zu göttlichen Figuren erhobenen Hände. Der Mensch wird zum Anbetenden: So entstehen die ersten Liturgien.

Die Grabstätten vervielfachen sich, die ersten Heiligtümer werden geschaffen, Tausende von Statuetten werden hergestellt, und im 4. Jahrtausend stellt die Erfindung der Schrift eine neue Revolution dar. Sie ermöglicht ein literarisches und religiöses Erbe und die schnelle Ausbreitung von religiösen Gedanken, von Gebetstexten und Ritualen. Dazu kommt der Bau von Tempeln und Heiligtümern, und es bildet sich ein Vokabular des Sakralen heraus. Indem der Mensch Abbilder des Göttlichen schuf, teilte er damit mit, daß er auf der Suche ist nach dem Antlitz Gottes. Sein Glaube an eine Transzendenz teilt das Göttliche Tausenden kleiner Figuren zu. Im Herzen dieser Religionen steht die Erfahrung des Heiligen und der Glaube an das Göttliche. So öffnet sich der Weg zur Schaffung der großen Religionen Mesopotamiens, des Nahen Ostens, Ägyptens, Indiens, Griechenlands und Roms.

Von den Hierophanien zu den Theophanien

Im Lauf der Jahrtausende und im Hinblick auf seine Erfahrung des Heiligen schuf der *Homo religiosus* ein ganzes Universum kosmischer Symbole: Himmelsgewölbe, Sonne, Mond und Sterne; Luft, Wasser und Feuer; die Symbole von Tieren, des Pflanzenwachstums, des Menschen, der Frau, des Kindes. Dazu trat der Mythos mit den Symbolen der Höhe, des Aufstiegs, des Vogelflugs und der Himmelserscheinungen, des Donners, des Blitzes, des Regens, des Regenbogens, des Gewitter und der Meteore.

Zweitausend Jahre vor unserer Zeitrechnung manifestierte sich das Göttliche den Menschen nicht mehr als Hierophanie, die durch den Kosmos vermittelt wurde, sondern als Theophanie. Abraham erhielt seine Botschaft und seine Verheißung vom lebendigen, personalen Gott. Anstelle von Hierophanien empfing Israel die Botschaft Jahwes, die Offenbarung des göttlichen Namens und bald auch den Bund auf dem Sinai. Später tritt Mohammed auf, einer der drei Botschafter des einzigen, alleinigen, allmächtigen, allwissenden und lebendigen Gottes. Israel hat die Thora, der Islam den Koran. Israel und der Islam widersetzen sich mit allen Kräften den Darstellungen des Einzigen aus Angst vor dem Götzendienst (R. Arnaldez, 1983).

Der dritte Botschafter des einzigen Gottes ist Jesus von Nazareth. Er offenbart seinen Vater, kündigt den Geist an und bereitete das Königreich. In seinem gleichnishaften Reden greift Jesus die kosmische Symbolik wieder auf und stellt sie in den Dienst der Verkündigung des Evangeliums und des Königreiches Gottes: Schwelle, Tür, Sämann und Samenkorn, Baum, Vögel. Dazu Allegorien aus dem täglichen Leben. So werden Hierophanie und Theophanie miteinander versöhnt. Das historische Ereignis der Existenz Jesu ist eine Theophanie im vollen Wortsinn, seine Existenz stellt die größte religiöse Revolution der Geschichte dar.

214. Auf dem Berg Sinai geschah eine Theophanie: Gott offenbarte sich Moses direkt, ohne den Umweg über den Kosmos (Hierophanie). Wir können annehmen, daß der Sinai schon seit langer Zeit für die dort ansässigen Völker ein heiliger Berg war. Der Berg, der heute als Sinai (mit dem Sankt Katharinenkloster) bezeichnet wird, wird von den Christen allgemein als der Sinai der Antike betrachtet. Doch dafür gibt es keinen definitiven archäologischen Beweis. Nach mehreren Expeditionen zu Ende der achtziger Jahre in dieses Gebiet behauptete E. Anati, der Sinai der Theophanie sei der Berg Har Karkom im Negevgebiet gerade nördlich der Paranwüste in Israel. Es steht fest, daß es sich dabei um einen außergewöhnlichen heiligen Berg handelt, der über Jahrtausende hinweg als Kultort diente, wie aus archäologischen Funden hervorgeht. In der Abbildung geht der Mond hinter der Silhouette des Har Karkom auf.

214

Lexikon der Fachausdrücke

Schamanismus. In engem Sinn ist der Schamanismus ein Phänomen Sibiriens und Zentralasiens. Es gilt dort als die religiöse Erfahrung schlechthin. Der Schamane verfügt über besondere Fähigkeiten wie den Himmelsflug und die Beherrschung des Feuers. Schamanistische Erscheinungsformen in weiterem Sinne gibt es auch in China, in Japan und in der magyarischen Welt.

Homo habilis. Der bis heute älteste Vertreter der Gattung Homo. Er trat in Ostafrika vor zwei Millionen Jahren erstmals auf. Das erste Exemplar wurde in der Olduwaischlucht in Tansania im Jahr 1959 gefunden. Seine charakteristischen Merkmale umfassen das Gehirn, die Zähne und den aufrechten Gang. Dazu kommt eine kulturelle Komponente und damit eine Erweiterung seiner kognitiven Fähigkeiten. Homo habilis schuf die erste Kultur. Er stellt das Zwischenglied zwischen den Australopithecinen und dem Homo erectus dar.

Homo erectus. Die ältesten Vertreter des Homo erectus wurden in Ostafrika östlich des Turkanasees entdeckt und stammen aus der Zeit vor 1,5 Millionen Jahren. Merkmale: Schädelinhalt 775 bis 1250 Kubikzentimeter, Langschädel, dicke Schädeldecke. Der Homo erectus bewohnte die ganze Alte Welt und verschwand vor rund 300 000 Jahren. Kulturelle Leistungen: Beherrschung des Feuers, artikulierte Sprache, Werkzeuge, Jagd und Sammeltätigkeit.

Homo sapiens. Aus dem Homo erectus hervorgegangen. Schädelinhalt um 1400 Kubikzentimeter, Reduktion des Gesichts durch Wachstum des Hirnschädels. Die ältesten Vertreter reichen in die Zeit vor 300 000 Jahren zurück. Der Homo sapiens neanderthalensis, der Neandertaler, ist eine europäische Unterart, die völlig verschwunden ist und dabei dem Homo sapiens sapiens Platz machte.

Homo sapiens sapiens. Dieser Zweig der Gattung Homo stammt vom Homo sapiens ab und trat ohne Zweifel vor rund 100 000 Jahren auf und erfuhr eine starke adaptive Differenzierung aufgrund geographischer und klimatischer Unterschiede. Heute zeigt sich diese Differenzierung in der großen Vielfalt der Menschenrassen.

Homo religiosus. Mit dieser Bezeichnung verlassen wir das Gebiet der Phylogenese oder Evolution und dringen in das Gebiet der Anthropologie, der Ethnologie und der Psychologie ein. Der Ausdruck Homo religiosus wurde von Religionshistorikern unserer Zeit geprägt und bezeichnet den Menschen, der die Erfahrung des Heiligen erlebt hat. Der Homo religiosus glaubt an diese Erfahrung und bestätigt sie. Die Religionsgeschichte behauptet, es handle sich um einen historischen und transhistorischen Menschen.

Homo symbolicus. Mit diesem Begriff kennzeichnen die Anthropologen die Auswirkung einer spezifischen Fähigkeit des Menschen. Sie äußert sich durch seine kulturelle Kreativität, die als Ergebnis seiner Vorstellungskraft gesehen wird. Dank seiner Vorstellungskraft ist der Mensch imstande, das Unsichtbare ausgehend vom Sichtbaren zu begreifen und Kultur bzw. verschiedene Kulturen zu schaffen.

Hermeneutik. Die Wissenschaft der Deutung oder Interpretation. Ausgehend von kritisch gesichteten Quellen macht sich der Hermeneut an eine vergleichende Arbeit. Er will die Botschaft erklären, ihre transhistorische Dimension enthüllen und sie dem heutigen Menschen einsichtig und zugänglich machen. Die Hermeneutik analysiert die religiösen Phänomene als Bedeutungsträger. Die beschreibende Hermeneutik untersucht die Botschaft, die der Homo religiosus in situ aufnimmt. Die normative Hermeneutik hingegen setzt es sich zum Ziel, wesentliche Aspekte des menschlichen Daseins darzulegen.

Hierophanie. Die Manifestation des Heiligen. Es erscheint in der Welt der Phänomene und kann vom Menschen wahrgenommen werden. Bei der ganzen Hierophanie spielen drei Elemente eine Rolle: Zunächst ist da ein Gegenstand oder ein Wesen, mit dessen Hilfe sich das Heilige manifestiert: Ein Stein, ein Baum, ein Raum, der Mensch und so weiter. Dann gibt es eine unsichtbare Realität, welche diese Welt transzendiert, das »ganz Andere«, das »Göttliche«, das »Numinose«, wie R. Otto es genannt hat. Schließlich gibt es das zentrale, vermittelnde Element, das heißt das Wesen oder der Gegenstand, der die neue Dimension der Sakralität erhält. Der Mensch, der mit dieser neuen Dimension bekleidet wird, ist der Priester. Ein heiliger Baum bleibt ein Baum, doch hat sich etwas in der Beziehung des Homo religiosus zu diesem Baum geändert.

Das Heilige, Sakrale. Das Wort sakros kommt in einer archaischen Inschrift des Forum Romanum vor. Es führt uns zu den Wurzeln des Heiligen in Rom und in der ganzen indoeuropäischen Welt. Von der Wurzel sak- leitet sich das Verb sancire ab. Es bedeutet »Gültigkeit oder Realität verleihen«, »etwas real werden lassen«. Sak- bildet die Grundlagen des Realen und berührt die grundlegende Struktur der Dinge und der Lebewesen. Es handelt sich um einen gleichzeitig metaphysischen und theologischen Begriff, dessen religiöse und kulturelle Färbung bei den verschiedenen Traditionen der Völker spezifisch ausfällt. Die Erfahrung des Heiligen/Sakralen impliziert die Entdeckung einer absoluten Realität, die der Mensch als Transzendenz wahrnimmt.

Symbol. Das Symbol ist ein konkretes Zeichen, das durch eine natürliche Beziehung etwas abwesendes oder etwas Anderes wachruft, das man nicht wahrnehmen kann (A. Lalande). Das Symbol ist ein Abbild, das einen geheimen Sinn hervortreten läßt, es ist die Epiphanie eines Mysteriums (G. Durand).

Mythos. Der Mythos ist eine Geschichte über Ereignisse, welche die Ursprünge betreffen. Die Geschichte hat die Aufgabe, den Menschen Modelle für die Führung des eigenen Lebens zu liefern. Der Mythos stellt Denk- und Handlungsmuster dar, die es dem Menschen erlauben, sich in der Welt zurechtzufinden: Der Mythos ist eine heilige und exemplarische Geschichte für das Leben der Menschen und der Völker.

Mythogramm. Für das obere Paläolithikum charakteristisches System der Darstellung, das ohne erzählenden Duktus eine Botschaft vermittelt. Die Botschaft benötigte einen Schlüssel, das heißt die Erzählung eines Mythos, dessen Elemente wir verloren haben. Die Mythogramme stellen das Wesen der Struktur der frankokantabrischen Höhlenmalereien dar.

Ritus. Der Ritus ist eine Handlung, die der Geist erdacht, der Wille entschieden und der Körper mit Hilfe von Worten und Gesten ausgeführt hat. Der Ritus findet seinen Platz im Kontext einer Gesamtheit von Hierophanien und hängt mit der mittelbaren Erfahrung des Übernatürlichen zusammen. Der Ritus versucht eine Verbindung herzustellen mit einer Realität, die über diese Welt hinausreicht. Die rituelle Handlung ist stets an eine Symbolstruktur gebunden, mit deren Hilfe der Mensch den Übergang vom Bedeutungsträger zum Bedeuteten bewerkstelligt, vom Zeichen zum Sein.

Natoufien, Natufium. Als Natoufien bezeichnen wir eine Kultur, die zwischen der rein aneignenden Wirtschaftsform und der Landwirtschaft steht; ihren Namen hat sie vom Ouadi en-Natouf in Westjudäa. Die Kulturstufe reichte von der Zeit vor 10 000 Jahren bis vor ungefähr 8300 Jahre. Den Anfang nimmt sie dadurch, daß der Mensch die Höhlen verläßt und seßhaft wird, obwohl er weiterhin als Jäger und Sammler lebt. Die Menschen des Natoufien kennen die Landwirtschaft noch nicht, doch ihre handwerkliche Ausrüstung und die Kunst erweitern sich, und es entstehen Dörfer.

Neolithikum, Jungsteinzeit. Im 8. Jahrtausend verändert sich die Art des Nahrungserwerbs im Nahen Osten auf grundlegende Weise: Der Mensch wird vom Jäger zum Landwirt, indem er Pflanzen- und Tierarten züchtet. Er geht somit zu einer Produktionswirtschaft über, die auch von neuen Techniken begleitet wird (Keramik, Polieren). Diese wichtige gesellschaftliche Veränderung geschah in Abhängigkeit von einer weltanschaulichen Veränderung, die durch kürzlich durchgeführte Ausgrabungen deutlich hervorgetreten ist: Schaffung der ersten Abbilder von Gottheiten, Veränderungen in der Auffassung vom Heiligen. Eine neue Weltanschauung bildete die Grundlage für soziale und wirtschaftliche Veränderungen (Cauvin).

Paläolithikum, Altsteinzeit. Dieser Begriff wurde 1865 geschaffen, um die Altsteinzeit, die Zeit der zubehauenen, aber nicht polierten Steinwerkzeuge zu kennzeichnen. Die unterste Schicht beginnt in Afrika mit den Resten von Steinwerkzeugen, die mit den Australopithecinen verwandte Menschenformen hinterließen. Das untere oder ältere Paläolithikum nimmt mit dem Homo habilis aus Olduwai und der afrikanischen Pebble Culture ihren Anfang. Das mittlere Paläolithikum begann vor rund 200 000 Jahren und ging vor 35 000 Jahren zu Ende; es handelt sich somit um eine Zeit des Homo sapiens und des Neandertalers (–80 000 bis –35 000) in Europa. Das obere Paläolithikum begann vor rund 34 000 Jahren und ging vor etwa 9500 Jahren zu Ende. Es handelte sich somit bereits um die Epoche des Homo sapiens sapiens.

Bibliographie

Kapitel 1

Anwander, A., *Die Religionen der Menschheit,* Freiburg/Br., 1949. Trad. fr. *Les religions de l'humanité,* Paris, 1955.

Bianchi, U., *Saggi di metodologia della Storia delle religioni,* Roma, 1979. *ID., History of Religions,* in M. Eliade (ed.), *The Encyclopedia of Religion,* 6, New York, 1987, 404–407.

Murphy, J., *The Origins and History of Religions,* Manchester, Tr. fr., *Origines et histoire des religions,* Paris, 1951.

Zaehner, R. C., *At Sundry Times.* Trad. fr. *Inde, Israël, Islam, religions mystiques et révélations prophétiques,* Paris, 1965.

Weiterführende Literatur im Deutschen:

Bianchi, U., *Probleme der Religionsgeschichte,* Göttingen, 1964.

Lanczkowski, G., *Einführung in die Religionsgeschichte,* Darmstadt 1983.

Lanczkowski, G., *Einführung in die Religionswissenschaft,* Darmstadt 1980.

Kapitel 4

Evans-Pritchard, E. E., *Theories of Primitive Religion,* Oxford, 1965; tr. fr. *La religion des primitifs à travers les théories des anthropologues,* Paris, 1965; dt. Übersetzung: Theorie über primitive Religionen, Frankfurt, 1981.

Levy-Bruhl, L., *La mythologie primitive,* Paris, 1935. ID., *L'expérience mystique et les symboles chez les primitifs,* Paris, 1938; dt. Übersetzung: Die geistige Welt der Primitiven, Düsseldorf 1959.

Lowie, R., *Traité de sociologie primitive,* Paris, 1936.

Schmidt, P. W., *Origine et évolution de la religion. Les théories et les faits,* Paris, 1931; dt. Übersetzung: Ursprung und Werden der Religionen, Münster, 1930.

Kapitel 7

Eliade, M., *La creatività delle spirito,* Milano, 1979.

Pinard de la Boullaye, H., *L'étude comparée des religions,* 2 vol., Paris, 1929^3.

Slawik, A., Haekel, J., *Die Wiener Schule der Völkerkunde,* Wien 1956.

Weiterführende Literatur im Deutschen:

Eliade, M., Kitagawa, J. M. (Hg.), *Grundfragen der Religionswissenschaft,* Salzburg, 1963.

Mensching, G., *Geschichte der Religionswissenschaft,* Bonn, 1948.

Kapitel 8

Coppens, Y., *La scimmia, l'Africa et l'uomo,* Milano, 1985.

Eliade, M., *Trattato di storia delle religioni,* Torino, 1954; Torino, 1972, 1976; dt. Übersetzung: Die Religionen und das Heilige. Elemente der Religionsgeschichte, Salzburg, 1954.

Facchini, F., *Le origini. L'uomo,* Milano, 1990.

Piveteau, J., *L'apparition de l'homme. Le point de vue scientifique,* Paris, 1986.

Weiterführende Literatur im Deutschen:

Coppens, Y., *Die Wurzeln des Menschen,* Stuttgart, 1985.

Dammann, E., *Die Religionen Afrikas,* Stuttgart, 1963.

Kapitel 9

Binant, P., *La préhistoire de la mort,* Paris, 1991.

Camps, G., *La préhistoire. A la recherche du paradis perdu,* Paris, 1982.

Facchini, F., Gimbutas, M., Kozowski, J. K., Vandermeersch, B., *La religiosità nella preistoria,* Milano, 1991.

Weiterführende Literatur im Deutschen:

Maringer, J., *Vorgeschichtliche Religion,* Einsiedeln, 1956.

Kapitel 10

Leroi-Gourhan, A., *Préhistoire de l'art occidental,* Paris, 1965; dt. Übersetzung: Prähistorische Kunst, Freiburg, 1971.

Art et civilisations des chasseurs de la préhistoire, Musée de l'homme, Paris, 1985.

Nougier, L. R., *Les grottes préhistoriques ornées de France, d'Espagne et d'Italie,* Paris, 1990.

Vialou, D. (ed.), *La préhistoire,* Paris, 1991; dt. Übersetzung: Frühzeit des Menschen, München, 1992.

Kapitel 11

Anati, E., *Origini dell'arte e della concettualità,* Milano, 1989.

Bernot, L. (ed.), *André Leroi-Gourhan ou les voies de l'homme, Colloque 1987,* Paris, 1988.

Eliade, M., *Storia delle credenze e delle idee religiose,* I, Firenze, 1979; dt. Übersetzung: Geschichte der religiösen Ideen. Bd. 1: Von der Steinzeit bis zu den Mysterien von Eleusis, Freiburg, 1978.

Laming-Emperaire, A., *La signification de l'art rupestre paléolithique,* Paris, 1962.

Leroi-Gourhan, A., *Les religions de la préhistoire,* Paris, 1964; dt. Übersetzung: Die Religionen der Vorgeschichte, Frankfurt, 1981.

Le geste et la pàrole, 2 vol., Paris, 1964; dt. Übersetzung: Hand und Wort, Frankfurt, 1988.

Préhistoire de l'art occidental, Paris, 1965; dt. Übersetzung: Prähistorische Kunst, Freiburg, 1971.

Vialou, D. (ed.), *La Préhistoire,* Paris, 1991; dt. Übersetzung: Frühzeit des Menschen, München, 1992.

Kapitel 12

Breuil, H., *Quatre siècles d'art pariétal,* Centre d'études préhistoriques, Montignac, 1952.

Lewin, R., *Human Evolution,* Oxford, 1984–1989. Tr. fr. *L'évolution humaine,* Seuil, Paris, 1991.

Mohen, J. P., *Vous avez tous 400 000 ans,* Paris, 1991.

Nougier, L. R., *Premiers éveils de l'homme. Art, magie et sexualité dans la préhistoire,* Paris, 1984.

Kapitel 13

Breuil, H. et Lantin, R., *Les hommes de la pierre ancienne,* Paris, 1959, 1979.

Ucko, P. et Rosenfeld, A., *Palaeolithic Cave Art,* Londres, 1967.

Vialou, D., *L'art des cavernes. Les sanctuaires de la préhistoire,* Monaco, 1987.

Kapitel 14

Maringer, J., *L'homme préhistorique et ses dieux,* Paris, 1958.

Patte, E., *Les hommes préhistoriques et la religion,* Paris, 1960.

Ucko, P. et Rosenfeld, A., *Palaeolithic Cave Art,* Londres, 1967.

Anati E. (ed.), *Prehistoric Art and Religion. Valcamonica Symposium '79,* Milano, 1983. Articles de C. Barrière et de Fr. Jordà Cerdà.

Vialou, D., *L'art des cavernes. Les sanctuaires de la préhistoire,* Monaco, 1987.

Saint-Blanquat, H. de, *Mémoires de l'humanité. Enquêtes en Préhistoire,* Paris, 1991.

Weiterführende Literatur im Deutschen:

Maringer, J., *Vorgeschichtliche Religion,* Einsiedeln, 1956.

Narr, K., *Urgeschichte der Kultur,* Stuttgart, 1961.

Winthuis, J., *Mythos und Kult der Steinzeit,* Stuttgart, 1985.

Kapitel 15

Cauvin, J., *Religions néolithiques en Syrie-Palestine. Documents,* Maisonneuve, Paris, 1972.

ID., *Les prémiers villages de Syrie-Palestine du IXe au VIIe millénaire av. J.-C.,* Paris, 1978.

La mort dans la préhistoire, in *Histoire et archéologie,* Paris, 1982.

Valla, F. R., *Le Natoufien, une culture préhistorique en Palestine,* Paris, 1975.

Weiterführende Literatur im Deutschen:

Maringer, J., *Vorgeschichtliche Religion,* Einsiedeln, 1956.

Kapitel 16

Cauvin, L., *L'apparition des premières divinités,* in *La Recherche,* Paris, 1987, n° 194, pp. 1472–1480.

Evans, J. D., *Malta,* 1963.

ID., *The Prehistoric Antiquities of the Maltese Islands,* Londres, 1971.

Mellaart, J., *Çatal Hüyük,* Londres, 1967, Paris, 1971.

Srejovič, D., *Lepenski Vir,* Beograd, 1969.

Srejovič, D. et Letica, Z., in *Les religions de la préhistoire, Valcamonica Symposium 72,* Centro Camuno, Capo di Ponte, 1975, pp. 87–104.

Kapitel 17

Cauvin, J., *Les premiers villages de Syrie-Palestine du IXème au VIIème millénaire av. J.-C.,* Paris, 1978.

Eliade, M., *Mito e realtà,* Torino, 1966; dt. Übersetzung: Mythos und Wirklichkeit, Frankfurt, 1988.

ID., *Storia delle credenze e delle idee religiose,* I, Firenze, 1979, pp. 49–61.

Kapitel 18

Cauvin, J., L'apparition des premières divinités, dans *La Recherche,* Paris, 1987, pp. 1472–1480.

EAD, Figurines of Old Europe (6500–3500 B.C.) in *Les religions de la préhistoire, Valcamonica Symposium 1972,* Centro Camuno, Capo di Ponte, Brescia, 1975.

EAD, La religione della dea nell'Europa mediterranea: sacro, simboli, società, in J. Ries (ed.), *Le civiltà del Mediterraneo e il sacro,* Milano, 1992, pp. 49–67.

ID., *The Goddess of Anatolia,* Milano, 1989. Marija Gimbutas, *The God and Goddesses of Old Europe,* London, 1974.

Mellart, J., *Çatal Hüyük,* London, 1967.

Kapitel 19

Anati, E., *Evoluzione e stile nell'arte rupestre Camuna,* Centro Camuno, Capo di Ponte, 1975. Tr. fr. 1978.

Guilaine, J., *La France d'avant la France. Du Néolithique à l'âge du fer,* Paris, 1980.

ID., *I Camuni, alle radici della civiltà europea,* Milano, 1982.

ID., *Le statue-stele della Lunigiana,* Milano, 1981.

ID., *Valcamonica: 10 000 anni di storia,* Centro Camuno, 1980.

Renfrew, C., *Before Civilization,* Londres, 1973. Tr. fr. *Les origines de l'Europe,* Paris, 1983.

Kapitel 20

Casal, J. M., *La civilisation de l'indus et ses énigmes,* Paris, 1989.

Collectif Unesco (ed.), *Civilisations anciennes du Pakistan,* Musées Royaux, Bruxelles, 1989.

Mackay, E. J. H., *Further Excavations at Mohenjo-Daro,* New Delhi, 1938.

Marshall, J., *Mohenjo-Daro and the Indus Civilisation,* 3 vol., London, 1921.

Mode, H., *Indische Frühkulturen,* Basel, 1944.

Wheeler, Sir Mortimer, *The Indus Civilisation,* Cambridge, 1960^2.

Zabern, Ph. von, *Vergessene Städte am Indus,* Mainz am Rhein, 1987.

Kapitel 21

Cauvin, J., *Les premiers villages de Syrie-Palestine du IXème au VIIème millénaire avant J.-C.,* Paris, 1978.

ID., La mutation religieuse du Néolithique d'après les documents du Proche-Orient, in *Cahiers de l'Institut Catholique de Lyon,* 9, Lyon, 1983, pp. 69–82.

ID., Mémoire d'Orient: la sortie du jardin d'Eden et la néolithisation du Levant, in *Cahiers de l'Institut Catholique de Lyon,* 17, Lyon, 1986, pp. 25–40.

ID., L'apparition des premières divinités, in *La Recherche,* Paris, n° 194, 1987, pp. 1472–1480.

Weiterführende Literatur im Deutschen:

Müller-Karpe, H., *Handbuch der Vorgeschichte,* 4 Bde., München, 1969–1980.

Kapitel 22

Cauvin, J., Mémoire d'Orient: la sortie du jardin d'Eden et le néolithique du Levant, in *Cahiers de l'Institut Catholique de Lyon,* 17, Lyon, 1986, pp. 25–40.

Coppens, Y., Commencement de l'homme, in *Le débat,* Paris, 20, 1982, pp. 30–53.

Eliade, M., *Storia delle credenze e delle idee religiose,* I, Firenze, 1979, pp. 41–68.

Facchini, F., *Le Origini. L'uomo,* Milano, 1990; dt. Übersetzung: Der Mensch, Augsburg, 1991.

ID., *La scimmia, l'Africa e l'uomo,* Milano, 1984.

Leroi-Gourhan, A., *Le çeste et la parole,* 2 vol., Paris, 1964; dt. Übersetzung: Hand und Wort, Frankfurt, 1988.

Tobias, P. V., *Paleoantropologia,* Milano, 1992.